新潮文庫

日本の危機 2

―解決への助走―

櫻井よしこ著

新潮社版

6896

目次

日本の危機2

——解決への助走

第1章
家庭教育が招いた「学級崩壊」

父親が娘の通う公立小学校の異変をはっきり認識したのは、担任教師からの一枚の連絡用紙がきっかけだった。子どもに託《たく》された連絡用紙には、両親は担任あての反省文を出すよう指示されていた。元教師の野村一秀さん(仮名)は小学六年の娘に、なぜ詫《わ》び状が必要かを問うたという。

「娘が言うには、家庭科を教える専科の先生がクラスの仲間に蹴《け》られたりしていた。その時、誰も止めに入らなかった。それで周りで見ていた子どもの親に、反省文を書かせるということだったそうです」

実は野村さんの子どもさんは、傍観したのでなく、職員室に他の教員を呼びに走ったのだが、担任教師は野村さんにも反省文を求めたのだ。

「私は二つの点についておかしいと思いました。教員が小学生の子どもに苛《いじ》められることがまずおかしい。次に子どもに制止役を要求して、保護者に反省文を求めるのもおかしい。結局、反省文は書かないことにしました。私の体験から考えても、その要求は常軌を逸していると思ったからです。同時に、教員たちはそこまで追い詰められているのかと感じたのも事実です」

ところが事態を静観しながら二週間ほどが過ぎた一九九八年十月末、学校で事件が起きた。

「六年生の女の子が、教室の窓から机を放り投げたんです。教室は三階にありますから、下に誰かいたら大怪我《おおけが》をします。他の子どもたちも同調するような雰囲気で、少くとも授業が成立する状況ではない。事態がここまで進んだ時、学校側は六年生三クラスの保護者全員を呼んで説明会を開いたのです」

小学生の女の子が、三階の窓から机を放り投げる異常事態に直面して、通常は情報を隠したがる学校が、万策尽きて情報開示に踏み切った。「学級崩壊」を認め、保護者の協力を仰いだのだ。

日曜夜に招集された説明会には、六年生の父母、約七十名と教職員全員が参加、そこで報告された実態は、これが小学校でのことだとは俄《にわ》かには信じ難いものだった。

「教室の壁面には、穴が開いていたり、教卓の腰板も蹴られたのでしょう、破れていました。先程お話ししたように机も投げ捨てられたり、教師が男の子に階段から突き落とされ、傘で叩《たた》かれたこともあったようです。そういうことが継続的に行われていたこと学級崩壊が突きつけている現実は想像以上に厳しい。もうひとつの具体例を京都市の小学校にみてみよう。ベテランの女性教諭が語った。

「四月八日の始業式に続いて、担任となった五年生のクラスで挨拶《あいさつ》を始めると男子二人が言い合いを始め、取っ組み合いの喧嘩《けんか》になったのです。一年の始まりの日に怒られては児童もかわいそうだと思って、叱《しか》らずに止めに入りました。すると二人はワーッと大声で叫びながら外に出て行きました」

これが、彼女のクラスの学級崩壊の始まりだった。

「教科書の何ページを開いてと指示する頃には、すでに〝立ち歩き〟が始まっています。トイレと言って、私が許可する前に歩き出すのはそれでもよいほうです。断りもなく当然のように教室を出ていくのは毎日のことでした。

〝私語〟は普通はヒソヒソ声ですが、そんな甘いものではありません。休み時間のように遠慮なく話す。教室の対角線上で大声で話す。〝おい、昨日のテレビ見たか！〟とか、〝××のゲーム、スゲーよな〟などというものです」

授業が中断するので静かにと注意すると、たかだか五年生の子どもたちが「うるせえ！」「クソババア！」などと罵詈雑言《ばりぞうごん》を浴びせるのだそうだ。

給食時はさらに凄《すさま》じい。

「おかずが盛られたお皿を持って椅子《いす》の上に立って食べる子どもがいました。口の中に食べ物が入ったまま大声で話すので周囲の児童の給食に口から飛び出た食べ物や唾《つば》が入ります。児童同士注意したりするとそこでまた喧嘩になりますから〝触らぬ神に〟となって、誰も何も言わなくなりました。

それでもパンのぶつけ合いは日常茶飯事、ひどい時はおかずの入った皿を、フリスビーのように投げ合ったこともありました。食べ物は飛び散る、子どもたちの洋服も教室も汚れる。本当に異常でした」

異常なのは皿投げだけではない。皿を投げる子も投げない子も、教室の汚れには注意も払わず、片づけようともしなかった。床に飛び散った食べ物やゴミを集め、ジャムやバターで汚れた壁を拭《ふ》くのは、教師である彼女の仕事だったというのだ。

「融解」する学校現場

今、学級崩壊は、確実に全国の小学校に広がっている。高学年から始まって低学年に裾野《すその》を広げているのだ。中学校を舞台とした校内暴力とは異なり、学級崩壊の主戦場は小学校なのである。しかも京都の例のように、ベテラン教師の下で多くおきている。

子どもたちの心に何がおきているのか。子どもたちは一体何が不満で立ち歩き、騒ぎ、争い、教師をあざけるのか。

京都市の女性教諭は、考えても考えても理解できず、心身共に疲弊したという。二〇〇〇年一月の日教組の教育研究全国集会でも、涙ながらに学級崩壊の実態を報告する教師の姿が見られた。

九八年夏の東京都による校長試験には「学校や教師が子どもの変化に適応できていないことについて意見を述べよ」という問題が出された。これまでは「学校不適応」は子どもの側の問題だったが、今や事態は逆転して、学校と教師が、変わる子どもについていけなくなったことを意味している。教える側の戸惑いの根深さが伝わってくる。

『学校崩壊』(草思社)の著者でプロ教師の会の河上亮一氏は、学校を支えてきた社会体制全体が崩壊したと説明する。

「学校は基本的に古いものを一杯、残している場所です。生徒が嫌がっても、ある程度自由を拘束しながらやることも必要です。その意味で一般社会が謳歌《おうか》している自由とは、多少異なる部分がなければ成り立ちにくい。しかし、学校と社会を隔てる垣根がなくなり、今や街が学校に入ってきてしまったのです」

教師が教師だからという理由で言うことを聞いてもらえたり、尊敬されたりすることがなくなってきたということだ。教師を教師として敬う社会的環境がきれいに消え去ったのである。

明星大学教授の高橋史朗氏はこれを「文化感覚の融解現象」と呼び、「戦後半世紀余りの日本社会の正確な反映」だという。

複数の現場の教師たちは、「融解現象」が加速されたのは、ここ十年程のことだと強調した。首都圏の小学校の教頭は、八九年に文部省（現・文部科学省）の学習指導要領が改められ、子どもの個性の尊重、最大限の自由の尊重、叱るより賞《ほ》めることの重視などが言われ始めてから、学校が目に見えて変わり始めたと述懐した。

河上氏も指摘した。

「教育は子どものやる気を第一に考え、押しつけはいけないとして、従来とは百八十度異なる改革を文部省は始めたんです。多分、この教育改革を最も真面目《まじめ》に実施しようとしたのが小学校で、言葉は悪いですけど、サボったのが中学校だと思います」

十年前の中学校はすでに荒れていた。校内暴力に走る不安定な年齢の生徒を預る現場の教師たちは、生徒に最大限の自由を与えて、もっぱら彼らのやる気のみを尊重することへの危惧《きぐ》を、実感として感じていたというのだ。理屈の立て方はともかく、文部省の方針の「うさんくささ」を嗅《か》ぎとっていたといえる。

一方、十年前の小学校は、まだまだ「可愛《かわい》い子どもたちの集合場所《くみ》」だった。「荒れる小学校」は想像に難かった。言い換えれば大人たちが小学生を与し易《やす》い存在と見做《みな》していたということだ。子どもが大人の原型であり、両者間に線引きは出来ないと気付かなかったのは、戦後の日本人の人間を見る目の不確かさの現われだ。

「個性の尊重」や「やる気重視」「叱るよりも諄々《じゅんじゅん》と言いきかせる」という方針がどんな結果を生んだか。冒頭で紹介した小学校に子どもを通わせる父親の一人が語った。

「子どもたちの規範とこれまでの日本人の規範とが、根本的に合わなくなってきたと感じます。たとえば授業参観の時、一人の子どもがラジカセをイヤホーンで聞いていたのです。周りに聞こえるのはシャカシャカぐらいの音ですが、こういうことは我々大人の感覚でははた迷惑です。けれどこの子は大きな音ではないから、迷惑をかけていないと主張したんです」

文部省の政策では、そのような子どもに対して教師はあくまでも諄々と、優しく説かねばならない。その結果、「大学時代はラグビーの選手だったようながっしりした体格」の教師が、小さな子どもたちに「それはやめて下さいね」とお願いするのだ。これでは子どもを導くことは不可能だ。

先述の首都圏の教頭氏が、教師は今、生徒や父母からの批判を、強風を恐れる鳥のように恐れていると述べた。

「どんなに父母や子どもが無理難題を言っても、結果が悪いと、全《すべ》て学校と教師の責任になります。子どものためを思って注意しても、生徒がそれを曲げて解釈して不当に怒られたと訴えれば、両親も教育委員会もそのほうを信用します。下手をすると、ベテラン教師のクビが、それでとびます」

こうして学校では、教師が全てに当たらずさわらずになるというのだ。岩手県の公立小学校の男性教諭が語った。

「入学してきた一年生の女の子に茶髪の子がいました。それをみて私は、暫《しばら》く前にやはり茶髪で登校した子のことを思い出していました。その子に対して私は注意をしたのですが、翌日母親から〝ファッションなのに何がいけないの。第一、先生はそんなことを言う立場にないでしょう〟ときつく言われたのです。以来、私たちは、茶髪の子どもが現われると、注意する代わりに揶揄《やゆ》をこめて〝素敵な色〟といいます」

小学生の茶髪をなぜ注意できないのか。河上氏は学校が叩かれすぎた結果だという。問題が発生する度に、学校が悪い、教師が悪いと批判され続けた結果、教師は発言しなくなったというのだ。

「三十年前、私が教師になった頃、学校は学ぶ場所、教師は敬うものという社会の共通認識があった。よい時代の中で多少の駄目先生もしっかりやれた。それがなくなった今、教師は、常に批判され馬鹿《ばか》にされる存在になってしまった。それでは教師はモノも言えない、手も出せません」

マスコミが学校や教師へのバッシングを続け、家庭では両親が教師への批判を子どもの前で繰り返す。それが子どもたちの心に、教師の全面否定を植えつけた。それでは教師は力を発揮できないと氏は指摘しているのだ。

教師は主に二つの権威に支えられてきた。ひとつには人生の大先輩としての権威、もうひとつは知の専門家としての権威だ。河上氏の指摘は前者が根底から崩れたということでもある。

後者の知の専門家としての権威も、情報メディアの発達によって脆《もろ》くも崩れ去っている。小学生でさえもコンピュータを操るいま、むしろ置いていかれがちなのは教師のほうである。コンピュータを扱わずとも、テレビ、コンビニ、ゲーム機など情報経路の多岐化によって子どもたちが蓄積する情報の量と多様性は革命的でさえある。

評論家の宮崎哲弥氏が指摘した。

「昔は価値観が単一的なため子どもを統一しやすかったが、今は情報も価値観も多岐多様化した。しかも情報は全て商品として金で買え、学校や家庭はそれに侵食されている。もはや社会の規範性を高めるか、それが無理なら状況に合わせて学校のそれを緩めるかの岐路に立っていると思う」

京都大学教授の中西輝政《てるまさ》氏も指摘した。

「学級崩壊は戦後リベラルのあり方と渾然《こんぜん》一体の現象です。だからこそ、小手先の教育論では駄目なのです。日本の価値観をどう転換するかについて考えるところから始めなければなりません」

子どもだけを信じる親

では、具体的にどうすればよいのか。現実に進行しつつある学級崩壊を前にして、親や教師は、社会や学校の規範や日本全体の価値観の変化が凝縮され、型に収まり切れずに爆発してしまった現場をどう収めていけばよいのか。

首都圏の小学校のケースに戻ってみよう。九八年十月の父母と校長以下教師全員による話し合いの中で、学級崩壊にどう対処するか、幾つかの具体策が取り決められた。

第一は、学校を親たちに開放することだった。四十代の父親が語った。

「それはもう監視して下さいの世界だったんです。酷《ひど》い状況なので、学校だけでは手に負えないから、助けてくれという事だったと思います。親として、子どもをよく視《み》ることが大切だと同時に、先生方も、保護者と地域の目がなければなにもやらないというのでは駄目だと感じましたね」

とまれ、この小学校では、父母も教師も互いに一抹の納得いかない部分を残しながらも、子どもの学級が崩壊したという厳しい事実の前に手をとり合った。早速、翌日から、親たちが毎日、授業を観《み》に行ったのだ。

「別に学級崩壊の犯人探しをする気は全くありませんが、一番エネルギーをもて余して騒いでいた男の子のお母さんが毎日来ていました。親たちは毎日、とにかく学校に行きました。九八年十月末頃から翌年三月末の卒業の日まで」

親たちの前では流石《さすが》に立ち歩き、大声での私語、教師への反抗と暴力はなくなってい き、クラスの子どもたち全員が無事卒業式に出席し、中学に進学したという。だが、こうなったからといって問題が百パーセント解決されたわけではない。

野村さんが語った。

「毎日クラスに通ったあのお母さんの言葉が強く印象に残っています。彼女は問題行動の発端をつくったようなわが子の様子は最後まで監視はしていくけれども、自分の子はどうみても我慢していると訴えたのです。その子が認めてもらえるような学校、その子の諸々《もろもろ》が発散できるような環境をつくってほしいと訴えていました」

この小学校の場合は、非常に協力的な保護者の後押しを得て、学級を崩壊の中から再び立ち上げた。それでも、学校が、社会のあらゆる刺激によって大人の想像を超えるところまで膨れあがった子どもたちの心身を受けとめきれていない現状は、残ったままなのだ。

「それでも私たち親は、子どもの前では、学校や教師の悪口を言ってはならないと痛感しました。子どもに社会性を身につけさせたり、学ばせようと思えば、学校や教師にどれだけ不満があろうと、子どもの前でそれを言ったら逆効果。母親が父親の悪口を子どもに言うのと同じです。学校と教師の権威を上手に活用する賢さを身につけなければならないと思いました」

野村さんはこう語った。

さて、京都の小学校である。担任の女性教諭は荒れに荒れて崩壊した五年生のクラスを前にどうしたか。彼女は一般論だと断って語った。

「小学生は三年生まではギャングエイジといって、やんちゃばかりしている時期です。四年生になると物事の善し悪《あ》しだけでなく他人の気持が分かり始めます。抽象的な考えが出来るようになる時期なのです。五年生になると高学年としての自覚が生れます。私はここに着目しました」

彼女は記名式で「担任へ」というアンケート調査をした。①担任に言いたいこと、②クラスの友人に言いたいことの二つを書かせたところ、白紙回答と「もっと皆で喧嘩《けんか》しよう」というふざけた内容のものが各々《おのおの》一つずつあっただけで、残りは全て真正面から答えた内容だったという。

「担任の私には、〃勉強を分かりやすく教えて〃というのが圧倒的で、他は〃一緒に遊んで〃〃楽しいクラスにしてほしい〃というものでした。いつも一番騒いで罵詈雑言の男の子が〃きつい言葉で怒らないで〃と書いていたのには、素直になれない子ども心を垣間見《かいまみ》た気がしました」

では子どもたちは、クラスの友人に対して何を望んだか。

「〝喧嘩をやめて〟〝嫌なことを言わないで〟〝ちゃんと勉強しよう〟〝騒ぐのは止《や》めよう！〟というものが圧倒的でした。面白いことに、騒いでいる児童も〝騒ぐのを止めよう〟と書いてきたのです」

女性教諭はこう述べて、公表しない約束のアンケートだが、名前を伏せて公表して、全員でこのクラスをどうしたら良いか考える材料にしたという。結果を知った子どもたちからは、即、反応があった。

「子どもたちがクラス目標を決めようと言い出したのです。一学期中に立ち歩きを止めようとまず決めました。私は無理かなと思いましたが、児童たちに任せました。すると、立ち歩きすると、〝決めたやろ！〟〝いかんやないか〟と子ども同士で注意を始めました。六月に入り、目標の完全な達成はできませんでしたが、目標の再認識という意味で〝目標達成お楽しみ会〟を開きました。会の終りの頃に喧嘩がおきましたが、私はそれでもいいました――喧嘩は残念だったけどうまくできたね。目標達成もやれば出来たねと。こうしてクラスは落ち着いていったのです」

女性教諭は子どもたちとの対話をとり戻したが、父母とのそれは覚束《おぼつか》なかったという。現状を説明しても「家では良い子です。学校と先生に問題があるんじゃないですか」という父母がいたという。父母が全面的に協力した首都圏の小学校のＰＴＡでも、教師を立てながらも、父母の心の中には、教師への不満は残った。父母も学校も教師も完全無欠ではないのであるから、それはある意味で当然のことだ。こうした点を、どう考え、克服していけばよいのか。

地におちた教師の権威

アメリカのカリフォルニア州で小学校の校長を務めるジュディス・ワグナー氏が語った。

「アメリカの教師は生徒とフレンドリーにはなりますが、フレンドにはなりません。クラス内での決定権や権威を子どもに共有させてもよいが、大人としての判断をする時期は明確にしておきます」

イタリアのベテラン小学校教師、ローラ・ディ・ステファノ氏は、教育者には権威が必要と説く。

「私が〝静かに〟と言えばハエの飛ぶ音さえ聞こえる程静かになります。こうした態度は抑圧的だとして攻撃されてきましたが、今はプラスの価値として見直されています。教師は尊敬される存在であってはじめて、無秩序に陥ることなく子どもたちと遊んだりもすることが出来るのです」

各国それぞれの問題を抱えてはいるが、世界広しといえども教育の場から教師の権威と上下関係を一掃したのは、恐らく日本だけだ。

河上氏が語った。

「『ここがヘンだよ日本人』というビートたけしさん司会のテレビ番組で、出席した外国人百人が先進国、開発途上国の区別なく、全員、学校に関しては共通理解をもっていました。日本だけが違っていました。彼らは〝生徒は先生の言うことを聞かなければならない〟という価値観を崩してはいません。日本だけ崩した。全て自由にした。こんな馬鹿なことをしたのは、日本だけかもしれないですね」

学級崩壊は日本だけではない。アメリカもイギリスもフランスも同じである。だが彼我の違いは、どこまで人間の本質をみて現状を改めようとしているかという点だ。中西教授が指摘した。

「日本ではまだゆとり教育が言われています。しかし米英では、ゆとりは人権蹂躙《じゅうりん》とまで言われ始めました。民主党のクリントン政権下でも、小中学校で国語、数学、理科などの学習時間を以前より五〇％もふやしています。制服も、それによって一体感が得られ、無駄な気遣いをすることがなくてよいと考えられ、親も先生も社会も一致してすごい勢いで再導入しています」

こう強調した中西教授は、六〇年代以降「子育ては子どもを全く自由にすべきで親は口出しすべきでない」としたスポック博士の育児論は日本にピッタリ嵌《は》まったが、八〇年代の終わりに博士自身、自説の誤りを認め「教育の根幹は規律や社会規範を教えることだ」と自己批判した例を紹介した。日本は、スポック博士的な教育論がまだ強く、同じような失敗から学んだ欧米諸国に較《くら》べて学習していないというのだ。「社会の規範性を高めるか、学校の規範性を緩めるか」と問うた宮崎氏は、「義務教育は廃止する。親は子どもを見捨てなければ駄目」と説く。

一見過激な氏の論は、つきつめて言えば、現代の子どもたちに、ここではこういう規律が必要だと納得させる契機を与え、自分の未熟さを納得させようということだろう。

三十年余りを教育の場ですごしてきた河上氏は、結論から言えば「こうすればよくなるという答えはもうないと思うべきだ」と述べた。

自由と権利と平等を、限りなく拡大解釈し曲解して教育現場に持ち込んだ戦後日本の歪《いびつ》な民主主義が、問題の根っこにある。自己主張はしても他者への配慮と自己責任を認識できない子どもたちを生んだ社会病理の根はむしろ、親の世代にある。問題解決には、その親の世代からの立て直しが必要である。長い時間のかかる作業だと覚悟しなければならないゆえんである。

第2章　変わった子どもと変わった親が増えている

今、日本の子どもたちが心身共に変わりつつある。

登校できない子どもたち千数百人の睡眠中の「芯部《しんぶ》体温」を測定した熊本大学医学部の三池輝久教授は、子どもたちの体調の明らかな変化に警告を発した。

「人間は就寝時には最低体温が三五・七度前後になりますが、調査した子の九五％が三六度を切らず、起きている時に近い状態を示しました。健康な人間の場合、脳は起きている時と寝ている時で、一・五度の温度差がなければならないとされていますが、その差がないのです。これは大変なことで、緊張と不安による脳の興奮状態が続いていることを示しています。このような症状を示す子は今、全体の五％から一〇％になります」

栃木県宇都宮市のさつき幼稚園の井上高光《たかみつ》理事長は、園児たちの歩数を調査してきたが、この十四年間で子どもの活発さが低下し、一日平均で約四千歩、動きが減少していた。

「このことは運動量が二割減ったことを意味します。元気な子どもは一日一万五千歩歩くといわれます。今それだけ歩く子は全体の一、二割にすぎません。疲れを知らない子どもたちという表現は過去のものなのです」

と井上理事長は述べた。

現場の保母さんたちも切実な危機感を訴える。

「子どもに覇気がなく、老人化しています。子どもは遊びたいのが当り前で、昔はそれを押さえるのが大変でした。でも今は、外に出そうとすると、〝暑い〟〝寒い〟〝疲れる〟〝つまらない〟などと、たかだか三歳や四歳の子どもがぶつぶつ理屈をこねるのです」

こう述べるのは首都圏のベテラン保母さんだ。彼女の同輩も語った。

「おむつのとれる年齢が非常に遅くなっています。もうすぐ四歳になる子ども十八人のうち、まだ四人がとれません。基本的な自立が遅いというか、私の長い保母生活でもこんなことは初めてです」

四歳児のおむつとは、まさに信じ難い。通常は一歳を越える頃、またはせいぜい二歳前に、子どもたちはおむつを卒業するものだ。別の保母さんは、親子関係が変わったと次のように話した。

「親が迎えにきても帰りたがらない子や、喜んで親に飛びついていかない子が目立つようになりました。保育園に残りたがる子どもの出現など、本当に異常な現象です」

体や行動の変化は、心の変化である。東洋大学文学部の中里至正《よしまさ》教授は、日米中韓を含む七か国の中高生六千人を対象に、親子の心の絆《きずな》について調査した。一九九三年の調査では、両親との心理的距離が最も遠いのが日本の子どもだった。たとえば、親との心理的な距離の近さを実感していると答えた日本の子どもは、父に対して一三％、母に対して二五％だった。他方、米国では各々七八％と八一％、中国では七〇％と七七％、韓国では四七％と五四％だった。九八年の調査では、日本の子どもの親への親近感は、父に対して一〇％、母に対して二一％とさらに低下していた。

「問題は、親に対してだけでなく、誰に対しても親近感が抱けず、関係が築けなくなっていることです。このことは現代の子どもの特徴である〝怖いものなし〟につながっていきます」

中里教授は、誰に対しても無関心だからこそ、子どもたちは親も教師も怖くないのだと述べた。さらに現代の子どもたちは、人間関係の原点である自制心と共感性に決定的に欠けるというのだ。

「自制心は我慢する心、自分の感情や欲求を抑えつける力です。共感性は、自分以外の存在の観察から始まり、相手の気持ちや立場を理解する力につながっていきます。この両方が弱い、非常に自己中心的な子がふえています」

他者への無関心から怖いものなしの世界に棲《す》む子どもたち。しかしこの子どもたちのもうひとつの側面は、自分自身をも真正面から評価することができない点だ。九九年六月の中央教育審議会の報告には、小学生の自己評価の国際比較が載っている。それをみると、日本の子どもの自己評価は一二・六ポイントで、世界最低である。ちなみに米国の子どもは五三・一ポイント、中国も韓国も日本の子どもの約二倍である。

明星大学の高橋史朗教授はこの自己肯定の欠如こそが日本の子どもたちの直面する最大の問題点だと強調した。自分を肯定し、受け入れることができなければ、心は自己否定に傾いていく。その中からは、育つべき可能性も育たず、物事を前向きに展開する力も生れてこない。高橋教授が語る。

「『いじめ・自殺・遺書』（草土文化）といういじめを苦に自殺した子どもたちの遺書をまとめた本があります。これらの遺書には共通点があります。自分をいじめた子を責めずに、自分のみを責める点です。もうひとつ、日米の中学生の比較調査をみますと、〝いじめを見たらどうしますか〟の問いに、米国の中学生は圧倒的に〝止めに入る〟と答えていますが、日本は一番多いのが〝そっと慰める〟〝見て見ぬ振りをする〟でした。止めに入る子が殆《ほとん》どいない。学校の現場に正義が存在しない。またノーと言う正当な自己主張も存在しないのです」

親たちもまた、子どもの変調に不安を抱いている。

「子どもたち同士が無言、無表情で一緒に登校するのです。すごく無気味で先生に報告したことがあります」

都内の小学生の母親が語ったのは次のようなことだった。学校のきまりで子どもたちは班毎《ごと》に登校するが、朝の待ち合わせ時間、子どもたちは互いに挨拶《あいさつ》せず、無言、無表情で立っている。最後の子がバタバタとマンションの二階あたりに降りて来ると、誰ともなくスーッと歩き始め、最後の子も黙って追いついていくというのだ。

「報告を聞いた先生が、今時はそうなんですと言われて、私はびっくりしました」

グループで登校しながらも、互いにどうつながっているのか、子どもたちの心が見えてこない。放課後、開放された校庭で遊ぶ子どもたちの世話をした或《あ》る母親も述べた。

「PTAの担当で校庭開放の子どもをみていた時、二年生の子どもが私を〝開放のババア〟と平気で呼ぶのです。観察していると、この二年生たちが、野球をしている六年生のすぐそばでサッカーをするんです。六年生にどけと言わんばかりで少しも怖《おそ》れていない。六年生もわれ関せずという感じでした。上下関係が全く欠落しているというか、周囲との関わり方を、双方とも、学んでいないと思いました」

子どもを愛せない母親

こうした子どもたちの変化に八割の教師が戸惑い、子どもたちの心が見えないと感じているると、日教組の調査は報告している。子どもたちはなぜ今、このように変わりつつあるのか。前出の保母さんはじめ、意見を聞いた十五人の保母さんたち全員が、家庭での育て方が原因だと述べた。

「きちんとした食事すらさせていない親がいます。コンビニで買った食事を保育園に来る車の中で食べさせたり、シリアルのような簡単なものを与えているようです。焼き魚や卵焼きのおかずなんて夢のようなものです」

育ち盛りの子どもは食事で体がつくられる。性質も食べ物によって影響される。栄養のバランスを欠けば苛立《いらだ》ったり落着きがなくなるのは、今や健康医学の常識だ。にもかかわらず、母親が食事の仕度を含めて子育てに時間を費やさなくなったというのだ。

「おむつがとれないのは、紙おむつの使用とも関係があると思います。手がかからず、また、布のようなべしょべしょ感がありません。お母さん方は夜寝る時、子どもに紙おむつをさせるのです。起こして用をたさせるのが本来のトイレ・トレーニングのはずですが、それをせず、紙おむつで子どもも自分もぐっすり寝ているのではないでしょうか」

こうして知らず知らず、子どもの生活自立のための基本的なトレーニングがなおざりにされているというのだ。

「首を長くして親の迎えを待つ子が減ったのは、本当にわが子が愛《いと》しいという皮膚感覚が親の側に薄らいでいるからではないでしょうか。休み明けに、丸一日子どもと一緒で疲れた、といって預けに来る親がよくいます。親も職場で疲れているのかもしれません。お母さんばかりを責められませんが、それでも親子の接触が密ではないと感じます」

自らも働く母親である保母さんたちは、子どもを預ける母親たちに子ども嫌いが増えていると、厳しい意見を述べた。

「子どもが嫌い、子どもが夜泣きするのがストレスだというのですが、子どもが泣くのは当たり前のことなのです」

母親なら子どもを可愛《かわい》がり、面倒を見るのは当たり前という前提は、完全に成り立たなくなったと、彼女たちは強調する。今時の母親は、手がかからず可愛く育った子どもは愛せるけれど、泣いて手のかかる子は嫌いだというのだ。

「ですから、園としては、親が子どもを可愛いと感じ、愛情を深めるようなきっかけ、たとえば、子どもがお人形のように可愛くみえるお遊戯の会などを意識的に催すのです。正直に言えば、子どもよりも親の面倒を見なければならないという大変な状況です」

子どものありのままを愛せない母親が増えている一方で、子どもが可愛すぎて密着してしまう母親もいる。特に、男の子に対してそうである。母親たちにグループで語って貰《もら》った席で一人が述べた。

「友人が出産して、オギャーと産声《うぶごえ》をあげて男の子だとわかった時、〝どうしよう、この子、お嫁さんに奪われちゃう〟と思ったんですって。それだけ、母親にとって男の子は特別なんです」

出席した母親全員が、笑いながらも気持はわかると同意し、別の一人が述べた。

「異常に男の子に優しいお母さんて、沢山いますよ。ご主人のことはさて置き、手間暇《ひま》は全《すべ》て子どもにかけてしまう。中学生なのに、背中に手をおいてくっついたり、食事時もつきっきりで、ソースをかけてやったりしています」

子どもを愛せない親も、子どもが可愛くて夫の存在を軽視する親も、なにかがおかしい。その愛は、子どもへの愛というより、自己愛の表現にすぎないのではないか。自己不安の裏返しではないか。

心理学では、通常、両親と息子の関係にはエディプスコンプレックスが働くと言われている。母と息子が恋愛感情的なものに近づいた時、父親が母親は自分のものだと示すことによって子どもに一種の恐怖をもたらす。このコンプレックスが父親を乗り越えようという意識の誕生につながり、子どもは成長し、自分を律する心を養っていく。

しかし、現在の家族関係はむしろこのエディプスコンプレックス以前の所にあり、多くの母親が心理学で言う「見捨てられ不安」に陥っているのではないか。「見捨てられ不安」とは、一人ではいられず、他人からの評価や、誰かに求められる関係性の中でしか自己評価が出来ない状態をさす。子どもに全面的に頼られると、非常に安堵《あんど》して自分の価値を確認する母親たちのケースは、それに当てはまるのではないか。

そんな親たちは子どもとの関係においても、当然、自分の価値観や判断基準を持ちえない。京都市の小学校で学級崩壊を体験したベテラン女性教諭は、子どもよりも親の問題のほうが深刻だと断言した。

「学級崩壊で児童の親と話し合いました。学校に来るのも家庭で応対するのも母親ですが、とにかく会話になりません。本題に入る前に母親自身の打ち明け話です。〝夫の帰りが遅い〟とか〝近所づき合いが難しい〟とか、まず母親のカウンセリングです。小学生の子どもの話をしに来て、それ以外の人生相談に応じなければならないのが現状で、このような現実は非常におかしいのです」

一段落して、教師が子どもの問題を説明すると、母親は押し黙ってしまうというのだ。

「どう対処したらよいかわからないために口を噤《つぐ》んでしまうのです。子育てに自信を失っていると感じました」

このベテラン女性教諭は、こんなこともあった、と具体例を語った。

「ある子が友達のなくした定規を探すのを、放課後に手伝っていました。私はその児童の親に、こんな良いことをしていましたよと伝えました。すると親は、そのことを子どもに伝えたほうがよいかと逆に私にたずねたのです。勿論《もちろん》、と言いましたが、どんな話を子どもにすべきか、すべきでないか、判断できないのです」

別のケースでは「公園に出かけると子どもが人に石を投げる。叱《しか》ってもよいか」という信じ難い相談があった。子どもとの関係で親がここまで自信を失っているのだ。これらのケースに共通しているのは、親が親たりえていないことだと、先のベテラン教師は語った。

公立高校の教師も憂《うれ》いた。

「うちの学校では、問題をおこした子は本来なら二〜三日間は登校禁止で自宅謹慎なのですが、今はそれが出来ません。親が勤めていたり、また自宅にいても子どもを監督する能力がない。そのため、先徒を登校させて別室で謹慎させます。その間、一人の生徒に一人の先生が付きっきり状態にならざるを得ないのです」

「父性」の喪失と「自由」がもたらした不幸

どうしてこんな親がふえたのか。現代の母親に問題があるとするなら、戦後日本が走り抜けてきた社会変化そのものにも大きな問題があるはずだ。

教師歴三十四年、プロ教師の会の河上亮一氏が語る。

「私の経験では、今三十代半ばの人たちが、なにか変わった人種という印象を抱かせられた最初の中学生です」

彼らが今三十五歳として逆算すると、生れたのは、六〇年代半ば、日本が高度経済成長路線を突っ走り出した時期だ。この年代の特徴は、生活の規範や、人と共に生きるためには自分の欲望を抑えなくてはならないという常識を、殆ど学んでいないことだと河上氏は指摘した。

「保護者会でも私語を交わしガムをクチャクチャやるのは、この年代以降の親たちです。ただ、彼らに悪意はない。自然体でそうなのです。この方が、教師への悪意でやっているよりもっと難しい」

彼らが育った高度成長期は核家族化が急速に進み、父親が猛烈会社人間になっていく時代でもある。それは子どもの教育が実質的に母親に一任され、家庭から父性が消えていった時代だった。

前出の高橋教授が語った。

「教育では父性は非常に重要な要素です。子どものわがままと対決する壁が父性です。父親が子どもの壁になることによって秩序感覚やルール感覚、規範意識が育てられます」

だが、その父性が高度成長期に大きく排除された。またそれ以前の歴史でも、父性は一度取り払われてきた。

日本の歴史をふりかえると、子どもの教育への父性のかかわりは意外にも密である。

郡山女子大講師の太田素子氏は『江戸の親子』（中公新書）の中で「江戸の男たち」にとって「子育ては抜き差しならぬ自分自身の人生の課題」だったと著している。

家制度の継承のために、ふさわしい後継者を育てるのが近世の父親の責任であり、そのために「父親が育児に関わることがごく一般的」だったというのだ。

子育てへの父性の関与が大きく変わるのが明治に入ってからだ。家の継承が消えていくに従い、父親による教育は忘れられるべくして忘れられた。「明治国家が力を入れた義務教育の普及は、父親による私的な初歩教授の必要も解消」したと太田氏は述べている。学校が父親にとって代わったのが明治時代だった。

それでも良妻賢母と家長としての父親の権威は、今暫《しばら》く日本の歴史にその影をとどめる。それが再び大きく変わったのが先述のように戦後のことだ。そして、父性の喪失と共に、母性も大きく変化したのが戦後である。京都大学の中西輝政教授が指摘した。

「六〇年代以降の欧米は、パーミッシブソサイエティといって人に迷惑をかけなければ何をしてもよいという価値観に覆《おお》われた。その帰結は八〇年代に否定的な形ではっきり現われ、欧米社会は間違いに気付き、そこから転換しました。日本では、この転換が行われなかったのです。何にもまして自由にさせておくのがよいというスポック博士の価値観をずっと維持したのです」

日本では自由放任が父性や母性にとって代わり、教育の軸になったということだ。

これだけでも不幸だが、日本の教育には、他にも不幸なことが重なった。学力偏重である。学力が子どもの評価の軸になり、生活の仕方や、して良いことと悪いことの区別が社会では大事なのだという意識が薄らいだ。生活規範や社会規範の欠落した価値観の中で育てられた子どもたちが今、親になっているのだ。

時代背景を見れば「親たり得ない親」がふえ、子どもの質が変わっていくのも、無理からぬことなのだ。そして状況は今、さらに悪化しつつある。

規律を欠いた戦後教育を棄《す》てよ

学級崩壊が小学校に広がり、「ごく普通の子が突然に切れる」ことも、今や常識のように語られる。九八年度の犯罪白書では、交通事故関係を除く刑法犯の検挙者のうち、二十歳未満が全体の過半数を占め、少年非行は戦後第四のピークに向かって加速中と分析された。

親も同様だ。全国の大学の法医学教室で司法、行政解剖された子どもの死亡例のうち虐待《ぎゃくたい》が死因だと思われるケースが五年間で少くとも三百二十八例にのぼることが明らかになった。

「死に至らないケースはこの何百倍もあるはず」と担当者は述べ、「子どもの虐待防止センター」は、子育て中の普通の母親の一割が、何らかの形の虐待を繰り返していると発表した。処方箋《しょほうせん》はあるのか。

「これといった対策はないのです。少くとも二十年位かけて解決するというほどの気持を持たなければなりません」

河上氏はこう述べる。子どもたちを変える前に、その両親の世代の問題を解決しなければならないということだ。

だが、どこかに取っかかりを求めるとすれば、子どもの現実の姿を見つめる目を開くことだと、河上氏はいう。

「勉強に向かない子というのは意外に多いのです。ですから一流の大学を目指しての受験勉強よりも、他の可能性を探らせるほうがよい子というのは、実は自分の子どものことかもしれません。そのことを母親に気付かせるのは、母親よりは外の世界を識《し》っている父親の役割かもしれません」

高橋教授は、問題に気付いた親が一人一人、粘り強く子どもに働きかけていくしかないという。

「子どもは愛される権利と共に叱って貰える権利もある。今の子どもたちが失いかけている生きる力は、真剣な関わりの中からしか生れてきません。優しさに裏打ちされた厳しさが必要です」

今、問われているのは、私たちの社会にそうした提言を実行に移すエネルギーが残っているかということだ。

母親や父親は、子どもに嫌われるかもしれないという想《おも》いを克服して、子どもを叱ることが出来るか。子どもに反抗されるかもしれないという怖《おそ》れに打ち勝って、善悪のけじめや社会の常識を教えることが出来るか。子どもの反撃にひるむような時には、かつての日本を思い出してほしいと私は思う。江戸時代末から明治にかけて日本を訪れた多くの外国人の見聞録には、日本人は「世界一、子どもを可愛がる人々」、日本は「素朴で絵のように美しい国」「どの人も満ち足りた幸せな表情」と形容されている。

明治初期、陸路、東北から北海道まで旅をした英国の女性旅行家、イザベラ・バードは、長い旅の間「一度たりとも身の恐怖を覚えたことがなかった」と著し、日本が、幸せで安全な社会を構築していたことを讃《たた》えている。

それは「世界一、子どもを可愛がり」ながらも、自由と放任のみでは、子どもの善なる側面が損なわれることを大人たちが識《し》っていたからこそ、出現した社会だった。人間を信じつつも、安易な性善説に陥らなかったということだ。

愛情溢《あふ》れる子育てをしつつ、人間育成には規範、規律が必要だと認識していたかつてのこの現実主義を、徹底的に砕いたのが戦後教育である。人間の表層しか見ることなく、形としての教育を整えることにかまけてきた戦後教育を徹底して糺《ただ》していくことから改社会を再現する手がかりとなるのではないか。

革が始まる。それこそが子どもも大人も「満ち足りた幸せな表情」をしていたかつての社会を再現する手がかりとなるのではないか。

追記

二〇〇〇年二月に文部省が行った子どもに対するしつけ教育の国際比較が発表された。対象国は日本、韓国、米国、英国、ドイツである。それによると、日本の家庭のしつけ教育は、いずれの国と比較しても極めて甘いことが判明した。「嘘《うそ》をつかないように」と親から「よく注意される」子どもは、諸外国では二五％を超えたが、日本は父親から一一％、母親からは一六％で五か国中最も低く、「いじめをしてはいけないとの注意」は米国が二八％に対して日本は四％、これまた、五か国中最低の水準だった。家庭教育の危機を浮き彫りにした統計である。

第3章　教育を荒廃させる文部官僚たち

国家百年の計は教育にありといわれる。子どもたちの能力をひき出し磨いていく教育こそは、かつての貧しかった時代の親たちが子どもに与え得る最高の財産だった。それはまた、人材を除けば目立つべき資源を持たない日本の、最も貴重な力の源泉でもあった。

その教育が今、危機に瀕《ひん》している。子どもたちの体力が顕著に落ち、知力、気力もまた深刻な陰りを見せている。まさに百年の計の土台が揺らいでいる。

この危機に対処すべく、文部省（現・文部科学省）は「生きる力」を蘇《よみがえ》らせるとして一九九八年十二月、新方針を打ち出した。教育課程審議会の答申に基づく新学習指導要領がそれである。果たして教育の場から「生きる力」は蘇るのか。私たちは日本の未来を切り拓《ひら》いていく力を、今一度立て直すことができるのか。

現状の厳しさの一端は国立教育研究所の国際比較調査からも明らかだ。同研究所は一九六四年、八一年、九五年の三度にわたって、小学校二十九か国、中学校四十六か国の児童生徒を対象に算数・数学と理科の学力の国際比較を行った。一連の調査が浮き彫りにする日本の子どもたちの姿は、特異である。

日本の小学生の算数の学力は、シンガポールと韓国に抜かれはしたが、まだ非常に高い水準にある。問題は学ぶことに対する姿勢である。

例えば第一回の調査では、成績のよい生徒ほど数学は暗記であり発展性がないととらえていた。第二回の調査では、日本の生徒は成績がよいにもかかわらず、数学が嫌いで楽しくないと答えていた。第三回の調査では、依然として高い点数をとっているにもかかわらず、算数・数学が好き、或《ある》いはやさしいと思っている子は、どの学年でも、ほぼ最低水準を示した。自分の成績は「大変悪い」「悪い」と考えている生徒が非常に多く、数学を使う仕事には就きたくない、学んだことと自分の人生は関係ない、と答えた生徒の多さも突出していた。

自己評価が低く、自分を愛せず、学ぶことを楽しまず、学びが生きることや夢に結びついていない。学ぶことは、未知の知に触れることだ。そこから人間の内在価値を開発していくことだ。学びは生きることの根源的な力を生み出していくはずだが、日本の子どもたちは、よい成績をとってはいても、学びがどこにもつながっていかない。知識は役に立たない情報のように無為に蓄積されていくだけ。まるでブヨブヨの水膨れ人間のようだ。

国立教育研究所数学教育研究室の瀬沼花子室長が語った。

「暗記力が考える力に転換されていないのです。数学や理科のような論理的思考を基礎とする科目でも、暗記は重要な要素です。しかし、暗記を重視する余り、暗記力がそれ以上に発展して創造的能力へとつながっていっていないと思います」

そんな日本の子どもたちにとって、一体なにが大切なことなのだろうか。実はこの問いへの答えこそがユニークだ。

他の国の子どもたちの大多数が算数・数学、理科だけでなく、国語もスポーツも、全《すべ》て頑張って、よい成績をとることが大切だと答えているのに対し、日本の子どもたちは学校での勉強に意義を認めず「楽しむ時間をもつこと」が大切だという考えなのだ。そう答えた日本の子どもは調査対象国のなかで最多を占めた。

「楽しみを求める生徒が突出して高くなっているのは、日本以外に例がありません。要因は複数あると思いますが、大きな原因は学校でゆとり教育を強調してきたことではないでしょうか」

瀬沼氏が語った。

ゆとりを重視する余り、学ぶことを否定し「楽しみが大切と考え始めた子どもたちに、生きる力を養わせよう」というのが、今回の文部省の指導要領改訂である。

繰り返される「ゆとり教育」の失敗

約十年ぶりの改訂の内容は、まず、二〇〇二年度から学校を完全に週五日制にする。それに合わせて教育内容を「厳選」し、必須《ひっす》科目を約三割減らす。「総合的な学習の時間」を設け独創性をのばす。新時代にマッチした新しい授業として情報教育に力を入れる、などが骨子だ。

なんのことはない。文部省が力を入れてきたこれまでのゆとりと自由教育をさらに進める内容だ。

だが一連の調査は、まさにゆとり教育の中で知識が考える力に結びつかず、日本の子どもたちの知力が後退してきたことを示している。また八九年の学習指導要領がゆとりや自由、独創性を強調した余り、学級崩壊など教育の融解現象が目に見えて増えたというのが教師たちの一致した見方だ。今回の新指導要領についても教師らは戸惑いを見せる。神奈川の県立高校の中田肇《はじめ》教諭（仮名）が語った。

「履修単位は従来の最低八十単位から七十四単位に減ります。必須科目は三割減らされ自由選択科目がふえます。このことは、全国の高校生が共通して教室で学ぶのは保健体育しかないということです。完全な自由化教育で、今でもバラバラな子どもたちが、もっとバラバラになります」

同じく神奈川の県立高校の森秀和校長（仮名）が語った。

「日本の教育レベルの高さは、画一教育によってもたらされたものなのです。それが根底から否定されています。画一教育は全て悪いもののように言われますが、要は知の力の基本です。文部省の新方針では、数学の基本を全く身につけていない生徒や、源氏物語も日本史も全く学んだことのない生徒が多数出てくる可能性があります」

ただでさえ現代の子どもたちは他人と折り合いをつけて人間関係を維持していくのが苦手である。バラバラの人間関係に陥っている子どもたちが、学校教育でも共通して学ぶ課目が減り、共通の知識が減り、絆《きずな》を薄めていくことになる。学校教育の場でも子どもたちがさらにバラバラになっていくのが新指導要領の示していることだというのだ。

文部省の寺脇《てらわき》研政策課長は、そうではないと説明した。

「全員共通で学ぶことを三割減らし、自分が徹底して学びたいことを学んでいく。そうして能力を磨かせていくことが狙《ねら》いです。その為《ため》に総合的学習の時間を設けたのです」

目指す方向はよい。だが、今回のさらなるゆとりとさらなる自由の教育政策は、失敗に終わったこれまでの政策とどう異なるのか。今回もまた、知力をさらに後退させる結果になるのではないか。

総合的学習は指導要領では「例えば国際理解、情報、環境、福祉、健康など横断的、総合的な学習」で「各学校が創意工夫を生かした特色ある教育」とされている。教える内容もその形式も全て現場に任される。学習の場は室内でも戸外でもよく、授業時間は二十分でも、逆に八十分でもよいというものだ。

中田教諭が語った。

「考え方としては素晴しい。しかし、四十人の生徒がひとりひとり自由にやりたいと言った時、物理的にどう指導するのか。教える内容も教員の工夫次第と言われていますが、それだけの能力が全ての教員にあるのか。とてもそうは思えません」

別の高校教師らも語った。

「今でも教師は多忙です。最も時間をとられるのが教えることとは直接関係のない事務関係の業務です。例えば生徒ひとりひとりについて調査表をつくります。これは別に保存用の要録が必要ですが、なんとコピーではいけないため、二重三重に手間がかかります。こんな意味のない官僚仕事が学校内には沢山あります。教員に独創的な授業をさせようというのなら、文部省はまず教育事務の合理化を許すべきです」

「担任になると二倍の忙しさです。ただでさえ忙しいのですから担任のなり手は少ないのです。私の高校では一年生八クラスで八人の担任が必要ですが、希望者はわずか三人でした。部活もみなければならない。分掌と呼ばれるさまざまな会議もあって、教師は落ち着いて物を考えることも出来ない現状です」

このような状況下では生徒ひとりひとりに焦点をあてた創造的な教育は望むべくもないというのだ。

森校長が語った。

「時間が足りないことに加えて能力の問題もあります。私の学校には今、六十五人の教員がいますが、その中で文部省が望んでいるような情報教育を実践できるのは一人か二人しかいません。総合的学習の時間も学校が自主的に設定する科目も、やり方次第では大きなプラスです。寺脇課長らのアイディアは評価しますが、そのような理想論の前で学校全体が実は青息吐息なのです」

文部省の掲げる理想と現場には、大きな落差がある。現実問題として、教師たちはこれまで、決められた教科書とマニュアル本に助けられて授業をしてきた。勿論《もちろん》、中には熱心で創造的な教師もいるが、大半の教師は文部省の定める教科書とその内容をどのように教えるかを解説したマニュアルがなければ、教えることができなくなっている。

またこのような教師をつくってきたのが、指導要領をはじめとする文部省の現場に対する厳しいチェック体制である。教師を枠にはめてきた指導要領が、いま枠をはずされ総合的学習に象徴される新しい指導要領にとって代わられようとしている。新たに与えられる自由の前で教師の多くが不安を抱く。

寺脇課長が厳しい口調で述べた。

「こういう時は、全部人を入れ替えてやればいいのですが、勿論、無理です。先生方には、これまでの教育技術を考え直してもらわなければなりません。それが出来なければ辞めさせるとまでは言えませんが、問題視せざるを得ないということです」

教える能力のない教師が職を辞すのは、当然だ。だが、文部省はそんなことを言うだけでよいのか。文部省こそが、日本の子どもたちの知の後退に大きな責任を負うべきではないのか。

そもそも文部省がなぜ、幼稚園から大学院まで、国民の教育の端から端まで、所管しなければならないのか。寺脇課長自身、「こんなのは共産主義国家しかありませんね」と言うほどの、類例のない中央集中管理の教育システムが間違いなのだ。

潰《つぶ》されるはずだった文部省

東京工業大学の橋爪大三郎教授が語った。

「文部省主導でよい教育を行えると思うのが幻想です。文部省が教育問題をつくり出しているのですから、文部省が手を引くか、せめて間接的な関与にとどめることで教育はよくなるのです」

歴史をひもとけば文部行政の功罪がみえてくる。

明治時代、政府が義務教育の普及に力を入れたのは、当時は多くの寺子屋や裁縫学校があり、親たちが、子どもに勉強よりも農業や家業の手伝いをさせた時代だったからだ。

「義務教育は全ての子どもを尋常小学校に送り込み、近代化の基盤をつくることに貢献しました。しかし、その結果、親の教育権が認められなくなりました。また、学校は国がつくるのが当たり前で私立は例外になりました。国家による子どもたちの教育は、日米開戦の一九四一年に尋常小学校が国民学校になってから、更に徹底されました。ドイツのフォルクスシューレ(peoples' school)の真似《まね》で、学校は軍隊と同じく子どもに国への奉仕を教え、子どもを親からとりあげて勤労動員させたりする場となったのです」

橋爪教授は、戦前戦中の状況をこう語った。

そして四五年、日本は敗戦で米軍の占領下に入った。翌四六年、米国から派遣された二十七名の教育使節団は、ひと月の滞日期間で報告をまとめ、日本の教育の徹底的な「民主化」を打ち出した。文部省に象徴される中央集権的な教育行政を解体し、教育の地方分権を推進すべきという内容だ。その改革をGHQは、文部省を潰すよりも存続させることで推進しようとした。つまり潰されるはずだった文部省は、GHQの身替りとして前面に立てられたのだ。

が、GHQの方針が単なる押しつけだったわけではない。

文部省の権限を弱め、地方自治体や教師に意思決定の権限を大幅に与えるという考え方は、すでに明治十二年（一八七九年）の教育令に見られたものだと、天野郁夫《いくお》国立学校財務センター教授が『日本の教育システム——構造と変動』（東京大学出版会）の中で述べている。

近代国家建設の熱情に燃えた明治政府が、義務教育と共に実現を望んだ教育の地方分権は、明治初期には潰されたが、同じ考えが七十年近くすぎて、占領軍の考えとして戻ってきたわけだ。だが、教育の地方分権はまたもや失敗する。教育改革を進めるために辛うじて存続を許されたはずの文部省が、日本が占領を解かれた五二年以来、息を吹き返し再び中央集権を強めたからだ。

さらにその後、文部省はもっと力をつけていく。戦後の教育の歴史は、周知のように文部省と日教組の対立の歴史だった。東京電機大学の大江正比古教授が語った。

「日教組は革新勢力の代表として財界や自民党、日米安保に反対し、文部省は日教組がそのイデオロギーを教育現場に持ち込むのに対抗するため、殊更《ことさら》に教育権は国にあると強調しました。教育権は教師にも親にもなく、国にあるという従来の考え方です。教育現場では双方が子どもと親の取り合いを演じ、教育はそっちのけになりました。親たちは教育に関しては日教組も文部省も当てにはならないと判断し、子どもの学力養成は塾や予備校に頼るようになった。それが今日の状況につながっているのです」

生徒の教育よりも日教組との対立に精力を注いだ文部省は、学習指導要領を通して教育現場に細かく口出しするようになった。何をいつ教えるのかという教育のプロセスを、現場に立つこともない文部官僚が管理し始めたのだ。結果は火を見るより明らかだ。

教師から尊厳を奪った日教組

橋爪教授が語る。

「指導要領は実に細かく決められています。小学校二年で掛け算、三年で割り算、四年で教える漢字はこれこれと決められていますが、困ったことに、それ以前の学年で教えてはいけない。五年生で習う漢字を四年生で読むと叱《しか》られ、五年生で知らないと怒られる。二文字熟語でも片方ずつしか教えられない。これは国語の自然な習い方ではなく、合理性が全くありません」

子どものための教育ではなく、教育方針に子どもが合わせられるのだ。完全な本末転倒である。

このような文部行政の中で教師もまた力を落としていった。前述のように学習指導要領からはずれないようにマニュアル本に基づいて教えている内に、本当に自力で教えられなくなったのだ。

明星大学の高橋史朗教授は、実は教師こそが、生きる力に最も欠ける人々だと喝破した。

「教師たちは、国語なら国語、社会なら社会という縦割り受験に必要な知識をただ教えてきました。しかもはじめに教材ありきで、バラバラの教科の知識をただ詰め込ませる。それが一人一人の生き方や夢にどうつながるかなど、考えもしないのです。生きる力、夢を描く力に結びつく総合的な人間の魅力を私は〝人間力〟と呼びますが、それが最も欠けているのが教師です」

責められるべきは文部行政だけではない。日教組自身の方針もまた教師たちを救い難い状況へと追い込んだ。

日教組は五二年に十項目にのぼる「教師の倫理綱領」を決定した。「教師は平和を守る」「教師は正しい政治を求める」「教師は労働者である」「教師は団結する」などである。

京都大学の中西輝政教授が語る。

「戦前の師範学校では、教育者は特別に人間の心の在り方、社会や国家への責任感、伝統文化への親近感を身につけました。教師は聖職者という考えはそこから生れたのです。ところが戦後の教員養成では社会や国家、伝統に対する責任感よりも、幅広い教養をもっていることが重視されるようになりました。本来は教師という職業には、それが天職だという意識をもった人が就くべきですが、それがなくなっていったのが戦後教育の大きな過《あやま》ちです」

そんな傾向に追い討ちをかけたのが日教組の〝労働者説〟である。日教組自らが教師の立場を貶《おとし》めたのだ。高橋教授も語る。

「文部省の新方針の柱のひとつ、学校完全五日制というのは、実は子どもたちの教育という観点から出てきた考えではありません。教師も労働者であり、一般労働者と同様週二日休む必要があるという発想から来たものです。それに後からつけた理由が〝新しい学力〟なのです」

教師は労働者であると主張する一方で、日教組は長年、教育課程自主編成の運動を続けてきた。文部省が今回掲げた自由裁量の教育を主張してきたのが日教組である。だから、今はまさに日教組にとって好機到来のはずだ。だが、実は彼らは大いに戸惑っている。総合的学習の自由裁量の部分をどのように教えてよいかがわからず、いかに自由裁量するかのマニュアル本が求められているという笑えない実態があるのだ。

高橋教授がこう批評した。

「人間力を欠くのが他でもない教師です。自分にないものを教えなさいといっても教えることはできない。だから戸惑っているのです」

戦後教育の中で生徒も教師も、生きる力、学ぶ力を失ったのだ。

哲学なき文部省を縮小せよ

フィルムのポジとネガのように文部省と日教組はどちらもどちらだ。そして奇妙なことに、かつて対立していた彼らが今、手を結び合っている。日教組は九五年七月に文部省と〝和解〟し、同年九月の定期大会で文部省を〝パートナー〟と位置づけた。

協調路線の中で、日教組はそれまで反対し続けてきた主任制度や学習指導要領の受け入れを決定した。先述の十項目の倫理綱領も事実上の見直しをした。

文部省側も応《こた》えて日教組の打ち出すような「もっと多くのゆとり」や「もっと多くの自由」を追求する新方針を出してきた。なぜ、両者は今、歩み寄るのか。

日教組側には組織率が三〇％を割り込むという深刻な支持の減少がある。文部省側の歩み寄りの理由について、中西教授は世代問題をひとつの要素としてあげた。

「今や各省庁とも団塊の世代が上級幹部になっています。彼らが受けた教育はまさに日教組教育です。表面的には文部省が勝ったように見えますが、実は日教組が勝ったとも言えるのです。これはもうブラックユーモアです」

この間に、子どもたちの学力は更に惨たる有様に陥った。先述の森校長は、実態を知り抜いている先生方の間では子どもたちの学力は「七五三」というのが常識だと述べた。

「七五三は小学校で三割、中学校で五割、高校で七割が、授業が理解できていないという現場の実感を表わしています。でも私の実感では、事態は更に悪い。高校で二割が授業について来てくれればいいところだと思っています」

中西教授も語る。

「ここ十年の大学入学者の学力低下は目を覆《おお》うばかりです。これほどの学力低下は明治以来、一度もおきなかった。私の国際政治のゼミに来る学生がフランス革命やベルサイユ講和会議を知らなかったりする。こんな驚くべき事態が今や話題にもならないくらい当たり前になりました」

日本が陥った知の衰退、知の破壊。この前代未聞の現象を前にして、文部省が打ち出した新方針は機能しないだろう。

類例のない中央集権体質の教育行政の中で、生徒も教師も自ら求めて学び教える気概が失われたところに、再び、細かい規程に基づく「自由な教育」を押しつけるのは木に竹を接《つ》ぐようなものだ。

日本の教育に欠けているのは、文部省が打ち出した教育技術論ではなく、哲学なのだ。たとえば、英国のサッチャー元首相は教育を語るとき、まず、人間とはなにか、人間の幸せとはなにかという青臭い議論を散々重ねた。その末に、人間の自立を説き、自立に支えられた幸せを実現するための教育を説いた。

ドイツには、科学研究者に最も必要なのは哲学だという考え方がある。科学という理詰めで極めていく学問の末に見えてくる真理は、哲学の素養なしには、その意味を十分に汲《く》みとることはできないという考えである。

日本の文部行政で実質的に欠けているのが、この種の基本論である。私たちはなぜ学ぶのか、私たちは何者かという根本を問うべきだ。子どもたちに「生きる力」を養わせようとするなら、まず、自己のアイデンティティを明確に意識させることだ。それは自分の生まれた国を問い、自分の育った文化について考えることでもある。文部省と日教組の演じたイデオロギーの対立を超えたところに、子どもたちに伝えるべき大切な文化があるのを忘れてはならない。

だが文部行政は子どもそっちのけで中央集権にこだわってきた。その結果、教育現場には、青白くて覇気がなく知識の水ぶくれで、しかも、そんな自分を愛することができない子どもたちが出現した。戦後半世紀の文部行政は失敗だったことの証左である。ならば文部省は、もはや教育の場から退くべきだ。少なくとも、幼稚園から大学院まで、そして省庁再編後は科学技術庁と合併して科学の振興にまで力を振るおうと考えるべきではない。文部省は自らの役割を限定せよ。義務教育は地方自治体に任せ、高等教育を中央集権で支配するのはやめることだ。教育の場から生きる力を蘇《よみがえ》らせるには、文部省の官僚主義の排除が欠かせない。

第4章 学生たちの学力低下は何故《なぜ》起きたか

一九九九年九月三十日東海村で発生した日本初の臨界事故は、何を意味しているのか。ウラン酸化物の取り扱いにバケツを使用していた事実、職員がそれを素手で扱っていた事実、作業内容の重要性を理解せず手間を省くための裏マニュアルを作っていた会社、臨界の意味さえ知らなかった現場の職員、これら全《すべ》て、情ない日本の知の衰退を意味している。

核燃料加工施設JCOの臨界事故は、一私企業の突出した事故などではない。日本全体の知的能力の著しい後退を示している。知力の衰退が社会崩壊の危機を招きかねないことの証左である。

高校進学率は事実上一〇〇％、大学進学率は四四・二％、四年制大学は全国で六百四校という〝教育大国〟で、一体なぜ知力が衰退するのか。最高学府の大学で、一体何がおきているのか。

上智大学教授の熊倉鴻之助《くまくらこうのすけ》氏が語った。

「学問以前の、基本の問題です。例えばきちんと講義を聞きなさいとか、授業中に携帯電話を鳴らしてはいけないなどと、大学生に言わなければならない。他人の邪魔になるとか、教授へのマナーだとか、いちいち教えてやらなければならない。このような学生は十年位前から目立ち始めました」

大学生というよりまるで小学生や中学生のようではないか。京都大学の中西輝政教授は、九〇年代以降、フロッピーディスクのような学生が増えたと指摘した。

「断片的な知識は脈絡なく詰まっていても、基本的な事実関係を理解していません。フランス革命とロシア革命はどちらが先か、前者は市民革命で後者は共産主義革命、その結果どんな状況が生まれたのか。第一次世界大戦と第二次世界大戦の、それぞれの結果が分からない。さすがに第二次世界大戦でアメリカに負けたことは知っていても、イタリアも連合国側だったと思っているなど、全然整理できていないのです。私は教壇に立ち始めて約二十年ですが、九〇年代に入って、急にガタッと一般的教養が殆《ほと》んど抜け落ちたような学生が入って来始めました」

東北大学教授の原純輔《じゅんすけ》氏が指摘した。

「大学も変化しました。エリートや研究者の養成機関ではなくなってきたのです。学生の側にもそんな気持は毛頭ありません。かつては授業で示される資料や文献を読んでいるかときかれて、否と答えるのはとても恥ずかしいことでした。けれど今、学生たちは平気です。その後にその文献を読んでおくようにと念押ししないと、彼らは図書館にも行こうとはしません。よい意味でのエリート意識が薄れてきています」

知らないことへの恥じらいがないというのだ。そのような精神構造の中で知力は更に低下していく。どの教授も、大学教育は一ランクずつ下がっていると述べた。修士論文は一世代前の学部の卒業論文、博士論文は修士論文のレベルになった、昔の二年間の教養課程と二年間の専門課程が、今は、大学四年間が教養課程で、修士課程が本当の意味での専門課程になった、という。

アカデミズムの変貌《へんぼう》は国内の現象にとどまらず、日本の学者も学生も世界で相手にされなくなったと、岩手県立大学学長の西澤潤一氏は嘆いた。中西教授は、近年の日本の大学は欧米の遥《はる》か後塵《こうじん》を拝する〝途上国学問〟になり果てたと強調した。

旧植民地では欧米人の著作物をそのままモデルにしており、モデルである以上は絶対に欧米を超えることが出来なかった。それを途上国学問と呼ぶのだそうだ。

日本はこの途上国学問の国となってしまい、大学生の学力の低下は、将来の大学教師がいなくなるほど、否、小学校教師がいなくなるほど、ひどいというのだ。

日本の大学教育は量的な拡大と比例して質を落としてきたことになる。いったいどこでどう間違ったのか。

最大の変化は六〇年代から十五年間にみられた大学の大衆化である。高度経済成長の下で、大学進学率は一〇%台から三〇%台へと、三倍以上に伸びた。これが第一の山なら、第二の山は九〇年代だ。大学の収容能力が一気に拡大され、進学率がもう一段押し上げられたのだ。

大学入試センターの荒井克弘教授が説明した。

「第二次ベビーブームが来るというので、文部省（現・文部科学省）と国土庁（現・国土交通省）が働きかけたのです。国土庁は第三次全国総合開発計画（三全総）の中で、首都圏に集中していた大学を、全国の地方都市に分散させようとしました。文部省がこれに応《こた》えて首都圏の大学設置を抑制し、地方での大学新設、学部増設を積極的に認めていったのです」

国土庁的発想で現在の大学教育の枠がつくられたのだ。一方で、少子化のすすむ日本は、十八歳人口のピークは九二年だった。大学の収容能力が拡大された一方で、大学入学人口が減り始め、大学の収容能力を満たすために、進学率は必然的に上昇した。

教育によってどんな人材を育てていくのかという発想や哲学よりも、大学という箱物を全国に作った国土庁的発想によって、進学率は前述のように四四・二%になった。ほぼ半数である。大学進学者が半数近くを占めればそれは普遍化したといえる。最高レベルの学問が普遍化したいま、皮肉にも知力は後退した。原因を突きとめるには、高校と大学の教育をつなげて考えてみることが必要だ。

度重なる入試改革の愚

高校以下の教育の特徴は、科目の選択性である。必修科目が減り、好きな科目を選ばせて、個性と独創性を育てるとの考えが選択性を支える理屈だ。だが、そのような表向きの理由とは裏腹の実態もあった。荒井教授の話である。

「八〇年の指導要領の改訂で、一層選択性が強まりましたが、その年は高校進学率が九四%に達した時でした。教育におけるピラミッド型の構図が台形型に移行してきた段階です」

頂点に大学があり、その下にある程度選ばれた高校入学者がいて、さらに下に義務教育の子どもたちがいるピラミッド型ではなくなり、九〇%を超える子どもたちが高校に行くようになった状況は、台形型だというのだ。

「多くの生徒を落ちこぼれさせず卒業させていくには、必修科目（単位）の削減も選択科目の増加も必要なことだったはずです。一方で、文部省は共通一次試験を五教科七科目体制としました。大学進学者を過剰な受験シフトに走らせないための抑えを意図したのではないでしょうか」

事実上義務教育化した高校までの教育は「学力下位層」にレベルを合わせ、全員卒業できるように必修科目を減らし、他方でなんとか大学進学者の水準を維持しようとしたのが、多科目の学力をみる共通一次試験だという見方だ。子どもの時はうんと甘やかし、一定の歳《とし》になると急に厳しくする母親のような教育だ。

このように高校から大学へと連続している教育システム自体に、大きな矛盾が内包されている。昨日までの自由選択から、国公立大学の受験者には一転して基礎の修得を必《ひっ》須《す》にする入試に、では、現実はどう展開したか。

国公立大学の輪切りが一気に進む一方で、学生たちは五教科七科目の必須を敬遠し、私立大に傾いていった。文部省は五教科七科目は負担が大きすぎるとの批判に応え八七年、五教科五科目に削減、その後共通一次試験を廃止し、大学入試センター試験を導入した。これが九〇年のことだ。

私立大学も参加できるようになったセンター試験では、選択制が導入され入試科目が減らされた。その結果私立大だけでなく国公立大学も含めて少数科目試験が一般化してきた。

西澤潤一学長の岩手県立大の一部の学部は、センター試験を拒否してはいるが、センター試験に対する文部省の思い入れは強い。陰に陽にセンター試験に全大学を組み入れる動きがあり、同試験を採用する大学は、年々増え、今では国公立大百六十一校、私立大は二百四十二校にのぼる。

大学全体が、少数科目入試、より多くの選択性という軸に収斂《しゅうれん》され始めたのだ。文部省の政策が基礎学力の充実を完全に放棄したことを意味している。共通一次試験は、運用のまずさから大学の輪切り現象を生み、結果として失敗はしたが、当初目指していた基礎学力を備えた学生を大学に入れる考えをあっさりと引っ込めたのが、選択性を高めたセンター試験である。

加えて、入試の多様化も基礎学力無視に拍車をかけている。一芸入試、AO入試(Admissions Officeでの入試)などその典型である。

一芸入試は、なにかひとつ秀《ひい》でた能力があれば入学できる制度、一方のAO入試は主に面接による選抜である。

京都大学教授の西村和雄氏が述べた。同教授は『分数ができない大学生』(東洋経済新報社)などの共著者である。

「日本で流行《はや》りのAO入試をアメリカ型などと言っていますが、アメリカでは、SAT(Scholastic Aptitude Test)という基礎学力を問う適性試験を課し、学力を評価し、その上で論文などを課しているのです。一芸入試、面接や論文だけのAO入試など片よったことが通用するのは日本だけです」

ちなみにSATは全米で使用されている学力適性テストのことである。高校の成績、教師の推薦状、面接などと共に、学生の基礎学力を見るための根拠として重視されている。

日本の大学入試におけるもうひとつの変化は推薦入学者の増加である。荒井教授が語る。

「九八年度は大学・短大入学志願者が現役も浪人も合わせて九十九万人、うち二十万人が短大志願者で七十九万人が四年制大学でした。うち、現役で四大に入るのは四十二万人、そのうち十六万二千人が推薦です。実に四割、彼らは選抜試験は受けません。内申書や評定平均値で判断しますが、事実上、学力に関するチェックは殆どないのです」

荒井教授は某大学の工学部が入学式の翌日に行った試験結果について語った。推薦入学者が試験なしで入るため、学生の学力をみるために行ったこのテストでは、上位を占めたのは、一般入試の学生たちという結果が出た。

「難しいところです。推薦入学自体はマスコミも支持しましたし、国民的な受け入れもよかった。九九年六月、大学審議会は推薦入学の上限を五割に引き上げること、自己推薦はその中に含まず別枠にすること、短大は上限なしに推薦入学者を入れることなどを決めました。学生を掻《か》き集めたい私学にとっては都合がよいでしょうが、学力という視点では無視し得ない影響があります」

一方、アメリカの大学でも、推薦入学はある。特に卒業生の子弟の入学は、イェール大やスタンフォード大のような有名校をみても、一五〜一八%にのぼると、UCLA教育研究所のB・クラーク名誉教授が説明した。

「卒業生の子弟たちに対して、やや、入学資格の基準が緩和されるのは事実です。しかし、公的財源に頼らず私的財源で独立独歩の大学経営をするためには、それは必要なことです。同時に、そうして入った学生が、勉学に躓《つまず》いて落ちこぼれてしまう場合、卒業は出来ません。入るときはともかく、進級も卒業も、それに見合う力をつけなければ認められません」

アメリカの大学の自由な側面だけを真似《まね》する日本に欠けているのは、まさにこの点なのだ。どんな自由な入学も科目の選択も、十分な学力を身につけるということが大前提なのである。

学力の充実を忘れた日本では東大も京大も力を落とした。西村教授が指摘した。

「東大理科I類は昔は粒揃《つぶぞろ》いでした。数学の授業は一つのコースで十分でしたが、いまは簡単な計算が中心のものと二種類のコースが必要です。理Iから工学部に進学する学生の数学力も、年々落ちています。京大の落ち込みはもっと深刻です」

中西教授も語った。

「学生の水準は、まさかここまで、というレベルまで落ち、驚き嘆いています。語学では読む力、書く力が絶望的です。昔だと、将来大学で研究したいという学生なら英語とドイツ語の二つくらいは懸命に勉強しました。そんな学生は減り、たまに第二外国語で良い成績をとると、〝おたく〟と言われてしまいます」

技術者がいなくなる、産業は空洞化する

荒井教授は平均的な学生たちの将来を憂《うれ》えた。

「六十万人が大学に行くとして、憂うべきは下の五十万人です。この部分が日本の経済やファンダメンタルズを構成するのですから。高学歴化が就職年齢を四年間遅らせる。二十二歳、いや、二十五歳になっても大人にならない。この現象の社会的意味を、非常に危惧《きぐ》しています」

企業経営者の視点から、JR東日本社長の松田昌士《まさたけ》氏が現状を厳しく批判した。

「わが社に入ってくるのは技術系ですと六五％が大学院卒業者です。彼らの学力は二〜三十年前の大学卒業生のレベルです。文科系の新入社員の中に二分の一足す三分の一が計算できないのがいるのも事実です。しかし、文科系はそういう学生も採らないと誰も採れなくなってしまうのです」

JR東日本はトリプルAの格付けの超優良企業である。その企業で、小学校で学んでいるはずの簡単な分数計算ができない社員がいるだけでも驚きだが、そんなことに目くじらを立てると採る学生がいなくなるというのは、もっと驚きだ。松田社長はしかし、信じ難い実態を語った。

「研修で一番先に教えることは挨拶《あいさつ》、とこれまでの相場は決まっていましたが、今やそれよりもっとひどいのです」

大学出の大人が、給料を貰《もら》って働き始める時に、まず挨拶を学ぶのは、世界の常識から見れば異常である。三〜四歳までに学んでいなければならない基本的礼儀としての挨拶や、普段の生活の中で身につけておかなければならない電話の応対のし方など、就職した大人に教える異常が日本の正常だ。しかし、松田社長はいまや、教えるべきはそれよりもっと基本的なことだという。それは一体、何か。

「まず朝飯を食うことです」

笑いながら続けた。

「JR東日本では入社すると大概車掌から始めさせます。お客様の安全、サービスを万全にすべき社員が、朝食抜きで来て、空腹で力が入らない。目まいをおこして倒れる者もいる。仕事開始前に腹ごしらえするという基本がない。それを社員教育で徹底して変えていきます。家庭での長年の習慣が原因ですから変えるのは容易ではありません。この種の基本が崩れているのが最も心配です」

JR東日本は朝食を残さず食べることから始まる社員教育のために膨大な費用を払っ

ている。教育の後退は企業に予想外の負担を強いている。

キッコーマン社長の茂木友三郎氏も述べた。

「全体的にレストランのウエイターのような社員がふえた。愛想も要領もよい。しかし、それ以上にはいかない。学問的素養に裏打ちされた迫力がないのです」

そこで産業界は、英語、数学、国語の中学レベルの試験を課すなど、学力不足の学生の排除に手を尽くすのだ。たとえば七四年に日本リクルートセンターが開発したSPI(総合適性検査)もそのひとつだ。SPIはSynthetic Personality Inventoryのことで、能力適性検査と性格適性検査に大別される。能力適性検査では数学と国語の試験を行うが、これはどんな仕事にも最低限必要な知識だと企業側が考えているからだ。

西村教授の警告はリアルである。

「このままいけば、全《すべ》てのレベルで日本人の中に適切な労働者が見つからなくなります。職人の技術、例えば熟練した大工さんは三角関数と同様の論理性と立体感を使っています。そういうことができる日本人が減っていく。技術者がいなくなり、外国人に頼らざるを得なくなり、産業の空洞化が一層進むのです」

荒井教授は、日本の学力低下はまわりまわって、社会秩序を維持できない集団をつくり出していると指摘した。

「一種の中間的集団、未熟で大人になりきれずに定年まで行ってしまう弱々しい集団層がふえているのです。学力の危機と同時に、それがもたらす考える力の危機、社会の危機に私たちは対座しなければならなくなりました」

普遍化した大学教育の中で〝下の方の五十万人〟の危機と同様、トップクラスの、エリートとなるべき学生たちの危機も深刻だ。

かつての教養課程の学力しか身につけられない大学の現状に直面して、文部省はいま旧帝国七大学を中心とする大学院教育に力を入れている。東大や京大をはじめとする旧帝国大学での大学院教育に加えて、新たに政策研究大学院大学、北陸先端科学技術大学院大学、総合研究大学院大学などを設置し、より高度の学問研究を振興しようということになっている。だが、実態は、四年制大学では達成できなくなったかつての四年生大学卒業のレベルを大学院大学で達成させようというものだ。それはしかし、学歴をあげることによって却《かえ》って学力低下の現実を定着させていくという壮大な皮肉である。またその手法は国土庁的発想と同じで、学問に対する哲学を根本から欠いている。

エリート崩壊は日本の崩壊

西村教授が述べた。

「大学院重点化として旧七帝大を中心に大学院大学にする構想自体はいいのですが、同時に定員を守ることが画一的に行われています。八十人の定員に対して十分な学力を備えた学生だけを選ぶと、三十人程度だった、というのではダメで、学力を備えた者という条件が置き去られ、遮二無二定員一杯採らせているのです。京大など旧帝大でも、定員を埋めるために二次募集までして、就職先のない学生を院生として入れています」

中西教授も疑問を投げかけた。

「文部省は大学院を大衆化して定員を増やすため、大学の卒業資格すら問わない程です。しかし、従来の学問体系を崩さない限り、基礎知識のない人に学問はできません。では従来の体系を崩すか。欧米にはそんなことをしている国はひとつもありません。彼らは従来の学問分野は守ったうえで、環境とか東南アジアとか新しいコースを臨時のセンターを作って研究します。二、三十年で状況が変わるかも知れないことに対応して、学問の体系を崩すのは、学問を知らない者のやることです」

大蔵省（現・財務省）から、古い学問よりももっと学際的なことをやるようにと言われ、予算ほしさの余り、大学側が迎合するケースが目立つと、中西教授が批判した。

地方につくられていった箱物としての大学が進学率アップの一要因であったことも、定員一杯に院生を採れということも、そのために学問の体系を変えさせることも、全て、官僚の発想だ。それこそ知の衰退の元凶である。

「こうして日本の本来的な意味の学術水準や理解度は、急速に低下し、論理と創造性で世界的議論に加わる力が弱くなっています」

中西教授が指摘したが、かつてハーバードでもイェールでも優秀な研究者や学生といえば日本人だった。今や中国や韓国に見事にとって代わられているのが現実だ。

オリックスの宮内義彦社長が警告した。

「産業界でも同様です。欧米の経営者は殆《ほとん》ど全て修士号ないし博士号をもっています。学歴だけでなく、総合的な能力はどうしても、欧米の経営者の方が高いのです」

東大出身のエリートたちが経営してきた日本の金融界が惨敗《ざんぱい》し、一流のはずの企業が一つまた一つと、経営権を欧米諸国に取られていってしまいつつある。日本の経営者の戦略的・総合的思考能力の低下を痛感せざるを得ない。

「外交官も然《しか》りです。国益を担《にな》って政治、経済、経営面で競争や交渉をするのに、語学力、世界情勢の把握力、教養の不足が目立ちます。戦略的思考が不得手なため、多大な貢献をしても日本の援助や貢献は国益に結びつきません。欧米の選りすぐりの外交官の中で、日本の外交官は取り残されています」

と、西村教授が嘆いた。

日本の〝エリート〟層の崩壊は、日本全体の崩壊につながり、著しい損失を生み出しつつある。経済、外交での日本の力の失墜も、日本人の考える能力の衰えも、知の減退によって生じてきた。私たちはいま何をすべきかについて、西村教授が強調した。

「やる気とか、生きる力というイメージだけで学ぶことをとらえるのをやめることです。大学は勉強する場所で、相応の準備のある者が教育を受けるべきだという大前提を取り戻すべきです」

中西教授も語った。

「戦後の悪平等をやめ、資源の効率配分を考えることです。東大や京大など、国際的水準を支える大学と、そうでない大学の階層を分けないと、このまま日本全体が駄目になります。ケンブリッジで歴史志望の学生にどんな入試問題が課されるか。例えば〈貝原益軒の儒学と道徳の関係について述べよ〉とかです。ルネッサンスとかミケランジェロとか、中身も分からずに丸覚えの日本の大学生とは全然違うレベルに彼らはいるのです」

日本が情報面でも経営面でも科学技術面でも自立していくためには、国家としてある部分をエリート化していかなければ、全体が大きな損失を被《こうむ》る結果になる。悪平等と何でも許されるリベラリズムは、往時の欧米を席巻《せっけん》した。しかし、彼らは踏みとどまった。エリート層を守り、ひいては国民全体を守った。

人間に対する厳しい目、人間は厳しい環境でこそ価値を発揮する、だからこそその環境に耐えるべきだという価値観が受け入れられた時点で、教育問題も反転する可能性がある。

日本の衰退に歯止めをかけるには、多様化の中にも学力を重視する主軸を打ち立てていくしかない。知的後退は経済、外交活動の劣化を誘うだけでなく、個々人と社会全体の誇りをも奪っていく。誇りなく頽《くずお》れてゆくのを回避するためには、エリートという言葉を嫌悪《けんお》する悪平等の体質から脱け出し、エリートと共に一般社会の未来をも守っていくという発想が必要だ。

第5章
幼児虐待《ぎゃくたい》の悲劇が止まらない

わずか一歳の幼い北川直貴ちゃんは、一九九九年十二月一日、二十八歳の父親、北川和徳に階段下の廊下に数回、叩《たた》きつけられるように投げ出され、死亡した。和徳は当初、階段から突き落としたのは妻の方だと主張していたが、やがて自分の犯行だと供述した。

千葉県佐倉市では、生後四か月の次男をうつぶせに寝かせたまま、九九年五月十八日の夜から翌々日の二十日午前に帰宅するまで、約四十時間置き去りにして窒息死させた二十四歳の母親、小森麻美子に、十一月二十五日、千葉地裁で懲役四年が求刑された。小森は夫が出張で留守の間に男友達と外泊していたもので、事件前にも六回にわたって外泊していた。

栃木県足利市では、生後四か月の次男に重傷を負わせた父親、米山洋一(二十二歳)に九九年十月二十八日、宇都宮地裁は懲役二年、執行猶予《ゆうよ》四年の刑を言い渡した。米山は同年八月、妻の留守中、夜泣きをした次男にミルクを飲ませたが泣き止《や》まないために、平手で七回頭を殴り、頭部骨折など全治一か月以上の重傷を幼い息子に負わせていた。

新聞をめくると、親による幼児虐待の記事は難なく見つかる。先進国の中で唯一《ゆいいつ》、幼児虐待問題が深刻化していなかったはずの日本で、最近、虐待が増えている。

九九年十一月十七日に発表された厚生省（現・厚生労働省）の児童虐待相談の処理状況報告をみても、九五年度以降、虐待の相談件数は増加の一途である。正式に統計を取り始めた九〇年度を百とすると、九五年度は二百四十七、九六年度は三百七十三、九七年度は四百八十六、九八年度は六百三十となる。件数でいえば九八年度は約七千件、この八年間で約六倍である。

虐待の内容は身体的暴行が五三％、保護者が責任を放棄する「ネグレクト」が三〇％、「生まなければよかった」等、言葉による心理的虐待が九・四％、性的虐待が五・七％等で、学校に行かせないケースも一％を超える。

虐待するのは、約半分の五五％が実母、二八％が実父である。実の両親が全体の八割を超えており、他人が介入しにくい家庭内の密室での犯行であることを示している。インターネット上の「虐待に悩む大人達のページ」というホームページでは、母親たちが日々、互いに悩みを打ち明け合っている。

そのどれにも、自分で自分をコントロールできない母親、子どもを愛していながら逆上し、暴力をふるうことでますます逆上していく母親、子どもの脅《おび》えた表情に、火に油を注がれるように怒りを増幅させていく母親、あるいは、這《は》い這いして自分を慕ってくる子どもに恐怖心を抱き、脅えつつ暴力をふるう母親、寝る時に、今日もまた叩いてしまったと死ぬほど落ち込むにもかかわらず、翌日にはまた暴力をふるってしまう母親の姿などが告白されている。

虐待が子どもを死に追いやるケースも多い。厚生省の調査は九二年から九六年までの五年間で、三百二十八人の子どもたちが死亡したとしている。この数字の意味について精神科医で家族機能研究所代表の斎藤學《さとる》氏が語った。

「五年間で三百件余りという数字は信用し難いと思います。私の所にも、弁護士から保護を依頼されて、ある親が来ています。虐待死させた疑いで逮捕が検討されているケースです。こういう実態を見ると、虐待死とされたもののほとんどは、あまりに酷《ひど》いので刑事介入したり、担当医が疑って通報したケースです。司法解剖されるケースなど氷山の一角です。実態はもっと多いと思います」

東京都児童相談センターの村上福雄事業課長も述べた。

「少子化傾向で十八歳未満の人口が減少し続けるのとは対照的に、虐待件数は増加傾向にあります。顕在化した数の五倍は隠れたままになっているものと推測されています」

一方で、子どもの虐待は実際には増えていないと、子どもの虐待防止センター専任相談員の辻野恵子氏は語る。

「幼児虐待は急に増えたのではありません。私たちの活動を含め、各地で対策組織が発足し、マスコミが報道するようになって、これまで表面化してこなかったケースが顕在化してきたのだと思います」

東京大学教育学部助教授の廣田《ひろた》照幸氏も同じく語った。

「昔は家族は子どもを放っておいたものです。例えば大正末の山形県では、一夏で百六十六人もの子どもが溺《おぼ》れ死んでいます。添い寝して授乳している間に窒息死した例が庄内地方だけで四、五件ありました。警察も不問に付しています。酒乱の父に折檻《せっかん》されて死ぬケースも昔は珍しくありませんでした。当時は子どもは沢山生まれる一方で、ちょっとした事件や事故で死んでしまうものだとされていました。だから幼児虐待など注目されなかった。いまは数こそ多くはないが皆が注目するようになり、事件化されるケースが増えたのだと思います」

このような意見に対して、斎藤氏は述べる。

「今、シンナー少年が減っています。児童虐待の相談件数が六千件余りにとどまっているのは、覚醒剤《かくせいざい》使用者が増えてシンナーにまで手が回らなくなったという事実と似ています。六千件余りというのは児童相談所が受理し、手がけた数字にすぎません。激増ではありませんが、それにしても、数字はこんなものではないはずです。児童福祉法二五条には通知義務が定められていますが、罰則規定はありません。そのため保母さんも看護婦さんも、子どもの虐待を見つけても、どう対応すべきか教育が十分でないために、実態の把握が不十分なのだと思います」

「子どもの虐待防止ネットワーク・あいち」という市民団体が新聞報道された子どもの死亡記事をまとめたところ、九八年の一年間に親に殺された子どもは百三十一人で、前年より二割も増加していたという。厚生省発表の五年間で三百二十八人という数よりはるかに多い。「司法解剖されるのは氷山の一角」という言葉を裏付ける数字である。

わが子を逆さまにして洗濯機に

なぜ親は子どもを虐待するのか。廣田助教授が説明した。

「大きく二つに分けて考える必要があります。高学歴の親による虐待と低所得層の親による虐待です。より深刻な虐待は後者によるものです。子どもを放って夜の仕事に出ないといけないような親は、まず、そのことについてアドバイスを求めるということをほとんど考えません。〝ちゃんとしなさい〟と言っても、そんな余裕がないのが現実です」

斎藤氏が述べた。

「一般論ですが、低い年収、失業者、双子、三つ子などのいる家庭に深刻な虐待が多いのです。夫に殴られ、給料も入れて貰《もら》えるか分からないような母親が絶望的になるのです。子どもが万引きなどをして、それをきっかけに親から酷い暴力を受けて、そのまま病死扱いになるとか、食事時に父親に断罪され、無能の子というふうな烙印《らくいん》を押されて虐待されるケースがあるのです」

高学歴の親に多いのが、完璧《かんぺき》を目指して挫折《ざせつ》するケースだ。専門家らの言葉やマニュアルを額面どおりに受けとめるが、子どもはマニュアル通りには育たない。すると親の役割を果たしきれていないという不安に駆られ、苛立《いらだ》ち、虐待に走りがちだというものだ。一番アドバイスを求めるのもこの種の母親だ。廣田助教授の説明である。

「このような母親には、肩の荷をおろして完璧を目指す必要のないことを伝えることです。昔は出来の良し悪《あ》しは子どもの資質だと考えられていました。今は、出来不出来も親の育て方次第とされ、親が責任を負いすぎるのです」

少子化の今、子どもはお金も手間も十二分にかけてもらって大切にされている。しかし、この少子化が皮肉にも幼児虐待の要因にもなっている。

愛情を注ぐ対象が限定される分、親は強い愛情を注ぎ、子どもは親の「財産の一部」となる。ブランド物の洋服を着せ、よい学校へ通わせ、子どもは親にとって消費財へと転化する。その自慢の「財産」が思うように育たないと、反動で虐待が起きるのだ。親と子が密着する核家族、他人の介入を阻《はば》む現代の密室性も、虐待を許す環境を形成している。

虐待する親は共通要因として自ら被害体験を持つ。あるいは親から大切に受け入れられた経験のない人々が多い。自分が大切にされなかったために、子どもを大切にする発想に欠け、力で従わせようとする。このような子育ては次の世代へと不幸な伝播《でんぱ》を繰り返すのだ。

斎藤氏は自分の体験から、虐待されて育った子どもは知的発達に障害が見られる場合が多く、IQも平均で六十から八十くらいだと指摘する。加えて弱い者を苛《いじ》める傾向が強く、これは「トラウマ性転移」と呼ばれる。

夫婦関係から虐待を見る場合、夫婦の絆《きずな》の不安定が決定的要因になるという。夫に愛されている妻は援助してもらえるが、そうではない場合、一人で育児を背負うことになる。特に夫に関心を持ってもらえない場合や、夫から暴力を受けたりする場合、子どもが最終的な犠牲者になり易《やす》い。

夫による虐待のケースでは夫が精神的に未熟なケースが多いという。斎藤氏が語った。

「かつて取り組んだケースで、夫は早稲田大学を卒業した証券マン、妻も大卒で、四歳と二歳の二人の子どもがいました。父親は食事時、下の子どもの口に辛子を無理やり入れて食べさせ、目にも塗りつけたのです。母子が一時、避難してきて分かったのですが、要するに夫は妻に母性を求めていたのです。帰宅しても妻は育児に手一杯、夫は自分が放置されていると考え、子どもを苛めるのです」

立教大学コミュニティ福祉学部の浅井春夫助教授は、虐待はネグレクトと身体への虐待の二つに大きく分かれ、身体的虐待には三つの段階があるという。

「第一段階は自分の手足で殴ったり蹴《け》ったりする。第二はベルトや棒、熱湯、火がついたタバコなど物を使う。第三は機械を使います。第二段階以降は非常に深刻です」

機械を使うとはどういうことか。浅井助教授の説明だ。

「子どもをさかさまにして洗濯機の中に入れ、スイッチを入れて中のプロペラ状の所に頭を押しつけたケースがありました。これでは死亡する可能性も十分ありますが、親に殺意があったか否《いな》かは分かりません。殺してしまうかも、という未必の故意はあったのではないかと思われます」

このような絶体絶命の淵《ふち》にいる子どもを早期に救出するには、どうしたらよいのか。

虐待先進国アメリカの教訓

児童虐待は先進国の共通の悩みである。〝虐待先進国〟のアメリカでは九八年に虐待は三百万件にものぼった。児童虐待のケースとして立件されたのは約二百万件、うち重い心身症、骨折、打撲、火傷《やけど》などの深刻な傷を負ったケースは五十七万件にも達した。九三年をピークに虐待件数は減少しているが、深刻な状態であることには変わりない。

九三年の虐待は、ネグレクトが四四%、暴力行為が二四%、性的虐待が一五%となっている。現在、性的虐待は減り、一番の問題は両親のドラッグ及びアルコールである。虐待を受けた児童の犯罪率は高く、虐待の防止を少年犯罪の減少に、更には大人による犯罪の減少につなげていく必要性が指摘されている。

アメリカの取り組みの第一は、児童虐待の早期発見である。教師も医師も看護婦も、虐待を見つけたら報告する義務があり、報告を怠れば罰せられる。その代わり、虐待でないケースを勘違いして報告した場合の免責も保証されている。

一般の人々も虐待に関しては非常に関心が高い。他人の生活に干渉しないと思われているアメリカ社会だが、児童虐待をはじめとする社会的不正義には敏感だ。スーパーマーケットの駐車場の車中に子どもを置いて買い物をしていた日本人女性が、通報され拘束されたケースもある。

子どもに対しては、自分の身を如何《いか》にして護《まも》るかを幼稚園の時から教える。テキサス州アーリントンのアビンドン小学校の教師、コーリーン・ジュアガンセン氏が語った。

「正確には幼稚園入園前から教え始め、六年生まで続けます。一番の問題は、性的な知識を得るのは早すぎる幼い子どもたちに、性に関して教えることです。この点をうまくカバーして教え、子どもたちを危険から守っているのがグッド・タッチ／バッド・タッチ・プログラムです」

このプログラムでは良いスキンシップと悪いスキンシップを例をあげて教える。両親がやるように抱きしめるのはよいタッチ、叩《たた》いたり不適切に抱きしめるのは悪いタッチという具合である。

「大事なのは、悪いのは決して子どものほうではないということを教え、子どもたちが大人にはっきり物を言えるように教育することです。しかし、無邪気な子どもの顔だけを見ていると、そんな事は不適切な教育ではないかと思えることもあります」

同教師はこう述べて、虐待《ぎゃくたい》を受ける子どもは、虐待を受けたのは、自分になにか原因や落度があるのではないかと考えがちだと指摘した。このような根拠のない後ろめたさを克服させて、どんな虐待を受けたのかについて発言させることはとても難しいとも言う。

全米で刑務所に収監されている女性囚の三一%が子ども時代に虐待を受けており、十代の売春婦の九五%が性的虐待の被害者なのだという。日本の十代の売春少女にも、程度の差こそあれ共通する傾向である。

虐待された子どもたちの保護対策で最も進んでいるのはテキサス、ミシガン、カンザスの三州である。虐待の事実が認められると、子どもたちは親から引き離され保護される。そのための法的措置が細かく決められているが、親から離された子どもの行く末を守るのに、民間組織が大きな力を発揮している。日本のように施設に入れるのではなく、積極的に養子縁組を進めるのだ。

民間企業が各々《おのおの》の子どものインデックス・カードを揃《そろ》え、州の全《すべ》てのソーシャル・ワーカーが全ての子どもの記録を閲覧できる仕組みだ。養子縁組させたあとは追跡調査も行い、調査結果の正確さと公正さを証明するために監査役を務める企業も活躍している。

民間企業の活用を最も早くから導入したミシガン州は、年齢が高かったり障害を持つなど、養子に迎えられにくい子どもたちの世話も積極的に行っている。障害児の養子縁組は九一年の七百八人から九七年には千四百二十八人に倍増、黒人の養子縁組も九二年の四百三十九人から、九七年には千二百十三人と三倍に増えた。

新しいシステムの中では九五%の子どもたちが再び虐待を受けることなく、落ち着いた環境の中に生活の場を見いだしているという。

その一方、実の親と暮らしていく可能性を探るために裁判を通して子どもを支援するNPO（非営利組織）もある。SCAN（児童虐待を止《や》めさせる会）である。会員のキム・コッチ氏が語る。

「全会員が裁判所の認証を持つ専門家です。裁判システムを支援する形で子どものカウンセリングに当たります。毎週、子どもが必要な保護を受けているか、学校で学んでいるかなどを確認し、その間に親のドラッグ問題なども解決して、一緒に暮らせるように導いていくのが目的です」

児童虐待の専門家でコロンビア大学のジョセフ・カリファノ氏が語る。

「アメリカ全体の児童虐待は減少していますが、報告数は九七年に三百万件と増えているのです。被害者が積極的に告白するようになったとも言えますが、実際には、子どもの養育権を巡って両親が、互いに子どもを虐待していると報告し合うという奇妙な現象も理由です。子どもの成長に適した家庭環境が崩れていくケースが増え、直接虐待されなくても、新たなストレスの原因は増えているのです。母親のアルコールやドラッグ問題も同様です。自分本位の親が増えているのは世界共通ではないでしょうか」

繰り返される悲劇

幼児虐待で日米を一律に論ずるのは不適切だ。しかしアメリカの教訓から学ぶべき点は多い。第一は早期に虐待を見つけて子どもを守ることだ。浅井春夫助教授が指摘する。

「現在の厚生行政の一番のネックは児童福祉司の数が足りないことです。一人で百件以上抱えているのが普通です。一つのケースに関わると、まず親の説得にあたります。中にはやくざまがいの親がいたり、あるいは母親一人の所に男性職員が一人で行くことは難しかったりします。その場合は女性職員と一緒に行きますが、それはその女性職員の担当しているケースの解決が遅れることにもつながります。子どもを病院に連れていくにも親とのやりとりがあります。想像を絶する時間と労力が必要なのです。彼らの多くは心身共に疲弊しているのが現実です」

厚生省のガイドラインでは人口五十万人当り児童相談所を一か所設置することになっている。計算では全国に二百五十か所必要なはずだが、現状は百七十四か所にしかない。四七年に作られた児童福祉法は九七年に一部改正され、児童家庭支援センターが設置された。だがその数は九九年度までに二十五か所、日本の児童福祉の立ち遅れを象徴している。

早期発見のためには児童福祉司の増員と共に、現在形骸化《けいがいか》している医師や教師、専門職の人々の通知義務を機能させるために罰則を設けることも必要だろう。

厚生省の調査では、九八年に虐待で死亡したのは計四十一人で、うち児童福祉司などが虐待に気付いていながら死亡させたケースは八件と報告された。通報を受けて情報を収集中だったり、処遇を決めるために保護者を指導したりしているうちに、八人の子どもが虐待で死んでいったわけだ。

厚生省の統計は氷山の一角だとして、全国にはもっと多くの似たような状況下での犠牲者がいると思ったほうがよい。危険だと判別できた段階で迅速に子どもを親から引き離すことができていれば、この子どもたちは助かったのだ。悲劇を繰り返さないためには、児童相談所に認められている立ち入り調査権を担保する仕組みが必要だ。だが、現状では「親権」を楯《たて》に親が立ちふさがることが多い。

前出の村上福雄氏が、両親の離婚で父親と二人暮らしをしていた小学校低学年の男の子のケースについて語った。

「教育熱心な父親の期待にこの男の子は百パーセントは沿えなかったのです。それが父親の暴力を誘いました。父親は柱に子どもを縛って板で殴るようになり、大怪我《おおけが》をした子どもが相談所に逃げてきて、私たちは初めて知りました。子どもを親から引き離すことを考えましたが父親が同意せず、結局、家裁に判断を仰いだのです。とても時間がかかりました。いくら立ち入り調査権が認められていても、家庭の中に公権力が入っていくのは非常に難しいのです」

家庭から子どもを引き離すことで子どもの命を守ることはできても、それは子どもの帰る場所、家庭を奪うことにもなり、最終的にそれが最善なのかと考えると、どうしても躊躇《ちゅうちょ》すると村上氏は述べる。アメリカのような養子縁組を進めるレベルにまで、日本の社会は成熟していないということである。

しかし斎藤氏は、それでも社会全体で取り組む方向に持っていかなければならないと強調する。

「市民同士の相互扶助で乗り切っていく必要があります。全て税金で賄《まかな》うには膨大な額が必要で、それは実質的に不可能です。育児を女性の役割とだけ考えず、保育産業を大いに活用する。複数の大人が子育てに携わることで、崩壊したコミュニティを復活させるのです。児童虐待によるトラウマ性の転移、不幸の連鎖を断ち切るためにも、市民同士の助け合いを活用する精神を育てていくべきです。欧米で行われているよい習慣を見《み》倣《なら》う必要があります」

にもかかわらず、厚生省児童家庭局は「さらなる児童福祉法の改定や新法の制定は必要ない」と述べる。専門職の通知義務違反への罰則には慎重でなければならず、ケースワーカーの数不足も地方自治体の問題だと突き放す。

このような消極的な行政の下で幼児虐待が深刻化していく。戦後、私たちは核家族化や女性の自立、より多くの自由など新しい価値観を手に入れた。だが、その背後で助けを求める弱い存在としての子どもたちには、十分な注意を払って来なかった。先に立つのは親のエゴではないのか。幼児虐待の悲劇を止めるためにも、法整備を含めた積極的な対応を急がなければならない。

第6章　少年犯罪大国を招いた少年法の理不尽

政府は一九九八年度の犯罪白書で少年犯罪を特集した。約二百五十ページにわたる数字とお役所言葉の乾いた説明ながら、特集は日本の少年たちの犯罪と非行の実態を伝えている。

国際比較をすれば犯罪発生率は、成人も未成年者も日本は圧倒的に低い。しかし、各《おの》各《おの》の国内で、少年（十八歳未満）、青年（十八歳以上三十歳未満）、成人に分けて、交通関係の過失事故を除く主な刑法犯を人口比でみると、八七年から九六年の十年間、いずれの年においても、日本では少年の比率が最も高く、ついで青年、成人の順となっている。比較した米、英、仏、独、韓国が、フランスの一時期を除き、少年犯罪の人口比は成人や青年よりも低い数値を示しているのとは対照的である。

なお人口比は、少年、青年、成人の各々の人口十万人当たりの検挙者数の比率である。「主な刑法犯」に含まれるのは殺人、強盗、窃盗、傷害、強姦《ごうかん》である。日本の少年犯罪は特に傷害と窃盗で、成人と青年をしのぐ最も高い人口比を示しており、強盗では青年についで高く、強姦ではわずかの差で成人よりも低くなっている。殺人では成人、青年についで三番目の低い人口比にとどまっているが、少年による犯罪が日本の社会に深刻な問題を突きつけていることに変わりはない。

少年犯罪は今、確実に増加しつつあるが、過去三回、大きく増えた時期があった。敗戦後の五〇年から五一年にかけてが第一の波である。次いで高度経済成長の六〇年代、さらにバブルの盛んだった八〇年代後半から九〇年代初めにかけてである。

十代の少年人口が八六年をピークに減り続けていることから、少年犯罪も同じ傾向を辿《たど》っていた。それが九五年以降再び、増加に転じたのだ。九七年度には、検挙された少年の数が成人のそれを上回り全体の五二・七%を占めた。検挙者数が、大人よりも少年の方が多いというのは五年ぶりの現象だった。九八年には再び少年の検挙者は五二・五%を占め、二年連続で過半数を超えた。

少年犯罪が懸念《けねん》されるのは、数の増加に加えて、犯罪の兇悪化《きょうあくか》、低年齢化、いきなり型などの増加である。ここ数年、どんなに驚くべき事件が発生してきたか。考えるまでもなく浮かんでくる事例には、山形県新庄市でのマット死事件、神戸での少年による連続児童殺傷事件、大阪府堺市での幼稚園児や母親らに対する殺傷事件などがある。

少年犯罪にブレーキをかけ、いかに被害者を守り、加害者を更生させていくかが問われているのだ。

自民党法務部会の少年法に関する小委員会の河村建夫《たけお》前委員長が語った。

「自民党は九七年から少年法見直しの論議を始め、専門家らの意見を聴いてきました。きっかけは山形マット死事件のように、少年審判での事実認定の不確かさが問題となる事件が続出したことです。少年法が有効に機能していないことは、今や国民各層で幅広く指摘されています」

少年法改正の焦点は二つである。第一は事実審理の在り方だ。第二点は少年犯罪の低年齢化に応じて、刑事罰を科すことのできる年齢を引き下げるという点だ。

政府・自民党が九九年三月の国会に提出して先送りされた法案は、第一の点のみを取り上げたものだ。内容は、少年犯罪のうち死刑や無期懲役、三年を超える懲役・禁固にあたる事件などでは、家庭裁判所の決定に従って検察官が審判に出席出来る、事実誤認には検察官は抗告することが出来る、裁判官は現行の一人制度から三人による合議制にする、身柄拘束や観察措置期間を四週間から最長十二週間に延長する、これまで一切秘密にされてきた審判の結果や加害少年の名前を、被害者側の求めに応じて通知するなどである。

日本弁護士連合会「子どもの権利委員会」委員長の斎藤義房弁護士は、政府・自民党案には「断固反対」だと次のように述べた。

「改正案は少年非行の防止に決してつながりません。少年審判の現状は、裁判官が弁護士や検察官の立ち会いもなく一人で事実審理をするというものです。通常の裁判では裁判官、弁護士、検察官の三者がいて、証拠調べも事実認定も厳密に行われます。裁判官は予断を持たないために自白調書や証拠書類は事前に読んではならないのです。しかし少年審判では裁判官一人で三役をこなします。少年に会う前に、自白調書も証拠書類も全《すべ》て読んでいなければならず、そこに予断、平たくいえば、少年は自白しており、犯人だというクロの心証を抱く危険があるのです。そこにきて、今回の改正案では検察官の関与を認めるという。クロの心証を決定付けたいための検察官同席の動きとしか思えません」

斎藤弁護士は拘束期間の延長にも、検察官の不服申し立て権にも反対だと強調し、問うべきは子どもが親や大人からどれだけの愛情を受けて育ってきたかであると述べた。

一方、少年法に詳しい筑波大学名誉教授の土本武司氏は次のように指摘した。

「現行の審判制度では、一体どんな犯罪が行われたのかという事実の認定がきちんと行われません。山形マット死事件のように、逮捕された少年たちはこぞって証言を翻《ひるがえ》し否認しています。現行少年法が重要視するのは、少年が罪を悔いているか、反省しているかというような性格上の要素なのです。成人ではどんなに性格がよくて人格者でも、法を犯したらその行為のみを追及されます。少年の場合は犯した行為は第二義的に扱われ、性格や人格が問われます。この少年の人格への侵害、ラフな事実認定、被害者にも情報を伝えない不適切な審判制度を改め、何よりも事実認定を厳密に行うことが重要なのです」

では、日本と同じように少年犯罪を抱えている諸外国はどう対応しているのだろうか。

厳罰主義、顔写真、実名報道のアメリカ

まずアメリカである。州によって異なるが、「少年」の定義は多くの州で十六歳未満の者とされている。刑事罰を科すことの出来る年齢は州によっては七歳以上である。十六歳以下は刑事罰に問われず、二十歳未満が少年とされている日本とは大きく異なる。だが、日本の少年法はアメリカの少年法を真似《まね》たものだ。〝お手本〟だったアメリカの少年法との間に格差が生じたのは、アメリカが幾段階かを経て少年法を改正してきたからである。この変化の歴史の中に、少年犯罪にいかに対処すべきかについての、理想と現実の鬩《せめ》ぎ合いが刻み付けられている。

世界最初の少年裁判所がシカゴに設置されたことが示すように、少年法ではアメリカは世界に先んじてきた。

土本教授の説明だ。

「米国は十九世紀に産業社会へと急速に発展し、人々は劣悪な職場環境で働きました。子どもの面倒さえ見ることの出来ない親が増え、非行が急増しました。こうした状況を背景に、国が親の代わりを務める〝国親思想〟が生まれたのです。米国の当初の少年法はこの国親思想に基づく子どもへの保護主義が太い柱でした」

日本はアメリカの占領下、国親思想と保護主義を受け継ぎ、一九四九年に今の少年法を施行させた。戦後の少年法は、少年の年齢を戦前の十八歳から二年引き上げて二十歳までとした。国家が親代わりを務めるとの考えが基本であるから、少年が犯した罪よりも、将来の更生に焦点を当てた。審判、事実関係を明らかにするプロセスでも裁判官は「懇切を旨《むね》として、なごやかに、これを行わなければならない」「これを公開しない」と定められた。これが加害少年に対する腫《は》れ物扱いと徹底したプライバシーの保護現象を生み出した背景である。

ちなみに、先に斎藤弁護士が「親や大人からどれだけの愛情を受けて育ったかをこそ問うべき」と強調したのも、国親思想の具現化のひとつである。

同思想を実現しようとしたアメリカの少年司法制度はしかし、五〇年代後半から近年に至るまで強い批判に晒《さら》されてきた。以下、京都大学の平場安治《やすはる》名誉教授の『少年法』(有斐閣)を参考にすると、アメリカの少年司法制度は、リベラル勢力と保守勢力の左右両方からの批判を受けつつ、幾つかの特定の事例を契機としながら、複雑な展開をみせてきた。六七年の連邦最高裁判所のゴールト判決は、猥褻《わいせつ》電話をかけたとされるゴールト少年が非行事実も告知されず、弁護人もつかない審判の結果、少年院に送られた事件で、デュープロセス（適正な手続き）に欠けていたとされたものだ。七〇年のウィンシップ判決では、少年審判でも刑事事件と同様に有罪とするには「合理的な疑いを超える」心証が必要だとされた。

これらの例は少年の人権をより強力に保障しようというものだった。しかしその反面、事実審理を厳しく行うために成人の裁判と同じく弁護士と検察官が裁判官の下で事実審理を進める対審構造を少年司法に持ち込み、或《あ》るいはより深い検察官の関与を招く側面も伴っていた。

一方、七〇年代に入ると犯罪が急増し、国親思想よりも、子どもといえども罪を犯せば厳しく罰するべきだという考えが台頭した。

最も厳しいのは「三歳児でも殺人罪で裁く」といわれるミシガン州である。同州は最も早く刑事罰の年齢制限を廃止したが、同様の動きはインディアナ、サウスダコタ、バーモント諸州にも見られる。

イリノイ州で州刑務所のリハビリプログラムに取り組むマーラ・ドッヂ教授が述べた。

「過去三十年間、米国の未成年者の犯罪は、殺人事件以外は減少しています。七二年以降の殺人事件の増加は銃の普及に原因があるのです。にもかかわらず、政府は少年犯罪への厳罰主義を強めてきました。これまでは未成年者を少年法で裁くか成人と同じに裁くかは裁判官が決定していましたが、いまでは、全米の三十六もの州で、犯罪によって
は自動的に成人扱いで裁かれてしまいます」
テキサス州未成年対策委員会のジム・ターナー元会長は次のように述べた。
「ここ数年、彼らの犯罪率はゆるやかに減少していますが、二〇〇〇年には、ベビーブ
ーマーの子どもたちが危険な年頃になり少年犯罪が増えると心配されています。このミ
レニアムチルドレンの犯罪防止のためにも少年法を厳しくする州が増えているのです」
少年法を改正して厳しくしているのは州法にとどまらない。連邦法でも同様の現象が
起きており、九九年度の改正では、有罪少年の取り扱いは規制が大きく緩和されると見
られている。また、現在多くの州で成人は十六歳以上とされているのを十四歳に引き下
げる動きもある。いずれにしてもシカゴの少年裁判所から始まった国親思想と保護主義
の、更生を目指した理想は大きく姿を変えて厳罰主義の道をひた走っているのだ。
具体的事例は枚挙に遑《いとま》はないが、九九年八月、フロリダ州で八歳の女の子を殺害した
十四歳の少年が第一級殺人罪で裁かれ、終身刑に処された。
九七年十二月には学校で銃を乱射し三人を死亡させたこれまた十四歳の少年に検察は
成人と同じ犯罪法を適用、二十五年間保釈なしの無期懲役を申請した。
同じく九七年十月ミシガン州でライフル銃を乱射し、通りがかりの男性を殺害した十

一歳の少年も第一級殺人罪で起訴された。

いずれのケースも、新聞、テレビ、ラジオ、雑誌は実名と顔写真を出して報道した。未成年者が重罪を犯す今、被害者や社会全体が受ける衝撃の大きさを考慮して少年法を改正すべしというメッセージだ。

ターナー氏が述べた。

「結局、少年犯罪問題では勝者はいないのです。子どもが大人として裁かれる状況は、私たち全員にとって何かしらの失敗なのです。少年法を厳しくして効果があったとしても、それで終わりではありません」

十歳で終身刑の英国、信賞必罰

少年犯罪に対して保護するよりも、厳しく司法で裁く傾向は、ヨーロッパ諸国での流れでもある。

イギリスの場合を名城大学法学部の木村裕三教授が説明した。

「英国の少年法の根本理念は、自然司法の考え方です。悪事を働けば社会的制裁を受けるということです」

木村教授は、一八九九年に出来た米国シカゴの少年司法制度はシカゴに入植したクウエーカー教徒たちが作ったもので、町が発展するにつれて、東欧やヒスパニックや東洋の移民たちが流入することで悪化した治安から自分たちを守るという要素があったと説明した。イギリスもこれを真似て一九〇八年に少年裁判所を設置した。少年法では「保護・福祉」を謳《うた》ってはいるが、「ジャスティス」（正義）実現の理念が強く、それが未成年者といえども犯罪者には厳しく対処する姿勢の基盤になっているという。

「労働党政権時代に少年裁判所を廃止して福祉審判所を作る考えが浮上しましたが、これは大反対され実現しませんでした。米国のゴールト判決によって、英国の少年犯罪は成人と同様の司法手続きを踏む方向に向かいました。八二年に刑事裁判法、九一年に同名の刑事裁判法が出来て、米国の少年法に近い実態、大人も子どもも区別なく裁く態勢ができました」

イギリスでは、少年は十八歳未満とされ、刑事罰が及ぶのは十歳以上の子どもである。彼らは実際、アメリカよりもなお厳しく裁く。

九三年には二歳の少年を惨殺《ざんさつ》した十歳の少年二人に、善悪の判断能力ありと認め、無期刑を言い渡した。また判事はこの時、少年の実名と顔写真の公開禁止を解除し、全英に二人についての詳細が報道された。

「信賞必罰の概念がはっきりしているのです。少年に対する福祉は司法がきちんと実現されてこそ機能し、それが社会正義の実現につながるという考えです。このことは当然、被害者の声にきちんと耳を傾けることにもつながっていきます」

木村教授は英国では責任のとらせ方について非常に細かい規定があると説明した。

「少年たちの処分をする時でさえ、絶対的釈放、条件付釈放、善行保証命令、出所命令、保護観察、社会奉仕命令、夜間外出禁止命令、介護訓練命令などさまざまに規定されています。親も責任を問われ罰金刑を科せられることがあります。ただ、いつも厳しいのではなく、重大犯罪でも、被害者側も納得し、本人も反省している場合には、回復的司法といって地域への奉仕活動を科すことで済ませることもあります」

ヨーロッパでは被害者へ厚い配慮

フランスは、四五年に少年法を作った当時は教育的配慮が大きな柱だった。しかし、現在は厳罰主義に移行している。

広島大学法学部の吉中信人《よしなかのぶひと》助教授が説明した。

「厳罰主義の具体例が即時収容センターの設置です。取り調べや裁判の間も少年を拘束せず在宅を許していたのが、九九年から逮捕された少年は即座にセンターに収容することになりました。少年を、小さな大人と位置づけて責任を問うのです。日本と異なり、少年裁判には検察官、弁護人双方が最初から関与します。日本とのもうひとつの大きな相違は、被害者に十分配慮することです。もともとヨーロッパでは犯罪の訴追は被害者の権利と見なされています。制度上、訴追権は国にありますが、被害者は最初から裁判に関与できるのが大前提です」

フランスでは少年は十三歳以上十八歳未満とされているが、現実には刑事罰は十歳まで下がって適用される。

フランス政府が特に強調しているのは、親の義務と責任である。九八年にシラク大統領は、少年犯罪の深刻化は親の養育義務の怠慢が最大の原因だと述べ、養育義務を放棄しているのに養育手当てを受け取る親に対し、支給停止などの厳しい対策をとっている。

ドイツの仕組みはユニークだ。少年は十四歳から十八歳未満とされ、刑事罰は十四歳未満には適用されない。また十八歳以上二十一歳未満を若年成人とし、裁判官が、その人物は知的、精神的に少年か成人かを判断する。

中央大学法学部の宮沢浩一教授が説明した。

「裁判では犯罪の種類を殺人や強盗などの重罪と窃盗などの軽罪に分け、重罪は五人の裁判官が、軽罪は三人の裁判官が裁きます。ドイツ独特のシステムで、重罪の五人中二人、軽罪の三人中二人は素人《しろうと》です。参審裁判制度に基づいて、アメリカの陪審制のように納税など一定の義務を果たしている市民の中から裁判官に任命するのです」

検察官も最初から裁判に関与するが、裁判官の権限は非常に強く、証拠提出や証人喚問は裁判官が主導する。

「下される処分は教育処分、懲戒処分、少年刑の三種類。少年刑は刑務所に入れられることですが、大人と同じ刑務所で部屋だけが別という大変に厳しいものです」

宮沢教授は最後にもう一点、彼我の大きな差は被害者の取り扱いだと強調した。

「重罪の場合は大概裁判は非公開ですが、被害者側だけは基本的に全《すべ》て傍聴できます。被害者側の意見も求められますし、被害者の保護のために法廷の奥に別室を設けて屋内回線で映像と音声をひき傍聴の便宜を図ることもあります。徹底して被害者を保護し、配慮するシステムなのです。この点は日本も見習うべきだと思います」

信仰なく反省ない恐るべき日本の少年犯罪者たち

日本は少年法をどうすべきか。彼我の比較で明らかなのは、日本の少年法と諸外国の少年法には幾つか大きな相違があることだ。その第一が、被害者側への配慮が日本の少年法では全く欠落している点だ。

少年法の改正に強く反対する日弁連は、犯罪行為に走る少年たちにはもっと愛を注ぐべきだとの立場をとる。しかし、愛を強調するその日本の少年法は、「被害者の累々《るいるい》たる苦しみと涙を犠牲にして維持されてきた」

と評論家の柳田邦男氏は九九年七月二十五日の『読売新聞』紙上で指摘している。

「被害者は事件の証拠としての価値しか与えられてこなかった」

とも同氏は強調する。

まず、このような被害者に対する理不尽な扱いを一日も早く是正していくべきであろう。

二十歳未満を少年とする日本の定義も特異である。

土本教授が述べた。

「現行少年法では十六歳未満の少年には、如何《いか》なる罪を犯そうとも刑事責任は問えません。十八歳未満なら死刑はありません。そして二十歳未満が少年です。これを一段階ずつ下げればよいと考えます。十八歳を成人とし、死刑適用は十六歳以上とし、十四歳以上には刑事罰を問えるようにすれば、刑法で十四歳は刑事責任を問えるとしている点との整合性も出てきます。十八歳が成人というのは世界的な趨勢《すうせい》とも合致します」

広島大学名誉教授で弁護士でもある森下忠氏も語った。

「少年法は間違った愛かもしれません。数年前、強姦《ごうかん》で逮捕された十八歳の少年の事件で、三年の実刑が出そうになったことがありました。少年は〝俺は少年なんやから、先生、なんとか刑務所に行かんでも済むようにしたってや〟と猛烈に抗議したのです。〝少年やのに刑務所に行けなんて酷《ひど》いじゃないか〟とも言うのです。このような例は嫌になるほどあります」

折角の国親思想と愛を以《もつ》て接し更生をはかるという理想が活《い》かされていないのだ。大阪少年補導協会専務理事の平石恭三氏は、余りにも寛大な措置が恐れを知らない子どもたちを作り上げていると警告する。

「日本人は信仰心もうすく、そのうえ、罪を犯しても容易に罰せられないので、恐れを知らない子どもたちが増えてくるのではないでしょうか。それを埋めるのが、教育と法律です。教育で世の中は権利だけで成り立っているのではないこと、責任も義務もあると、自己責任を教え、法に違反した場合には、結果としてどのような処分を引き受けなければならないかを認識させることではないでしょうか」

人は事実を知った時にはじめて問題に対処できる。問題解決の糸口を探り当てることも出来る。そのためには事実関係はどうだったのか、少年犯罪の解決が厳密な事実審理から始めなければならないのは明らかだ。

厳しい事実関係の審理は、加害少年にもはっきりと自分の犯罪を認識させることになる。真の反省も、そこから生まれてくることだろう。厳しい事実審理なしには、真の反省も立ち直りもないということだ。また、大人、しかも裁判官というただでさえ重圧を感じさせる存在を前にして、少年が事実とはかけはなれた供述をしてしまうような状況も、しっかりした事実審理を行えば、なくなっていくはずである。

日本の少年法が、国際社会の中で極めて特異なものであることを認識し、被害者にも加害者にも、辛《つら》くとも再出発を促す力となり得る、厳しく、かつ、公平な事実審理の道を切り拓《ひら》いていくべき時である。

追記

二〇〇〇年十一月に少年法が改正され、二〇〇一年四月一日から施行されることになった。これによって、刑事罰対象年齢は「十六歳以上」から「十四歳以上」に引き下げられ、十六歳以上で殺人などの重大犯罪を犯した場合は、原則として身柄を家裁から検察に戻し、つまり逆送させ、成人と同様に刑事裁判を受けさせる、少年審判への検察官出席及び高裁への抗告申し立てを認めるなどとなった。四八年の制定以来の日本の少年法の理念はこれで変わっていくこととなった。

その間にも内外で少年犯罪をめぐる大きな動きがあった。英国で二歳の幼児を惨殺した十歳の少年二人は二〇〇一年夏に、社会復帰を許されることになった。判事ら専門家が構成する「仮釈放委員会」が決定したものだ。事件から八年がすぎて十八歳になった二人は「復讐される可能性がある」として、架空の出生証明、氏名、ID、銀行口座に加えて、架空の生い立ちも用意されるという。殺された坊やの母親は烈《はげ》しい憤《いきどお》りを表明したが、英国政府は報道機関にも関係者にも秘密保持の義務を法的に課し、二人の少年のプライバシーを守ることを表明している。但《ただ》し、二人は生涯保護観察下に置かれるとも伝えられた。

日本では少年犯罪をめぐって民事裁判と刑事裁判で判断が全く食い違うケースが続き、少年法（改正前の）問題が浮き彫りにされている。

まず、八五年に埼玉県草加市内で女子中学生の遺体が見つかった「草加事件」である。二〇〇〇年二月七日、最高裁第一小法廷は、犯人とされていた少年三人の自白には、犯行を裏づける〝客観的な証拠がない〟として二審の高等裁判所に差し戻した。同裁判は被害者の少女の両親が、少年審判で有罪とされた三人の少年の親を相手どり、損害賠償を求めていた民事訴訟である。

民事訴訟で少年らの無罪を示唆《しさ》する判決が出されたこの事件は、大人にとっての刑事裁判に相当する少年審判によって十二年前の八九年に「有罪」が確定していた。この「有罪」判決はこれまた最高裁が確定させたものだ。

民事裁判と刑事裁判で正反対の判決が出された今回の「草加事件」は、少年審判の事実審理に重大な欠陥があることを改めて浮き彫りにした。

二〇〇二年三月十九日には九三年に発生した〝山形マット殺人事件〟の民事訴訟で、犯人とされた被告の少年七人に対する訴えが山形地裁によって棄却された。山形地裁の手島徹裁判長は訴えられた七人の少年（現在は二十二歳から二十三歳）全員に責任なしとし、当時十三歳だった被害者の児玉有平君がマットの中に逆さに入れられてす巻にされて死亡したことには「事件性すら認められない」と判断した。有平君がひとりでマットの中に逆さに入り死んでいったとでもいうこの判決は、刑事法廷で最高裁が事実上、加害少年全員の有罪を確定させたケースである。

余りにも異なる裁判所の判断は、少年犯罪の事実審理のあり方に重ねて疑問を突きつけるものである。改正少年法の下で、事実審理の徹底が強調されるゆえんである。

第7章
日本よ、米中の狭間《はざま》に埋没するなかれ

少しばかり時を遡《さかのぼ》る。一九九八年十二月四日のことだ。テレビ朝日の『ニュースステーション』が、『文明の衝突』の著者、サミュエル・ハンチントン教授をスタジオに招いていた。

同書の概要は、冷戦終結後の世界を鳥瞰《ちょうかん》する論として『フォーリン・アフェアズ』誌(九三年夏)に発表されて以来、国際社会で大きな反響を呼んできた。二十一世紀の世界を考える時欠かすことの出来ない文明史観を述べている同書を、ニュース番組の中で著者にどう語らせるのか、私は興味を抱いた。

ハンチントンもトインビーも、多数の国々によって構成される中華文明圏やイスラム教文明圏、或《あ》るいはキリスト教文明圏などと異なり、日本については日本一国でひとつの文明圏を形成するという論を展開している。

教授が、日本文明圏は他の国々には広がりがなく、日本一国に限られると述べた時、キャスターの久米宏氏がもらした感想は「寂しい国ですね」というものだった。

一国一文明の日本の現状ははたして「寂しい」と評価すべきものなのか、それとも、京都大学の中西輝政教授のように「キリスト教文明やイスラム教文明と対等の、世界の大文明のひとつ」と評価すべきものなのか。

両者の相違は、日本文明と呼ばれる諸々《もろもろ》の価値を築いてきた長い歴史の評価にかかわるものだ。自国のアイデンティティを認識できずに自信が持てなければ、一国一文明は成る程「寂しい」ものと映るであろう。前向きにとらえることが出来れば、誇りと自信に繋《つな》がっていくであろう。

どちらの側に立つかによって、日本人の心、国家の根幹が大きく変わってくる。日本の社会を直撃しているさまざまな問題の解決にも大きな影響を及ぼす。日本はたして、日本は、新しい年或いは二十一世紀に向けて、展望を開くことが出来るのか。この点について日本を見る国際社会の目は、かつてなく厳しい。

九八年十一月十七日、英紙『フィナンシャル・タイムズ』（F・T）は、「日本的手法の金融社会主義」(Financial Socialism, Japanese Style) という記事を掲載した。同月十三日に日本銀行が、民間企業の資金繰り支援のために融資、もしくは社債を購入する新たな貸出し制度等を決定した。また別途、日本開発銀行も法律を改正して同様の措置をとることになった。記事の内容はこうしたことへの批判だった。

銀行相手に金融調整に徹するという本来の役割から外れて、中央銀行が直接、民間企業の資金調達の支援に乗り出したことに、同紙は日本の将来の危うさを見たのである。同紙に指摘されるまでもなく、政府系機関の開銀が民間企業に運転資金を提供すること自体がおかしいのである。開銀は元々、設備投資資金を提供する銀行である。歴史的に役割を終えて整理されるべき存在でもある。

また、この新しい貸出し制度によって資金を貸与される民間企業は、民間銀行が融資を控え、社債発行もままならない企業である。そこに開銀をとおして日銀がコミットしていくことになる。

「どんなに採算が悪く赤字の企業も、これで生存が可能になったということです。F・T紙の指摘どおり、事実上の経済の国営化で、社会主義経済と変わりません」

外資系証券会社のチーフストラテジスト氏が強調した。

銀行が破綻《はたん》する前に注入していく資金として二十五兆円が用意された点についても、両者の意見は厳しい。

九八年三月に、政府は金融安定化のために公的資金を注入することを決定した。当初は各行横並びで一千億円ずつ申請し、最終的には大手十八行を含む二十一行に二兆百九十億円が注入された。が、例えば日本長期信用銀行にしても、不良債権の実態は申告よりもはるかに悪く、二千億円注入は債務超過の体質を変えるのになんの役にもたたなかった。事実、九八年後半には、公的資金、二千億円を注入された長銀も、二千九百億円の注入を受けた日本債券信用銀行も破綻してしまった。

九九年には、公的資金の注入で、自己資本比率を改善した大手銀行同士が統合を果たしメガバンクを誕生させた。だが、この時点までに大手行に新たに資本注入された資金は、計七兆四千六百億円、これまた政府保証で調達したお金である。事実上の公的資金ともいえる資本注入額が、激しく増加する一方で、問題の本質は何ら変わっていないということだ。

新しく用意された二十五兆円の枠は、それ以前の失敗から学ぶことなく、同じことを、より大きな規模で行うものに他ならない。失敗の原因が、破綻前の銀行に資金を注入する、つまり、経営内容のよい銀行と、そうでない銀行のふり分けをしないというロジックそのものにある事を学んでいないのだ。

一連の政策で目前の火は消すことが出来る。その分だけ摩擦は少なく社会の安寧は保たれる。だが構造的にはなにも変わらないということだ。かつて日本を〝世界一〟に押しあげた力は、磨滅させられ沈み込んでいくばかりである。

当面の混乱と軋轢《あつれき》を避けた安寧重視の政策に逃げ込む日本を、英国の一流紙は「金融社会主義」と呼んだ。米国の格付け会社は日本の国債をトリプルAから一ランク、格下げした。

そして二十一世紀の日本の最も恐るべきライバル、中国は、日本を、すでに恐るるに足らずと言う。

「資本主義」中国の脅威

「鄧小平《とうしょうへい》の下で改革開放路線を進めてきた中国は、通産省（現・経済産業省）を真似《まね》て経済貿易委員会を設けるなど、日本の組織をとり入れました。しかし、実際に市場原理を働かせる段階では、日本を反面教師とし、アメリカをモデルとしていきつつあります」

こう述べるのは大和証券北京事務所長の徳地立人氏だ。中国共産党対外工作部門の責任者も語った。

「日本は中国が大変革を遂げていることに、気付いていません。中華人民共和国は、あらゆる意味で看板だけ。昔は全国で週一回、共産党組織会議が開かれ、政治的、生活的自己反省が行われていましたが、これら全《すべ》て、一切なくなりました。共産党の細胞と組織は、今、経済活動に専念しており、共産党の書記は殆《ほと》んど会社の社長です」

先述の外資系証券会社のチーフストラテジスト氏も指摘した。

「中国は今、極めて巧みな市場経済の国に変わろうとしています。この方向に中国が進み続けるなら、彼らの思惑とアメリカのそれは一致します」

成長の果実を味わった中国は、一％ほどのエリート達に引っ張られていく縦型の社会でもある。共産主義国家という看板が指導層の権威と力を守り、その分、強力な政治が出来る仕組みである。

二十一世紀を展望する時、日本が恐れるべきは、中華思想を捨てきれない軍事大国としての中国の脅威と共に、実はあの膨大な人口を抱えた中国がより開かれた国となって、日本と同じ自由な資本主義経済の盟主となる時である。

徳地氏が或《あ》る体験を語った。朱鎔基《しゅようき》首相に近い中国共産党の幹部と、アジアやロシアの通貨危機とアメリカのヘッジファンドの破綻を論じ、はたして市場経済は限界にきたのか、万能なのかの話題になった時のことだ。

「朱鎔基のブレーンの一人が私に向かって断言しました。市場メカニズムは人類が二百年かけてやっと発見した、経済を最も合理的に発展させるための方法だ。中国はこれを利用して発展すると決めた。だからどんな事があっても、それを放棄してはいけないと、力をこめて言うのです」

中国が九八年、七・八％の経済成長を達成したのに、一方の日本がマイナス成長に甘んじることのコントラストは、社会主義とはいえ、実態としての資本主義と市場原理を拡大させていこうとする中国首脳部と、そうした価値観に徹しきれず、金融社会主義に陥った日本の皮肉なコントラストでもあろう。

通貨危機に見舞われたアジア諸国間でも微妙な相違が出始めている。韓国は、国辱に耐えるかのような想《おも》いで、ＩＭＦ（国際通貨基金）による厳しい改革にとり組んだ。株は五〇％から七〇％も下がった後、外資が再び流入し始め、少しずつ値を戻した。このまま改革を進めていけば、競争の原理が働き、韓国経済は立ち直っていくという希望を外資が持ち始め、それが韓国経済の立ち直りを決定づけた。

マレーシアは、国際的な基準やＩＭＦ方式に馴染《なじ》まないという考えから、マレーシア独自の考えで対処した。資本取引きと為替管理を強め、政府のコントロールを強めた分、つまり金融社会主義的な要素を強めた分、株価の大幅な下落は防ぐことが出来た。だが、その後の市場は、半分目隠しされたドライバーが運転する車のようなものだ。動きがにぶく魅力がないために外資も逃げてしまう。

日本は、パターンとしてはマレーシアと同じだ。改革に後ろ向きの日本の実質成長率は、九七年度がマイナス〇・四％、九八年度がマイナス一・九％である。九九年度の政府目標は〇・五％の成長である。

先述の中国共産党の対外工作責任者が述べた。

「日本が経済大国なのは間違いありません。しかし、その経済が最悪なのに、有効な対策をいつまで経《た》っても打つことができません」

中国に指摘されるまでもなく、日本は手を打ってきた。だが、打つ手打つ手がバラバラの効果を生み出し、全体として、システムの矛盾をさらに広げ露呈させる情けない現象がおきているのだ。

減税で少しは景気は上向くだろう。しかし、その分国の税収は減り国債の発行がふえていく。事実、九九年度の財政赤字は実に四十二兆円である。歳出は八十九兆円として、半分弱が借金でまかなわれていることになる。国債への依存度も強まり、当然金利も上がる。一時は十年満期の国債の金利が〇・七％にまで落ちていたものが、九八年十月には一％台に戻り、十二月半ばには一・三八％と急上昇した。ちなみに二〇〇〇年二月には同金利は一・八七％になっている。

金利上昇は通常のケースならば景気の回復を示す。だが、日本の現状は別の要素が国債の金利の上昇を促しているとみられる。つまり、日本の景気回復への失望感から外資による日本買いが減り、むしろ売りに傾いているのだ。このことが円安を促し、政府は景気回復のために財政赤字をふやしてでもテコ入れをする。財政が厳しくなり国債依存度がまた上がり、金利も上昇するという好ましくない循環なのだ。国債金利の上昇は日本経済への失望を表わしているともいえる。

同時にこのことは、当然、企業の資金調達コストを押し上げる。あたかも糖尿病と腎《じん》臓《ぞう》病を同時に患《わずら》うような状態だ。一つ治療を施せば、もう一方に悪影響が出る。

そんな日本の現状に世界は厳しい目を向ける。再び、対外工作責任者が語る。

「中国にとっての日本の位置づけは、九八年十一月の江沢民国家主席の訪日の形に表現されています。中国語ではわざわざその国だけに出かけることを〝専訪〟と呼びます。他の国からの帰りがけに訪問するのを〝順訪〟と呼びます。道すがらの軽い訪問の意味です。今回の訪日は順訪です」

中国が日本を「軽く」扱う理由は何か。その中国の姿勢は、二十一世紀に向けてどう変化していくのか。

日本は「大国」ではない

その答えは、九八年夏、中国政府高官に回覧された内部文書で明らかだ。「二十一世紀に向けた中日関係について」と題された同文書は、日本の対中姿勢の甘さとは対照的に極めて厳しい。まず、「日本は、長期間世界第二位の経済大国であり、将来は政治大国になる見方が一般的だったが」その見通しに「重大な修正を行うべき」と書かれている。

「予見できる将来において日本は世界の一流の強国になるのは難しい」「経済関係はこれまで、両国関係の大局を推し進める重要な部分だったが、日本経済が今後も低迷すれば、その経済関係さえも怪しくなる」とも分析されており、まさに戦後、国を支える唯《ゆい》一《いっ》の柱が経済力であった日本にとっては、冷徹な見方となっている。外交・安全保障面では「依然として外国に従属し、限られた役割しか果たせない」日本に、中国は、歴史問題では「その都度反発し、中日関係を破壊する人物には厳正に対処」することとし、「未来の中日関係を戦略的パートナーシップと位置づけるのには適さない」と結んでいる。

この内部文書を読めば、来日した江沢民主席が終始、厳しい態度で歴史問題を問い、日本が提供したODA三千九百億円に対しても、お礼の言葉ではなく、「評価する」という配慮に欠けた姿勢だったことの意味も分かってくる。

内にこのような文書を回覧する中国は、外でどのような外交を展開するのか。前出の対外工作責任者が述べた。

「十一月の江沢民主席の訪日は、中国政府は一時は取り止《や》めも考えたのです。もともと橋本政権を前提の訪日計画でしたから。それでも来日したのは、二十一世紀へのパートナーシップを築くためでした。しかし、結果は失敗だった。日本側が江沢民主席の意図を理解せず、戦略、戦術双方を欠いていたからです。

パートナーシップのためには、過去の歴史を徹底的に清算することが必要でした。しかし、日本がそれをしない。文字で謝罪せずに口頭でのお詫《わ》びにとどまった。主席の怒りは予想以上に強く、外相、駐日中国大使にも責任問題が及びかねない現状です」

日本滞在中、江主席はたしかに繰り返し「歴史に学ぶこと」の必要性を強調した。内部文書とピッタリ符合する姿勢だ。戦略に基づいて対日批判を展開する中国に、日本もまた、日本の戦略と主張を持つべきだ。

歴史を振りかえれば、中国の朝鮮半島侵略は二百回にのぼる。だが、中国政府は今に至るまで、朝鮮半島の人々にも政府にも、一度たりとも謝っていない。ポル・ポトを支援し続けてポル・ポトの虐殺《ぎゃくさつ》を間接的に助け続けたことについても、カンボジア国民に謝っていない。ベトナムを懲罰すると宣言して攻撃したが、どんな国にも他国を懲罰する権利があるはずがない。それでも中国はベトナムに謝っていない。

先述の中西教授が語った。

「江沢民主席訪日の時期、私はベトナムにいたのですが、主席が謝罪しろとか歴史を大切にしろと発言しているのを聞いて、ベトナムの大学教授が途中から笑い出しました。〝それなら中国は我々に謝ったことがあるか。わずか十数年前までベトナムを脅《おびや》かし、その前にも二十五〜六回も侵略しておいて一度も謝ったことがない。しかも日本が中国にしたことより、はるかに酷《ひど》いことをベトナムに対してしているのに〟と言うのです。そういうふうに歴史を利用する国があるのをよく知ったうえで、自分の頭であの戦争の意味をもう一度問い直すことです」

ちなみに「正しい歴史認識」の重要性を強調する中国政府が、国内で学童に使わせている歴史教科書には、朝鮮戦争は米軍に支援された韓国側が北朝鮮を侵略したことから勃発《ぼっぱつ》したと書かれている。国際社会では北朝鮮の侵略が朝鮮戦争の始まりだったことは、すでに事実として認められているのに、である。

この点を工作責任者に質《ただ》すと、中国政府の歴史認識はまだそこまで整理されていないのだと述べた。そのうえで、このように主張をぶつけ合うことを中国は歓迎するものだ、ともつけ加えた。

「本当のところ、中国人は日本人が分からないのです。世界で一番大人しい国民、端的に表現すれば、独立国家ではない。自分の頭で考えた戦略を持たない国というのが我々の日本に対する見方なのです」

二十一世紀を展望する時、先の内部文書とこの人物の発言の双方の意味を冷静に考えてみることが大切なはずだ。

百年に一度の分岐点

一方で、来世紀も日本にとって、戦略的に最重要の国であり続けるアメリカは、日本の展望をどう評価するのか。

レーガン政権時代に商務省日本担当審議官として名を馳《は》せたクライド・プレストウィ

ッツ氏は、日本経済の構造が大改革されない限り、或《ある》いは改革についての真剣な政治的議論が行われない限り、希望は持てないとの見方だ。

「ただし、日本が徹底的に変革し、規制緩和と構造改革を行えば、五年から二十年先、日本は以前よりも強力な存在になり得ると思います」

氏の楽観論は、あくまでも競争原理の徹底という条件が前提だ。

ノーベル賞受賞で知られるミルトン・フリードマン教授も日本経済への基本的な見方は条件付きで前向きだ。氏はこう述べた。

「日本の現状は、アメリカの大恐慌《だいきょうこう》と同じ体験を、日本が経験しているということです。ただし、我々が三年間で体験したことを、日本はこれまでの八年間で、より緩慢により薄められた形で体験していると思います。

ここから抜け出すには、まず財政に頼った景気刺激策をやめること。これまで五〜六個の刺激策パッケージを実施してきたが、どれも効果をあげていない。その全てが借金で賄《まかな》われているからです」

高齢化社会の日本にとって、財政赤字の増大はきわめて危険だと、教授は強調した。

「第二点として、日銀は能《あた》う限りの手を打って、通貨供給量を五ないし八％ふやすべきです。インフレを奨励しようというのではありません。しかし経済が求めているだけのマネーを供給すべきです」

マネタリストとしてのフリードマン教授の考え方を平たく言えば、通貨の流通量の適正なコントロールによって、問題は概《おおむ》ね解決できるということだ。日本の問題は、日銀がどれだけ通貨を供給しても、それが出回らないことだ。その意味では、日本はお札を刷っても刷っても、使われずに吸収されてしまう、いわゆる流動化の罠《わな》に陥っている。

フリードマン教授の主張する、財政赤字をふやさずに通貨供給量をふやすことは、今の日本にとって至難の技だ。日本は金融緩和も財政出動も、打てる手はほとんど打ってきたからだ。

「残されている手は、円安によって痛みを和らげつつ、抜本的な改革をとにかくやるということです」

と、先述のチーフストラテジスト氏は述べた。

日本にはこれまで、厳しい自己責任や効率、小さな政府、機会均等、結果に対する適正な評価など、競争原理では当然の鞭《むち》の政策がなさすぎたと、同氏は指摘し、語った。

「中国政府の遂行している政策と日本政府の政策を比較すると、どちらが社会主義国か分からない。こんな状態から早く抜け出ることです」

個々の政策も重要だが、日本人は、もっと大きな歴史の流れとして現状を考えるべきだと、前出の中西教授は説く。日本が直面している変革は、百年から二百年に一度の大きな分岐点であり、そこに立つことの意味は、歴史の流れをとらえてはじめて明確になるという。

「たとえば、日本と中国は何千年ものつき合いがありますが、常に日本には、中国に負けない、負けるまいという魂があり、それによって日本が作られ、立派に国力を伸ばしてきました。アジアの常識ではどこの国も中国の朝貢国で、中華文明に拝跪《はいき》していた時、日本は政治、経済的に対等に渡り合ってきました。負けるまいとすることで、日本が成り立ってきたのです」

また、こうも述べる。

「中国は今、改革開放で力をつけていますが、何年かすれば必ず矛盾が噴き出します。十二億の民がこのまま成長すれば二〇二〇年にアメリカを追い越すなどと信じて、圧倒されるのが一番いけないのです。

中国は十分に日本の射程距離にあります。一度の戦争に負けたくらいで、何が変わったというのでしょうか。二十一世紀は一人でも立っていけるという〝ジャパン・アズ・オンリーワン〟の時代をつくる心が大切です」

アメリカも中国も、日本を相手とせずと考えるのは、経済力以前の問題としてまず、日本が主張すべきことを主張せず、議論すべきことも、分析すべきことも、曖昧《あいまい》のままに放置するからだ。かつて働き者といわれた日本人が、知性の面においてきわめて怠惰になっているからだ。

目線を高く保ち、事態をよく見て、勇気をもって事に当たることだ。ハンチントン教授らに一国一文明の国と言われたら、「寂しい」とか「孤立」だとは考えずに、一文明圏を築いた国として、前向きにとらえていくことが、二十一世紀の日本を支えていく力になる。

「二十一世紀は日本が日本に回帰するべき世紀」と中西教授は語る。グローバライゼーションの今だからこそ、その心とのバランスが重要である。

第8章 知られざる中国の軍事力の脅威

一九九九年四月、北朝鮮の偽装船による日本領海侵犯の騒動が生々しい興奮と憤《いきどお》りの渦をまだ残していた頃、中国海軍の軍艦が、尖閣《せんかく》諸島付近を航行しているのが海上自衛隊によって確認された。

続いて五月、中国海軍はフリゲート艦など軍艦十二隻《せき》を出動させて、尖閣諸島の北方公海上で軍事訓練を行った。

さらに六月十七日、中国海軍の軍艦十隻が、尖閣諸島周辺を航行し続けているのが確認された。中国艦艇は大型化され、四隻のミサイル駆逐艦を中心に構成されている。排水量一万トンの潜水艦救難艦も随伴していることから、潜水艦も尖閣諸島周辺に展開する可能性が強いと見られている。

中国の地図には、尖閣諸島はすでに中国領土として記載されており、四月以降の中国艦艇の動きは、日本の領土である尖閣諸島の領有権をめぐる論議を無視したものだ。

北朝鮮の偽装船に対するのと同様、日本国政府の対応は基本的に中国船を見守るだけである。この日本の姿勢を見透かしたように力で押してくる中国に対して、日本は何をなし得るのか。二十一世紀を展望する時、隣国の大国、中国の脅威にどう対処し、もうひとつの大国、米国にどう対処していくことが日本を守ることにつながっていくのか。

杏林《きょうりん》大学社会科学部長の田久保忠衛《ただえ》教授が述べた。

「日本はすでに二流の国と見做《みな》されています。その考えは、欧米諸国で大きな波紋をひきおこしたハンチントン教授の『文明の衝突』に典型的に見られます」

田久保教授が言及したのは、米国ハーバード大学のハンチントン教授が、九三年に外交専門誌『フォーリン・アフェアズ』に発表した論文である。久米宏氏も『ニュースステーション』に同教授を招いたことは前章で触れた。

九八年に単行本になって日本語でも出版された同論文は、米ソの二極体制だった冷戦構造が崩壊し、超大国は米国一国のみの「単極構造」となった、国際社会は米国の単極支配の下で、各地域毎《ごと》に地域大国が主要な役割を果たしていくと論じている。

地域大国はハンチントンによると欧州では独仏連合、東アジアでは中国、南アジアはインド、ユーラシアはロシア、中東はイラン、中南米はブラジルである。

「日本が認識すべき重要なことは、東アジアの地域大国は、日本ではなく中国であると米国がとらえている点です。日本は野球に例えていえば二軍の国家で、一軍は中国だということなのです。

米国は二軍国との距離を測りつつ、必要に応じて各地域の二軍国を一軍国へのカウンターバランスとして活用する。それによって米国支配の単極構造を維持していくという分析です」

田久保教授が語った米国の戦略は、ここ数年の米外交の随所に見られる。九五年夏と九六年春の二度にわたって中国は「台湾独立」阻止の目的で台湾海峡に弾道ミサイルを撃ち込んだ。対して米国は日本との関係強化のために日米安保共同宣言に合意し、日米安保条約を機能させるためのガイドラインを作成した。中国へのカウンターバランスとして、日本の軍事力を少しばかり増強させるようにしたのだ。

また、米国とアルゼンチンの接近には、著しいものがあるが、これも地域大国のブラジルに対するものだ。米国のウクライナへの接近は、対ロシアという構造でとらえれば、これまた共通の戦略が見えてくる。

重要なことは、かつて、米国がしばしば口にしていた「日本は最重要のパートナー」という言葉が、実質的な意味を薄れさせつつあることだ。

米国の目に映る日本が二軍国であるなら、中国の目に映る来世紀の日本もまた同様だ。江沢民国家主席が日本を訪れた九八年十一月を前に中国共産党幹部の間で『二十一世紀に向けた中日関係について』という文書が回覧された。同文書は、日本は経済大国から

やがて政治大国へと成長をとげると見られていたがそのような見方には「重大な修正を行うべき」だと断じ、二十一世紀の中日関係は「戦略的パートナーシップと位置づけるのには適さない」と結論づけている。

一言でいえば、「日本を相手とせず」ということである。

米中双方が日本を〝対等〟とは考えていない事実が嫌という程見えてくる。とりわけ中国の対日基本戦略は怖《おそ》しい程はっきりした「力関係」に基づく支配であることが窺《うかが》える。

「力」は本来、経済、政治、外交、軍事の全《すべ》てを包含した国力という意味ではあるが、中国の歴史をみると彼らがとりわけ軍事力を重視してきたのは明らかだ。

極めて現実的な中国の力関係重視の政策は、日本にとって、どれだけの脅威になり得るのか。

力で国境線を拡大する国家の意志

この点について、中国研究者たちの見方は二分される。

三菱総合研究所アジア研究室の宇佐美 暁《さとし》氏は、中国の軍事力はいまのところ、日本への脅威とはなり得ないと次のように分析する。

「たしかに八九年以降十一年間、中国の国防費は毎年二桁《けた》の顕著な伸びです。しかし、二百九十三万人という人民解放軍の人数で頭割りすると、むしろ、近代的装備でお金をかけている日本の自衛隊の一人頭の額の方が多いくらいです」

軍事力も経済力も、国民一人当りに換算すれば日本の方が中国より高くなるだろう。このようなミクロの視点でとらえれば、中国が全体としてどれ程の軍事力と経済を達成していようが、中国は脅威ではないということになる。

このミクロ論に対してマクロ論がある。杏林大学教授の平松茂雄氏は、ミクロの視点は間違いではないが、あまり意味はないと語った。

「たとえば、中国は八五年から三年間で人民解放軍四百二十万人を三百万人に減らしました。今再び、五十万人削減すると言っています。目的は通常戦力の近代化です。三百万人全体の近代化を推進すれば国家財政は破綻《はたん》するため近代化するのは一部のみです。これをみて中国は大したことはないと考えるのは早計です。一割しか近代化しなくても、三十万人です。二十三万人の自衛隊をもつ日本を含めて、周辺国でそんな軍隊をもてる国はそうありません。また三十万の近代装備の軍隊に機動力がつけば、非常なる大軍隊です。機動力でいえば、中国は必要に応じて民間の輸送機さえも軍事用に使える国です。このことを計算に入れて考えなければなりません。軍事支出も、公表されている国防費の三倍というのが国際社会の常識です。中国は間違いなく重大な脅威なのです」

ミクロ視点の中国もマクロ視点の中国もどちらも真実だとして、中国が日本にとって脅威であるか否《いな》かは、その政府の在り方、中国が何を目指し、どのようにパイを配分するかを見ればよい。

「四九年の建国と殆《ほとん》ど同時に中国は核大国になると宣言しました。毛沢東は核兵器の軍事的な威力とその政治的な意味を非常に早い段階で理解していました」

平松教授はこう強調して、中華人民共和国政府の成立以来、今日まで、日中両国の国家としての歩みが節目節目で正反対の価値観を示していると、ざっと次のように語った。

四七年、日本は新憲法を定め戦争を放棄し平和を求める大方針を定めた。同じ頃、四九年の建国時、中国は核兵器開発の断固たる決意を表明した。国民党政府を力によって倒した中国政府は、旧式の人民解放軍を早急に近代的軍隊に育て上げようとしていた。

五五年、日本が自民党と社会党による五五年体制をつくり、馴《な》れ合い政治に入った頃、中国は核兵器開発に着手した。その前年、日本は自衛隊を創《つく》ったが、当時の自衛隊は米軍が朝鮮戦争で使い古した兵器を貰《もら》っていた。装備も、国家経済も日中両国共に同じように貧しかったが、その時点で中国はすでに核兵器開発に力を集中させていたことを平松教授は強調する。

六四年、日本はオリンピックにわいた。アジアで初めてのスポーツと友好の祭典に国をあげて取り組んだ。ＩＭＦから資金を借りて東名高速や新幹線も建設し、その後の日

本経済の飛躍の梃子《てこ》とした。この同じ年、中国は核兵器の実験に成功して世界を驚かせた。以降毎年核実験を続けたが、背景には「中国はどんなことがあっても核兵器を作り出す。たとえ国民がズボンをはくことができなくても、核兵器を完成させる」という固い国家意志があった。

七〇年、日本は大阪万博に沸いた。世界各国のパビリオンが並び立つ万博会場は記録的な人出でにぎわい、日本経済の順風満帆を国民は満喫した。同じ年、中国は今度は人工衛星を打ち上げた。核兵器の運搬手段であるミサイル技術を開発したわけだ。以来、日本列島は中国のミサイルの射程内に入っている。

小さな海をへだてて相向かう日中両国は、節目節目で、およそ正反対の目標に向かって邁進《まいしん》してきたのだ。日本はひたすら経済成長を追い、中国はひたすら強い軍事力の確保に力を入れてきたのだ。

中国は八〇年代以降、第二世代の核開発に入った。九九年七月十五日には中性子爆弾の技術保有をも発表した。中性子爆弾は建物などには全く被害を与えず、人間だけを殺してしまう悪魔のような殺人兵器だ。

国民がどれほどの貧困の中にあっても、核開発の費用を確保し、ミサイル技術も磨き続けてきた中国は、軍事力の充実を最優先させてきた国だ。「力」の信奉者である中国が二十一世紀を展望する目は厳しい。とりわけ日本に関しては侮蔑《ぶべつ》的でさえある。先述

の回覧文書は、日本を「外交、安全保障面では外国に従属し、限られた役割しか果たせない」国と断じている。尖閣諸島を含む領土領海に関しては「戦略的境界」という考え方を打ち出している。

平松教授が語った。

「八七年頃に中国軍内部で国防発展戦略とよばれる重要な論議が行われました。戦略的境界の概念はこの時に提起されたものです。〃国家の軍事力が実際に支配している国家利益と関係ある地理的範囲の限界〃という意味で、これは総合国力の増減によって伸縮するというのです」

つまり、中国にとってこれまでの国際政治の中で確立された国境線は事実上無意味で、ひとつの国の総合国力によって、その都度変化するのが実質的な国境線だということだ。

平松教授は、戦略的境界の考えを念頭に置いてこれまでの中国と周辺国の戦争を思い起こせば、中国の掛け値なしの本音が見えてくると言う。

中国の建国は一九四九年だ。翌五〇年から五三年には中国は百万人の兵士を朝鮮戦争に投入した。勿論《もちろん》、北朝鮮義勇軍という形をとった。

五四年から五五年まで、さらには五八年には台湾海峡で国民党軍と戦った。

五九年にはチベット動乱で、六二年にはインドとの国境紛争で戦争をした。

六九年には遂に旧ソ連と国境をめぐって戦い、七四年には西沙《せいさ》諸島をめぐってベトナ

ム と戦った。

七九年には、鄧小平氏が「ベトナムを懲罰する」といって中越戦争を戦い、八八年にはこんどは南沙諸島をめぐってベトナムと戦った。

常に力で境界線を守り、広げてきた歴史が明らかだ。

独自の核開発、急成長する海軍力

力を信奉する中国の力の源泉はなんといっても核戦力と、核兵器開発と密接な関係の中で近代化されつつある外洋海軍である。

元々中国の核は、毛沢東が核開発の決意を明らかにした時から、米ソ両国に対抗するためのものだった。

つまり、今、世界の核保有国は米露の第一グループと英仏中の第二グループに分かれるが、第二グループの中でも中国と英仏の核は性質が異なる。

拓殖大学国際開発研究所の茅原郁生《かやはらいくお》教授が語った。

「中国は運搬手段としてICBM（大陸間弾道ミサイル）、SLBM（潜水艦発射弾道ミサイル）、及び爆撃機の三つを所有しています。英仏の核は結局、アメリカに組み入れられた核であり、彼らはICBMは保有していません。つまり、米露と対等に戦える核戦力をもっているのが中国なのです」

加えて、中国の核兵器は九五年と九六年に台湾近海で実施された地対地弾道ミサイルの発射訓練にみられるように、単なる抑止力としてではなく、威嚇力《いかくりょく》として実際に使用される可能性がある。そのような弾道ミサイルが、日本と台湾に照準を合わせて林立している。

日本をターゲットとした核ミサイルは北朝鮮と隣接する遼寧省の通化基地及び江西省の楽平基地に配備済みだ。

この二つを含む三つの基地から九五年七月に、台湾近海に計六発の弾道ミサイルが訓練と称して発射され、すべて目標点に着弾したと公表された。

これらの基地には「東風21」(中距離弾道ミサイル)、「東風15」(短距離弾道ミサイル)などが配備されている。トラックに積んで移動することが出来、三〇分程度の時間で発射準備が完了される。移動してミサイルを発射できるということは、中国が核攻撃を受けた場合、相手に対する第二波の攻撃能力を確保できるということだ。

クリントン大統領が中国を訪問した際に、米中両国は互いを核ミサイルのターゲットから外す事で合意したが、中国の日本及び台湾に照準をあてたミサイルについては、解除措置はとられていない。

中国では、ミサイルや核兵器を扱うのは第二砲兵司令部という特別な部隊だ。これは空軍司令部や海軍司令部などと同列の組織で、別名「ミサイル軍」とも呼ばれている。

世界各国の軍事力の秀《すぐ》れた分析で知られる『ミリタリーバランス』によると、中国の戦略核部隊のミサイル軍は六個師団、兵力十二万五千人からなる。日本の自衛隊員の総数が二十三万余人だから、自衛官の半分が、もっぱら核兵器やミサイルを専門的に扱う任務についているわけだ。

彼らの存在は何にも増して最優先され、国家予算も優先配分されてきた。言うまでもなく彼らの手元にはＩＣＢＭ、ＩＲＢＭ（中距離弾道ミサイル）、東風3号（中距離弾道ミサイル）、東風21号、ＳＬＢＭなど、米露両国に真っ向から対立することさえ可能な核兵器が揃《そろ》っている。まさに中国の軍事戦略の中枢《ちゅうすう》を担《にな》うのが戦略核部隊なのだ。

最優先して開発した核戦力を、中国は政治、外交両面で最大限に活用している。どの国よりもあからさまに、核を自国の主張を貫き通すための道具として活用している国だ。

平松教授が八〇年代中葉に『解放軍報』に掲載された論文を引用しつつ語った。

「中国は、実質を備えない脅しは持続的に威嚇作用を持たないため、威嚇は必ず真実性を持たなければならないという考えです。核兵器も同様で、それを活用するには、実戦能力、使用する意志と決意、それらを相手に認識させることの三つが重要だとしています。台湾総統選挙直前の九六年一月、中国側は元米国国防次官に、もし台湾が独立する場合、中国軍は通常弾道ミサイルを毎日一発ずつ台湾に向けて発射すると警告したと言われていますが、これは典型的な中国の脅し方です」

中国まさに恐るべしである。

核開発と共に急成長をとげてきた中国海軍の脅威も重大だ。二十八万人体制の海軍は、それだけで日本の自衛隊全体を軽く上回る。

水上艦艇部隊、潜水艦部隊、航空部隊、陸戦部隊、海岸砲兵部隊から編成される海軍は、北海、東海、南海の三艦隊をもち、日本の生命線であるシーレーン防衛にとって最もやっかいな潜水艦に至っては六十三隻《せき》を保有している。

中国の潜水艦は旧式だから脅威は少ないと考えるのは間違いである。

茅原教授が語った。

「一隻の潜水艦を探索して攻撃するにはワンセット八隻の護衛群が必要です。日本の海上自衛隊には四個護衛隊群しかない。従っておとり四隻で日本の四個護衛隊群を釘付《くぎづ》けにしたら、残った中国の潜水艦はフリーハンドです」

現在も尖閣諸島付近には中国艦船が展開し、潜水艦も尖閣近海に潜んでいる可能性は大きい。東シナ海から南シナ海まで彼らが展開し、日本の南西シーレーンに出没し始めたら日本はなす術《すべ》がない。軍事的能力以前に、貿易立国としての日本の生命線が断たれるのだ。

また、中国は今、ロシアからキロ級潜水艦二隻とソブレメンヌイ級駆逐艦四隻を購入中である。前者は米国のロスアンゼルス級原子力潜水艦に劣らない静寂性を持ち、後者は米国が恐れた音速の二倍のミサイルを搭載している。同ミサイルは海面六メートルの超低空飛行が可能なため、米国のレーダーでさえも捕捉《ほそく》が難しい。

こうして中国海軍は、現在米国につぐ世界第二の力を誇る日本の海上自衛隊を二〇一〇年には逆転して追い抜いてしまう見通しだ。

空軍もまた四十七万人の兵力と作戦機三千七百四十機を有する大軍である。日本のF15戦闘機に相当するスホーイ27機のライセンス生産を中国はすでに始めており、こちらも二〇一〇年には、日本の力と完全に逆転すると言われている。

このような強大な軍事力を使って、中国はどのような侵攻作戦をとり得るのだろうか。

三段階の台湾侵攻作戦

過去の中国軍の演習のパターンから、たとえば考え得る台湾有事のシナリオを描けば次のようになると三菱総研の宇佐美暁氏は語った。

「第一段階は高雄、基隆《きりゅう》、馬公《まこう》の海軍艦隊基地への攻撃です。駆逐艦やフリゲート艦への弾道ミサイル攻撃で撃滅します。第二段階は合成集団軍約十四個師団、一個陸戦旅団、一個空挺《くうてい》連隊が、金門及び馬祖島《まそとう》に上陸侵攻します。第三段階として、台湾海軍の増援部隊を魚雷で阻止します」

ちなみに一個師団は一万五千から二万人の兵士で構成される。戦闘、通信、輸送、補給、戦力培養など、軍隊を維持するための全機能を備えたものが師団と呼ばれる。中国の場合、三個師団で「合成集団軍」を編成し、これが運用単位となっている。戦車、砲兵は師団ではなく旅団のケースもあるが、中国はこのような合成集団軍を二十四個保有する。

一個の合成集団軍が大体六万から八万の兵士を抱える。つまり合成集団軍二個で、日本の陸上自衛隊並みなのだ。中国にはそれが二十四個ある。

宇佐美氏は、台湾有事が今述べたような形で実際に起きるかといえば、中国軍の台湾上陸は可能性が低いという。中国にとって、当然、米国の動きを測る必要があるからだ。しかし、それだけの能力もあり、いざという時にはやってのけるだけの強い国家意識のある中国は、それだけで周辺国にとっての脅威である。

この中国の脅威に対して日本のとり得る道は、事実上ひとつである。アメリカと組んでその中で日本の実力を強めていくことだ。

田久保教授が指摘した。

「突きつめて言えば、その国の気概と品格、国柄に通じていくのが軍事力です。軍事力を軽視すると中国がいきなり日本に攻めてくるというのではなく、日本は絶えず中国を気にして、何によらず中国に相談しなければ決定ができない国に成り下がるということです」

ミサイルの照準は常に日本や台湾に合わせられている。このことをまず認識し、日本は第一義的に日本自身の意志と力で日本を守るという緊張感を抱くことだ。

たとえば尖閣諸島への中国海軍の侵入に対しては海上自衛隊を派遣し、法的には有事法制を整え、いざという時のために交戦規程も定めることだ。威嚇する中国に対しては、不法な侵入は許さないという意志を明確に示すことだ。誇りを示すことだ。そうしてはじめて、米中両国から二流の国と見られている現状を改め、ひいては自由に日本領海に侵入を続ける中国に対しても、目に余る日本無視を思いとどまらせることができる。

第9章
手足を縛られた自衛隊に何ができるか

一九七六年九月、旧ソ連のビクトル・ベレンコ中尉《ちゅうい》がミグ25で函館空港に亡命した時、超低空飛行でレーダーをかいくぐって日本領空を飛んだベレンコが最も恐れたのは、亡命に気付いた旧ソ連空軍の背後からの追撃だった。

後に彼は、日本側は安全だと考えた、なぜなら自衛隊は絶対に撃ってこないと知っていたからだと述べている。旧ソ連にとって、日本の領空はいつでも侵犯できる空だった。

七七年十月、ひとりの在日朝鮮人が二十三日間の勾留《こうりゅう》の後、石川県警から不処分のまま釈放された。三鷹市役所のガードマンだった久米裕さん（当時五十二歳）の北朝鮮への拉致《らち》工作を手伝ったと自白した男である。

釈放の理由は「出国時の意思」を久米氏本人から確認できないためだった。このひと月後、横田めぐみさんが拉致され、翌年、各地の海岸から次々と日本人が北朝鮮に拉致されていった。

拉致された人々のその後の消息は杳《よう》としてつかめず、その数は政府が国会で認めただけで十名にのぼる。このことは日本の領海に北朝鮮の工作船が頻繁に出入りし、日本人の安全と生命を脅《おび》やかし続けていることを示している。

九九年三月、日本の漁船を装《よそお》った北朝鮮の工作船二隻《せき》が領海侵犯した。海上保安庁と海上自衛隊が、ほぼ一昼夜にわたって追跡、海上自衛隊は史上はじめて海上警備行動をとったにもかかわらず、二隻ともとり逃した。

野呂田芳成《のろたほうせい》防衛庁長官は、

「命を張って自衛官が精いっぱい頑張ったのですが、(工作船を) 捕まえることができませんでした」

「人に危害を加えないで船を沈めたり逮捕するには非常に困難があって取り逃がしたのが真相でございます」

と国会で説明した。が、事の顚末《てんまつ》を見守った国民の間からは、政府には当初から、工作船を捕える意思はなかったのではないかとの疑問が出された。それ程、史上初の海上警備行動の実効はあがらなかった。

九八年八月、北朝鮮のミサイル、テポドンが日本列島上空を飛び越え太平洋上に落下したが、日本は同事実の確認に約半日を要した。

九九年七月、北朝鮮を訪問していた明石康元国連事務次長は、北朝鮮当局からテポドンとみられるミサイルの第二回の発射準備が完了したと告げられた。

北朝鮮側はテポドンはあくまでも人工衛星だとして「日本も米国も打ち上げている。北朝鮮が発射しても別に問題はない」と述べた。

対して米国政府は事態を深刻に受けとめ、ミサイル発射施設の拡充工事の様子から、「テポドン弾道ミサイル2号」は、九八年の「1号」に較《くら》べて射程距離は千五百キロから、四千ないし六千キロにのびたと推定、また日韓両国の一部に、北朝鮮が「第二回発射準備を中断する兆候が見られる」と米国政府が分析したとの情報が流れたが、九九年九月、米朝間で協議が続く間のミサイル発射凍結について合意した。

日本の周りをちょっと見渡すだけで、日本を取り巻く情勢に多くの不安要因があるのが見えてくる。

同時に「日本の自衛隊は絶対に撃ってこない」と仮想敵国から「信頼」されている心もとない事実、相手方が武力行動に出ない限り、領土、領空、領海を侵されても武器使用も叶《かな》わない法律の下では、「命を張って」も小さな船さえ捕えることができない事実も見えてくる。

はたしてこのような状況で日本の安全は保てるのか。国民の生命や財産は守られるのか。

日本周辺の安全保障の不安要因は、日朝、日露関係のみに派生するのではない。南北朝鮮間の緊張も中台関係の緊張も、全《すべ》て日本の安全に関わってくる。日米ガイドライン関連法は成立したとはいえ、日本の安全はどこまで確かなものになったのか。

元統合幕僚会議議長の栗栖《くりす》弘臣《ひろおみ》氏は、ガイドライン関連法の成立は、これまでの状況からすれば一歩前進だと評価しつつも、肝心の国内の守りが欠けていると次のように述べた。

「一番の問題は日本の領土領海が侵害された場合の対処の基本となる有事法制が置き去りにされ、日本の『周辺事態』への対処が優先されたことです」

国際社会の常識は、国土防衛が一番先にきて、その延長線上に周辺の守りがあり、同じく外交もある。外交も周辺の守りも、しっかりした国防の力と仕組みの裏打ちがあってこそ、効果的に展開されるというものだ。だが、日本の論議からは、出発点であるべき国内の守りが抜けている。順序も仕組みも反対だというのだ。

安全保障の戦略上、基本であり、重要度が高いけれども政治的な軋轢《あつれき》が予想される有事法制の制定をあとまわしにしたということだ。また、成立したガイドライン関連法の柱である「周辺事態法」には、非現実的な側面が否定できないともいう。

この法律では、「周辺事態」は、「そのまま放置すればわが国に対する直接の武力攻撃に至るおそれのある事態等、わが国周辺の地域におけるわが国の平和及び安全に重要な影響を与える事態」と定義された。だが、政府は周辺事態の「周辺」は地理的概念ではないと苦しい説明を行った。

この点についてまた陸上自衛隊東部方面総監の源川《げんかわ》幸夫氏が、厳しく批判する。

「常識でいえば、日本にとっての周辺事態は第一に朝鮮半島有事、第二に中国の台湾に対する武力介入、第三に中国の南沙《なんさ》西沙諸島の領有権をめぐる紛争がまず考えられます。しかし、政府は周辺事態は地理的概念でないと述べた。中国への気兼ねからでしょう。このことによってガイドライン論議が非常に分かりにくいものになったと思います」

日本にとって考えられる三つの周辺事態のうち、早急な取り組みの必要性があるのは、朝鮮半島をめぐる事態である。二番目の中国の台湾問題は蓋然性《がいぜんせい》は低い、南沙西沙諸島問題から生ずるシーレーン防衛も緊急事態ではない。この点をおさえて何よりも朝鮮半島有事を想定した具体論を展開すべきだったと源川氏は語るのだ。

万一周辺事態が発生した場合、日本は米軍に対して後方地域支援と後方地域での捜索救助活動を行う。それらは武力による威嚇《いかく》行為になってはならないとも定められた。自分の生命が危いと判断されるような場合にのみ、正当防衛として合理的と思われる範囲で武器の使用が許されるというのだ。

ここで問題になるのは、「前方」「後方」という分け方である。戦争において前方も後方もないというのは素人《しろうと》でもわかる。現実離れのこの取り決めについて栗栖氏が語った。

「戦いではまっ先に相手のライフラインを断つのが常識です。コソボ紛争でＮＡＴＯ軍が攻撃しているのは、相手方の後方地域です。発電所など後方の民生部門を集中的に爆撃しています。従って、前方、後方という分け方は、軍事の常識から言えばあり得べくもないことです」

後方地域が基本的に武力行使の行われない地域と考えること自体、非現実的だというのだ。となれば、今回の規定では後方地域での活動は戦闘が発生したら引き上げると定められたが、この規定自体が現実離れしているということになる。

自衛隊の中堅幹部が語った。

「PKOの時も似たような議論がありました。安全が確認できなくなったら日本独自に撤退するという話です。そのとき当時の渡辺美智雄副総理が〝そんな馬鹿《ばか》なことができるか〟と言っておられました。

他の国が苦難の中でやっている時に、日本だけ引き上げることは、現場を踏んだ人間として、とても出来ない。あの時も今も、日本の議論は砂上の楼閣のようなものです」

日本は世界の笑いもの

日本の安全保障の現状について、現役自衛官達はどう考えているのだろうか。陸海空の中で、最も自信をもっているのが、海上自衛隊だ。米国に次ぐ「世界第二の実力」という表現から、彼らの自負の程が伝わってくる。

だが、海上自衛隊の兵力は潜水艦も沿岸戦闘艦艇も、両用戦艦艇もいずれも中国にも北朝鮮にも、量的には圧倒されている。日本の海上自衛隊が誇るのは、その装備の近代性である。米国海軍に次ぐ世界第二の海軍力を、では、海に囲まれた日本はどのように活用しているか。

一等海佐の伊藤孝和氏（仮名）が語った。

「海自を十分に有効活用しているかといえば、ノーと言わざるを得ません。シビリアンコントロールが重要ですから、安全保障策が文民実務者の話し合いで決定されるのは当然です。しかし各国の事情をみると、文民実務者の話し合いの前に、必ず制服組の意見も吸い上げられています。軍事政策、安全保障政策は、軍事の知識と理解なしには語り得ないからです。制服組の意見が配慮されないのは日本くらいのものではないでしょうか。その結果、ガイドライン問題でも、変な議論は沢山ありました」

こう述べて伊藤一等海佐は邦人救出には、海上保安庁の船でよいとの議論が当初の段階で出たことに触れた。

「国民の救助に行く部隊はどの国も軍隊です。日本だけが海上保安庁、英語でいうとコーストガードを出すなんて、他国が驚きます」

邦人救出については、他国が驚くよりも、日本人自身がもっと実状を知るべきだ。自

民党の中谷元議員は、ガイドライン集中審議の中で、

「邦人の生命と安全を確保する必要があれば自衛隊を派遣すべきだ、国家として当然の行為だと私は思います。しかし、残念ながら法的整備はできておりません」

と述べている。

日本人は有事の際、自国政府に助けてもらえないのだ。まさに国なき民である。

とりあえず政府は邦人救出を米軍に依頼した。米軍はこれを是としなかった。米国政府にとって第一義的に責任を持つべきは米国民に対してであり、日本国民でないことを考えれば当然の反応だ。

だが他に術《すべ》があるわけでなく、政府は邦人救出を米軍や韓国軍に「お願い」するしかない。その為《ため》にも日本のなし得ることを平素からきっちり行っていくことが重要だと政府は言う。しかし、日本の政治は言葉とは裏腹にそれをしてこなかった。

民主党の上原康助《こうすけ》議員は国会で、

「安保条約締結から今日まで努力してこなかった。それはまさに政府の責任だ」

と糾弾した。

が、政府が「努力してこなかった」のは、社会党はじめ野党がその努力を許さなかったためでもある。

与党も野党も、国民の安全も安全保障も考えずにきたのだ。その点では同じ立場だ。

航空自衛隊の場合

航空自衛隊の一等空佐、内田宏嘉氏（仮名）も、政治家の空論を批判した。

「九八年八月末にテポドンが日本列島を飛び越えた時に、自民党の議員から〝なぜ航空自衛隊は相手の基地を叩《たた》ける兵器を持っていないのか〟と問い質《ただ》されました。我々は第一に政治家がまともにそんな質問をしてくることが非常に心外でした。内局の官僚が我々制服組にQ＆Aを書いてくれと言ったことにも唖然《あぜん》としました。テポドンひとつで大きく揺れかねない日本人の防衛意識も、また基本的知識なしの論議が行われてきましたので、議論自体が現実から遊離していることも心配です」

伊藤、内田両現役自衛官が指摘した政治家たちの軍事知識の欠如は、現場にどんな事態をもたらしているのか。

海上自衛隊の現役自衛官が語った。

「北朝鮮の偽装工作船に対して政府は素早く海上警備行動を発令しましたが、そのような事態を想定していないため海自の船には防弾チョッキも積んでいませんでした。北朝鮮の船が停船して乗り込む事態になれば、防弾チョッキなしではこちら側に死傷者が出るのは避けられないと思います」

別の自衛官はこう語った。

「政府が海上警備行動を発令しても、信号射撃や警告射撃までしかしてはならないという場合、相手方が大人しく捕まれば別ですが、そんなことはあり得ないわけですから、これは逃がしてもよいのだと、我々は解釈せざるを得ません。相手の領海侵犯を目《ま》の当たりにしても、無闇《むやみ》にこちらからの手出しは出来ないのです」

有体にいえば、日本の領海は侵そうと思えば、いくらでも侵犯できる。外国による日本領海での情報活動も日本人の拉致《らち》さえも、そのさなかに見つかって海保や海自に追尾されたら、落着いて、決して手出しをせずに、ひたすら逃げれば、逃げおおせる。これが日本の現実である。

内田一等空佐も語る。

「F4戦闘機を導入した時に、日本は防ぐ力はもってもよいが攻撃力はもってはならないということで、まず、F4からボミングコンピュータ、爆弾を命中させるのに必要な計算をするコンピュータを外しました。これなしでも、爆弾は落とせますが、正確な計算は不可能です。また、F4の航続距離が長いと他国の領空を侵犯するといけないというので、空中給油装置を外しました。周辺諸国に脅威を与えないためだと我々は言われましたが、世界の笑いものになったと感じています」

このような、いわば手足を縛られた形で北朝鮮の空からのアタックに対処せよというのは、部下に「死んでこい」と言うのと同じだと内田一等空佐は語った。

海上警備行動でも、空からのアタックでも、現場の自衛官が日本を守るために本当に行動しようとすると、必然的に個々の自衛官の死を想定しなければならないという。その犠牲は万全の備えをしても尚《なお》かつ避け得ないという類《たぐ》いの犠牲ではなく、日本を守るための種々の仕組みが整ってさえいれば避け得る犠牲なのだ。

テポドンを防げない理由

「たとえば北朝鮮がノドンやテポドンで攻撃してきた場合、日本が発射基地を叩くには、十年かかると思います」

内田一等空佐は、次のように説明した。

「政治家や一般の人たちはF15戦闘機に爆弾を積んでノドンの基地上空まで行くことをまず想定すると思います。しかし作戦を行うには、まず偵察衛星でどこにターゲットがあるかを調べなければなりません。次にそれを防護しているのはミサイルなのか対空機関砲なのか、その正確な場所を知る必要があります。電子戦の兵器の配置状況も、こちらの戦闘機に対する迎撃態勢の情報も必要です。この種の十分な情報なしに部下を行かせるのは、先述のようにまさに死にに行かせることになります。無駄な死を避けるための体制と攻戦兵器を整えるにはどんなに急いでも十年かかります」

攻撃態勢を整えるのに十年かかるとしても、日本が専守防衛の国である限り、問題を指摘する現場の声は重視されないだろう。

だが深刻なのは、日本の専守防衛体制にも問題が多いことだ。

内田一等空佐が語った。

「ガイドライン論議でもエアカバーの話は出ませんでした。陸海の動きは全て空との連関で考えなければ意味がないのです。北朝鮮との関係でいえば、日本の安全保障を担保している米軍基地の防空も含めて、ノドンやテポドンが発射されれば、守りきれないと思います」

兵器のシステム上も、政治的にも、日本の空は、それらの攻撃に無力だということだ。

テポドンは湾岸戦争でイラクがイスラエル攻撃に用いたスカッドミサイルよりスピードが速い。スカッドミサイルの迎撃には撃ち損じはあったが、それでもパトリオットが活躍した。だが、パトリオットはテポドンには通じない。考えられる防御体制はTMD（戦域ミサイル防衛構想）である。大陸間弾道ミサイルを迎撃する体制だ。

「米国陸軍が開発中のものにTHAAD（戦域高々度空域防衛）という上層でミサイルを撃ち落とすシステムがありますが、まだ、失敗が多いのです」

内田一等空佐はこう述べた。まず物理的に、ミサイル攻撃から日本を守るのは難しい。

加えて、日本には迎撃態勢をつくる政治的意思決定のメカニズムが欠けているため、尚、難しいというのだ。

湾岸戦争の時、イラクのスカッドミサイル打ち上げを、米国静止衛星がとらえ、スカッドの熱源をずっと見て即座に分析し、着弾点の予測に二分、同情報をイスラエルが受けとって部隊に通知し、指揮官が判断し機材を操作して準備を整えるのに五分かかった。その時点でスカッド着弾時間まで残り二分だ。その間にスカッドを迎撃するわけだが、イスラエル政府は、寸秒も無駄にせぬようスカッド迎撃には無条件のゴーサインを与えていた。レーダーに映ったものは全て自動的に撃ちおとすと決めていたのだ。

だが、日本の場合、まず閣議を招集して合意をとりつけなければ自衛隊に防衛出動の命令を下すことは出来ない。そんなことをしている内に、ミサイルは着弾してしまう。

「防空は、突如平時から有事になるのでは対処できないのです。政府が防衛出動を命令する前に、実は対処していなければならないことが山程あります。他国の戦闘機などが接近したら、それが攻撃の意図をもつのか否《いな》かを確認して、下手な動きをすれば敵機とみなして撃ち落とすと宣言しているのが警戒空域です。諸外国は必要に応じて警戒空域を政府が設けます。それに付随するさまざまな手続きと規則もきっちり決まっています。その類《たぐ》いの事前の体制づくりが日本には全くないのです」

米国には通称デフコンという規定がある。1から5の段階に分類されており、各々《おのおの》の段階で危機にどのように対処するかが細かく決まっている。

「たとえば棺桶《かんおけ》の調達はどの段階から始めるなんてことも詳細に決められていて、大概の日本人はびっくりします。それだけ米軍は全《すべ》てに対して備えをつくる努力をしている。日本はこれがゼロか1なんです。全くの平時で何もしない状態から、防衛出動が出されて有事になるという段階だけ。徐々に準備を整えるプロセスがないのです」

このことは日本国土を防衛する陸上自衛隊の視点でみるとどのような問題につながっていくのか。

川上隆陸将補（仮名）が語った。

「北朝鮮の不審船は、海上自衛隊の海上警備行動によって対処されましたが、仮りに特殊部隊がすでに上陸していたと仮定します。山間部に身をひそめている武装集団を駐在さんが見つけて、自分だけでは非力なので近くの自衛隊に応援を頼んだとしても、自衛隊は法的根拠がないため行動をおこすことが出来ないのです。対処してはならないという法律はないけれど、対処を可能にする法律もなく、法律なしで対処すれば罰せられることもあります」

事実、かつて鹿児島沖の下甑島《しもこしきじま》に密入国者が潜入し、依頼された自衛隊は〝訓練〟の名目で出動した。

「自衛隊としても釈然としなかったのですが、とにかく出動しました。結果は責任者の処罰でした。有事の場合に治安機関とどう協力していくのか、枠組みが出来ていないからこのようなことになるのです」

　川上陸将補はこう述べたうえで、新しい時代の国土防衛に、実は陸上自衛隊はうまく対処出来にくい事情があると指摘した。

「陸上自衛隊は米ソ冷戦時代から北海道でソ連軍と戦うつもりで訓練してきました。ソ連の強大な部隊がまとまって上陸してくる、何千何万の武装兵士が、横や縦に並んで戦うような訓練です。

　ところが今必要とされるのは、不審船問題にしても特殊部隊がどこかに潜入するというタイプです。ゲリラ戦のようなものに対するには、小さな隊ごとに散らばる必要があります。各県に中隊長（三佐）以下百何十人の中隊を配備する。そのような場合の指揮通信網や機動力の整備は、全くこれからの課題です」

「平時法制」をつくれ

　陸海空、どこを見ても日本国民の安全を守る体制は整っているとは思えない。

　内田一等空佐が体験談を語った。

「日米合同訓練をすればする程、米軍側には日本のは軍隊じゃないと解《わか》ってしまうんです。米空軍がハワイから来て千歳《ちとせ》で一緒に訓練した時、日本側は自衛隊法でこれも出来ないあれも出来ない、又は法的根拠がないからこれもあれも駄目というふうで、とうとう米軍パイロットたちが怒り出した。口にするのも憚《はばか》られますが、訓練が終った時、シャワー室にウンチをして帰った者がいました。最強の怒りと抗議として受けとめました」

情けない話である。

米ソ冷戦構造の下で米軍の保護の下に、日本が旧ソ連に対する備えを築いてきたことは、その反面、ひとつの役割に安住してきたことでもある。その間に、国土防衛のニーズが質的に変化してきた。状況の変化に殆《ほと》んど対応できていない日本の安全保障体制を、これからどのように改善していけばよいのか。

川上陸将補が語った。

「例えば防衛出動が命令されていざ有事となった際に、戦車が信号できちっと止まるような仕組みをつくるべきです」

世の中には、有事の時に戦車が信号の度に止まるのはおかしいという議論があるが、こういう議論こそ有害だと彼はいうのだ。有事であればある程混乱に陥らないような秩序が必要である。熱情に駆られて騒然とするのは最悪だということだ。こうしたことも含めて、どういう手順で何をどう動かすのかという「平時法制」をつくるべきだと川上陸将補は強調する。

内田一等空佐も述べた。

「平時と有事の間には幅広のグレーゾーンがあります。この部分をシビリアンコントロールと軍事的合理性を貫きつつ、どうつなぐか。そのために必要なのが平時法制です」

わかり易《やす》くいえば、平時体制から有事体制にいきなりジャンプして混乱に陥らないように、運輸行政はどうするのか、建設、農水行政はどうするのかなど多くの対処すべき問題を包括的に考えておくべきだということだ。そのようなプロセスをしっかり定めて、はじめて、いかなる意味での暴走も回避することができるのだ。

交戦規程の作成も重要だ。

元々、安全保障の考え方は英米法と大陸法に分類される。前者はネガティブリスト、つまりやってはならないことを書き、その他は状況ごとに自主判断するという考えだ。後者はたとえばドイツに代表される考えで事細かに何と何をやるべしと定めている。

いずれの場合も、各々の基本的な考え方の上に厳密な交戦規程を設けている。

日本はどちらでもない。交戦規程もない。結果として、現場の自衛官に任せる。つまり現場に責任を転嫁《てんか》する構造である。国民の安全を守る安全保障がこのような基盤に立脚していること自体、不合理である。

こうしてみると、日本の直面する問題は、装備の適否以前に、安全保障についての思考の欠如であることが見えてくる。日本が取り組むべきは、いざという時に、まずどう対処するのかについて、種々の規程、法制を整えることだ。

次に、安全保障とは何かということを社会全体で考えていくことである。安全は、決して武力だけで担保されるものではない。だが、好悪《こうお》を超えて、軍事力がその国の主権と権威、ひいてはその国の国民の安全に大きく関わってくるのは事実である。

戦後の日本は、余りにもこの現実を置き去りにしてはこなかったか。耳ざわりのよい総合的安全保障の考えに基づいて、国としての存立基盤を、経済や外交や援助に、頼りすぎてはこなかったか。

日本の周辺に散らばる不安要因を実感すればする程、「平和を欲すれば、戦いを学べ」という諺《ことわざ》を思い出す。平和を達成し、それを維持し、国民を守る手段としての安全保障体制を、これ以上、軽視してはならない。

追記

二〇〇一年十二月二十二日、奄美大島沖で不審船が発見され海上保安庁が追跡、排他的経済水域（公海）の中国側に入ったところで銃撃戦となった。海保は最初、警告にもかかわらず停船命令に応じない不審船に対して、船体前部に向けて射撃した。

船体前部には人がいないと想定されるための措置だ。その上で臨検するために接近すると、突然、不審船側から激しい攻撃が始まり、ロケット弾まで発射された。対して海保は正当防衛で応戦し、不審船は沈没した。この船はのちに遺留品などから北朝鮮の工作船と判明した。

形の上では、九九年の能登半島沖での工作船取り逃し事件とは全く異なる対処であり、多くの国民は度重なる北朝鮮の工作船の傍若無人の行動への反撃として留飲を下げた。しかし、専門家は、国際法上、日本の対処は二〇〇一年も九九年も基本的に同じだという。

理由は、通常の国ならば、不審船を発見すれば停船を命じる、臨検する、応じない場合は威嚇《いかく》射撃をする、それでも応じなければ撃沈する、という手順である。今回の日本の対応は、あくまでも相手の船の人間に危害を与えないという前提を守って、きわめて慎重な対応だった。海保が銃撃を開始したのは相手側が銃撃を開始してからのことだ。

それでも、船体に向けては手出しをしなかった能登半島沖の時とは〝絶対に捕える。逃さない〟という気迫において、今回は明確に異なる。

しかし、これで問題が解決したわけではない。二〇〇二年四月九日現在、日本政府はまだこの北朝鮮の工作船を引き揚げていない。引き上げの方向で事態は動いているが、それも米国から引き揚げを促す明確な示唆《しさ》があってのことだ。

日本は相変わらず自立していないのか、それでも国家かと問わざるを得ない。

第10章　地方自治の崩壊、大分、高知のケース

アメリカから事実上の〝保護国〟と言われる程、日本は〝自立〟していない国家とみられている。そんな中央政府に、もっと自立できない地方自治体が頼りきってぶら下がっているのが日本の構図である。

地方自治体の財政危機が長年叫ばれ続けてきたが、問題は悪化するばかりである。なぜか。住民が自分で考え、自分で決めて、自分で責任をとることが出来ないからである。なぜ出来ないか。自分で考え決める為《ため》の情報がもたらされていないからである。情報公開が極めて不十分なのだ。

地方分権を成功させる柱は情報公開と財政基盤の強化の二つに尽きるだろう。

この二つの面で四十七都道府県の内〝ワースト県〟の例を通して、地方自治体の将来を考えてみよう。情報公開最悪県は大分である。財政的に最悪なのは高知である。いずれも有名知事の県だ。一体、何が両県を〝ワースト県〟にしてしまったのか。

一九九九年七月末、全国市民オンブズマン連絡会議は横浜市で全国大会を開催、議会情報閉鎖度ランキングを発表した。〃公開度〃と言えずに〃閉鎖度〃とした事実から、日本全国津々浦々、少数の例外は別として、全般的に情報公開が遅れていることが窺《うかが》える。

情報閉鎖度ワーストワンの不名誉な地位は、前述のように大分県だった。逆に公開度トップは三重、鹿児島両県だ。

判断の基準は、常設委員会の傍聴や記録公開の可否、議員の第二の給料と揶揄《やゆ》されている「調査研究費」に関する情報開示、情報公開制度の有無などである。

「おおいた・市民オンブズマン」の調査は興味深く、思わず笑ってしまう内容だ。例えば、大分県の財政課、秘書課、東京事務所等の懇談会の食糧費は、九三年度分で千四十四件、一億千八百十七万円にのぼっていた。九州七県中、断然一位の額だ。が、懇談会の七割までが支出予定額と請求金額が一円単位までピッタリ一致していた。

オンブズマン事務局長の永井敬三氏が語る。

「請求金額には消費税も含まれているわけですから、一円の端数《はすう》まで一致するのは極めて不自然です。見ると、請求金額には電話代やタバコ代も含まれていて、きっちり予定額と合わせていたのです。土木建築部監理課の食糧費は懇談会の七割が一律九万八千円で、同金額のゴム印までつくられていました。請求書の日付が懇談会より前の日だったりという出鱈目《でたらめ》ぶりでした」

不審を抱いたオンブズマンは、やがて県庁全体に対する調査を要求した。結果として、県が四億三千万円の不正支出を認めた。

再び永井氏が語る。

「金額よりももっと問題なのは、県が不正支出に関する情報を隠蔽《いんぺい》し、破棄してしまったことです。これは県を訴えた裁判で、県側が調査委員会事務局の指示で破棄したとハッキリ証言しているのです」

平松守彦《もりひこ》知事は語った。

「ワースト一位といっても県議会の問題で、私がとやかく言うべきことではありません。それよりも、前はともかく今はそれ程ひどくはないです」

本当に知事が「とやかく言うべきことではない」のか。県政の腐敗は知事の腐敗にもつながることではないのか。

情報公開要求に従って、知事の交際費が開示されたが、これも奇妙な内容だ。九五、九六年度は毎年三百四十万円ピッタリでおさまっている。

永井氏の説明だ。

「使い方も奇妙です。毎月、月末の一週間でその月の前渡金の半分を使いきって月末には過不足なくゼロになります。財政課や秘書課の懇談会費と同じく、毎月、予定額と実際に使った額がピッタリ一致するのはおかしい。そう指摘すると翌年から途端に逆に毎月、過不足が出るようになりました。もう一点、知事の交際費が年間三百四十万円というのは非常に少ないのです。県下の日田市は人口六万人で市長の交際費は年間四百十五万円です。人口百二十三万人の県知事の交際費の方が日田市長よりも少ない。本当かと問うと、呆《あき》れたことに翌年から倍以上の七百万円になりました。一体全体、突然交際費が倍増することがあるのか。ここから先は推測ですが、以前の交際費は実は三百四十万円を上回っていて、その分は県も認めた不正支出などでプールした裏金を回していたとしか思えないのです」

平松知事の治世はすでに二十年に及ぶ。長期政権で県議会もオール与党化していると言われる中で県議会と知事は別物という平松知事の抗弁は通用しにくいのだ。

身の丈を超える公共事業のツケ

県庁対象の情報公開調査では、大分県はワースト三位。議会同様、非常に不透明な県運営である。加えて、大分県の財政は惨憺《さんたん》たる状況だ。

自治省の資料によると、大分県の経常収支比率は八六・七％である。これは財政の弾力度を判断するための指標で、人件費や公債費のように毎年決まって支出される経費が、一般財源の中でどの位の割合を占めているか示すものだ。数値が高い程、財政は硬直化し、ままならないことを示す。七五％を超えると危険水域。大分県はすでに八六・七％で、大いに危険な状態だ。

公債費負担比率も一八・五％に達している。こちらは一五％を超えると危険と言われているが、これまたそれを軽く超えている。

ちなみに公債費負担比率は借金（公債）支払いにあてるお金が一般財源の中でどの位の割合かを示す数字だ。

元通産省官僚で手腕には定評のある平松知事だが、なぜ、財政が逼迫《ひっぱく》しているのか。

県サッカー協会元理事の首藤雅彦氏が語った。

「巨大な箱物をつくるからです。今、県政始まって以来最大規模の箱物が建設されつつあります。ワールドカップ・サッカー誘致のためにドーム式のサッカー場をつくるのです。どれだけ資金が必要か。まず、大分市内松岡地区に県立スポーツ公園をつくり、そこに開閉式ドーム型サッカー場をつくります。これで二百五十二億円。サブグラウンドなどの付帯施設で五百八十億円。同公園内に二〇〇八年開催予定の国体用施設をつくると一千億円になります。また誘致活動費、ワールドカップ組織委員会への協力金、開催費のうち地元負担金二十億円などで県は計二十五億三千八百万円の支出をしなければなりません。大分でのワールドカップの試合は多くても三試合です。採算がとれるのでしょうか」

平松知事が答える。

「大分は道路や下水道の整備が遅れていました。だからこそ公共事業が必要です。実際、公共事業のおかげで大分は比較的経済はよい方です。ワールドカップのスポーツ公園も、九州ではただ一県の開催です。日韓交流にもつながり私は必要だと思います」

首藤氏が反論した。

「知事は一試合当たり一万四千人の海外からの観戦入場者を見込み、三試合で延べ四万二千人と言います。仮にこれだけ人が来ても大分に泊まるのは二泊から六泊。彼らが去った後は、年間二億円以上と推測される維持費を払っていかなければならない。採算に合わないのは明らかです」

「革新と平和・民主をひらく大分県懇話会」代表の丸小野《まるおの》邦彦氏が指摘した。

「七九年に平松氏が知事に就任して以来、大規模開発事業や大型箱物建設が立て続けです。テクノポリス開発計画、別府・くじゅうリゾート構想、県内全域でのゴルフ場開発。箱物では香りの森博物館、ビーコンプラザ、オアシス広場、マリーンカルチャーセンターなど、各々、百億円から数百億円規模です」

丸小野氏は、これらが成功していないという。

「工業団地としてのテクノポリスには、キヤノンなどが入りましたが、生産拠点を海外に移したり工場を閉鎖したりで、今は見るべき進展がありません。地元に残ったのは用地造成の莫大《ばくだい》な費用負担のみです。リゾート構想も開発の主体がバブル企業で計画そのものが破綻《はたん》。サーキット場も今は閉じられています」

それでも平松知事は公共事業があるからこそ、雇用効果も期待できると述べた。

平松氏が公共事業に力を入れる分、予算に占める普通建設事業費も多く三九％。九州では一位である。つまり、最も多い割合で、公共事業を実施しているのだ。

こうしていま大分県は地方債残高七千六百七十九億円余り（九七年度）を抱える。過去十年分を見ても、平松県政下の地方債残高は一貫して増加、特にバブル崩壊後の増加が顕著である。ここ六、七年は伸び率は毎年十数％を記録、中には一九％と二〇％に迫る年もある。つまり借金が急速に増えているのだ。

丸小野氏が語る。

「県民一人当たり六十二万円の借金です。県内市町村の借金、五千三十三億円を加えるとさらに四十万円増え、計百二万円の借金になります」

今は公共事業で何とか凌《しの》いでも将来払わなければならない借金を大量に抱え込み、さらに借金は増え続けている。

知事が反論した。

「借金の半分以上は将来、国からの交付税で払えますから、借金は一人当たり三十万円。

たいしたことはありません。また地方債は建設国債のようなもので、道路など県民の財産として残っています」

だが、交付税は使用目的の決まっている補助金と異り、何に使ってもよいお金である。借金返済より、もっと前向きな使い方があるだろう。

知事への批判は強いにもかかわらず、県議会が反旗を翻《ひるがえ》す気配もうすい。つまり平松氏の議会統率力はしっかりしているのだ。莫大な借金なのに支持が揺らがないのはなぜか。石原信雄元官房副長官が説明した。

「県民が実態を知らないからです。実力者の平松さんは、自分の手腕で大分県の本来の能力よりも高いレベルの行政を実施してきた。それを県民も県職員も望んでいるのでしょう。しかし、それは借金が増えることと同義です。天から金は降ってこないからです。それに県民が気づいていない。だから支持が続く。どの県も実力者知事や有名知事が退くと、宴《うたげ》の後で、次の人が借金返済に苦労するのが相場です」

全国ワースト上位の情報非公開が、平松県政を助ける要因だということになる。

知事は「裸の王様」

高知県はどうか。橋本大二郎知事と平松知事は、多くの面で対照的である。まず情報公開度は高知はベスト三位である。大分に比べてはるかに風通しはよいが、その高知で信じ難い事件があった。

九六年六月から九七年四月にかけて、県の海洋局次長都築《つづき》弘一が高知商銀から五億二千五百万円を、県のプロジェクト用地買収費として借り受け、大豆の先物取り引きにつぎ込み、失ってしまった。

同件を高知県は九七年十月に、高知商銀の定期金融検査で知った。山本卓副知事以下、同件についての情報を得たが手を打たず、二年がすぎた。橋本知事への報告は九九年二月までなかったとされ、高知商銀専務は同年四月に自殺した。同商銀は経営悪化により広島商銀への事業譲渡が決まった。

都築次長は同三月、懲戒免職に処され、起訴された。県政史上最大の不祥事が橋本知事の下で発生し、副知事以下、総務部には情報が集中していたにもかかわらず、知事はそれを知らなかったとされた。一方で、同情報は二年前に知事に上げられていたとの証言もある。橋本知事はこれを真っ向から否定したが、知らなかったとしても、また知りつつ放置していたとしても、いずれにしても大失態である。

同事件を十分な調査もせず足掛け二年にわたって放置してきた副知事以下、県の幹部には全く処分がなかったことに対し、県民の不満は強い。

市民オンブズマン高知副代表の森武彦氏が語る。

「知事は県の職員が勤務時間外に飲酒運転でつかまった時に、この職員を懲戒免職にしました。それなら県政史上最悪の不正融資事件を知っていて対処しなかった副知事以下全員を懲戒免職にすべきでしょう」

県の職員も匿名《とくめい》で憤《いきどお》った。

「飲酒運転で職員を懲戒免職にするなら、都築事件では知事自身が辞めるべきです。給料三か月分を返上しましたが、それでも自分に甘い」

自民党県議の西森潮三《しおぞう》氏は、橋本知事が自らに対する三か月の給与全面カットを「専決処分」として議会を開かずに決めたことを批判した。

「なぜ議会を開かないのか。開けばもっと厳しい処分、辞職を要求されたと思います」

市民オンブズマンの森氏が付け加えた。

「カラ出張が発覚した県で職員が金を返さなかったのは高知だけ。副知事以下は〝カラ出張でも有効に使った〟といってそのまま許されている。許さなければ、今以上の裸の王様になるからです。僕らは情報公開請求をして知事はそれを下に問う。知事のためにやっているようなものです」

この点を橋本知事に問うた。

「僕に対するステレオタイプな見方が多い。ある程度、差し引いて解釈すべきと考えています」

反発の中に、口惜《くや》しさが滲《にじ》む。それは多分、橋本氏自身、県政に力を尽くしているとの自負があるからだろう。

だが知事の思いはカラ回りしてはいないか。

一例はEメールで知り合った男を県下池川町に紹介し、町がアドバイザーに起用したが、この男が覚醒剤《かくせいざい》所持で逮捕され前科五犯だったと判明したことだ。知事が紹介する前に、県職員による人物チェックが行われていない、つまり行政の長としての基本ができていないのだ。

孤高の知事のイメージであるが、その中で知事の指示は有名無実化してはいないか。橋本氏が職員に〃出る杭《くい》になれ〃と訓話したのを受け、県予算を貰《もら》い県政改革についてまとめた人物がいる。だが同報告書に対して何の評価もなくこの人物は競馬組合に異動になった。本人は飛ばされたと言い、他方知事は大事なポストなので期待して異動させたという。

いずれにしても現状批判をした人物をとどめおくことが出来なかったことが、改革を目指す知事の思いとかけはなれているということではないのか。

これらの現象は「今後は内政に力を入れる」と言わざるを得なかった橋本知事の在り方にこそ起因すると思われる。つまり、副知事以下に県政を任せすぎたということであろう。実は、県民の知事への最も鋭い批判は、この点に集約しているのだ。

高知の財政状況は沖縄を含む全県で最低の水準である。経常収支比率、公債負担比率も危険水域の八五・二％と一九・四％、財政力指数は〇・二二でこれまた全国で最低だ。財政力指数は基準財政需要のうち、どのくらいを自力（税収）で賄《まかな》っているかを示す。基準財政需要は歳出全体の約半分と考えればよいから、高知県の場合、県の歳出のうち自力で賄っているのは一一％ということだ。

自民党県議西森氏の主張だ。

「橋本知事への県民の期待は高知の甦《よみがえ》りだったのです。彼は〝ワンランクアップ〟と表現しました。しかしこの八年間、全国的な注目を集める非核港湾条例、県職員登用に関しての国籍条項の廃止、官官接待の禁止などには熱心でしたが、肝心の経済はますます悪くなっています」

経済団体幹部が匿名を条件に語った。

「経済指標はどれも高知は全国最下位。県民は、出来るかどうかは別にしても、経済再建に取り組んでほしいと願っているのに、知事はズレているのか視野が広すぎるのか、県民生活の視点が欠けています」

県中枢《ちゅうすう》で働いてきた幹部が、これまた匿名で語った。

「知事は大事なことをしようとしていると思います。しかし、強烈な政策の裏には必ずリアクションがあるという意識がない。例えば前知事時代から引き継いで完成させた高知新港です。コンテナの貿易基地として県政あげて進めていますが、ここに中国産の生姜《しょうが》が入ってきます。高知は生姜で全国一のシェアを誇ります。中国産の安い生姜が入れば高知の生姜は敗れます。知事は中国産が入っても全体でシェアを上げれば同じだと言いますが、農家の人はそうは思いません」

費用対効果、競争の原理、全《すべ》て正しいのだが、マイナスの影響を被《こうむ》る人々に対してどうしたらよくなるというヴィジョンを示し得ていない。理屈は正しくても目前の現実を見ていないというのだ。

パフォーマンス政治の陥穽《かんせい》

経済団体幹部も語った。

「知事は減反割り当てを拒否しました。新潟の知事なら分かります。何と言っても人気のコシヒカリですから。でもなぜ高知なのか。元々、高知米は売れないのです。だから仲良く捌《さば》いてほしいのが本音です。自由競争は正しいけれど、結局負けるのはうちの農家です」

米国艦船に非核三原則を守っているという証明を求めたのもおかしいと、この人物はじめ多数が述べた。全国的に知事が注目されるためのパフォーマンスだというのだ。

この件について橋本知事は次のように反論した。

「結局、説明責任の問題です。非核三原則のうち、持ち込ませずに関してはいざという時には持ち込んでもいいという国民もおられる。にもかかわらず、事実はともかく、非核三原則という。私は、整合性のある説明責任を国が果たすことなしには、国と地方の緊密な関係は生まれないと思います」

非核三原則で十分だというのか、と知事に確認すると、

「それに対してコメントする立場にありませんので、そういう主旨で申し上げているわけではありません」

と述べた。

非核港湾化条例は結局、事実上廃案となったが、安全保障問題の根幹に関わる事柄だけに、橋本知事の発言は全国を駆け巡った。

九八年春まで副知事を務めた山本卓氏は『朝日新聞』（九九年九月七日）に、当初、県幹部が港湾条例改正を検討し始めた時は知事はそれ程関心を示さなかったが、背後に外務省の焦《あせ》りを見て取った時に、

「これで国と渡り合える、と上手にけんかを売った」

と述べている。つまりパフォーマンスということである。

自らの存在を際立《きわだ》たせるために安保問題等日本の重要政策を利用するとしたら、政治

家として許されない行為だ。橋本知事の新しい切り口での地方政治への提言には、分権推進、住民参加、情報公開、環境意識の喚起など、前向きのものが多い。にもかかわらず、重要案件についてパフォーマンスに走るとしたら、他の政策も同じ類《たぐ》いだと思われかねないだろう。

橋本知事が反発した。

「県民の中には高知県政は変わったと評価して下さっている方々も多いのです。批判もあるでしょうが、県政への評価は視点によって異なると思います」

石原信雄氏は、地方自治の基本は生活に密着した地味な政策だと言う。

平松知事は県民の当面のニーズに応《こた》えながらも情報を十分には与えずに県民をいわば半覚醒状態にとどめようとするかのようだ。橋本知事は県民よりも先に自分自身が輝ける地方の時代の曲に乗ってステップを踏み出してしまう。

「この二つの県は日本の地方自治の抱える典型的な問題をみせてくれます。多選、実力者知事、実力以上のプロジェクトと借金、将来へのツケというケースがひとつ。もうひとつは、有名知事、アイディア指向、現実軽視、そしてここでも財政破綻《はたん》が起きます。こうしたことには県民が賢くなるべきで、そのために情報公開を徹底し、税制を改革して地方に財源をより多く与えることです。国と地方の取り分を、今の二対一から少くとも五分五分に持っていくべきと考えています」

石原氏の指摘が実現するまでにはまだ長い時間がかかると思われる。だが、国民ひとりひとりが身近な政治をしっかり見つめることさえすれば、私たちの住む地方自治体から国を変えていく大きな変化をおこすことも可能である。

第11章 「箱物」建設で税金を浪費する自治体の犯罪

一九九八年は凄《すさま》じい年だった。胸を塞《ふた》がれるような年だった。一日当たり六十一人もの男性が自殺した。不況によるリストラと倒産が主な理由である。

涙なしには考えることも出来ない、毎日六十一人という数。これだけ多くの、一家の生計を担《にな》っていた男性たちが切羽詰まって自死していった不況は、小渕政権の打ち出す楽観的な見通しにもかかわらず、根本的にはまだ改善されていない。

大銀行同士の統合、大企業の外資による実質的支配など、民間企業は、競争力を取り戻し、永続的に高利益を追求する企業再構築へとようやく取り組み始めたところだ。今暫《しばら》く、リストラはさらに進み、企業も働く人間も、いわば産みの苦しみにも似た再生プロセスの中で、生き残れるか、文字どおり命を賭《か》けて踠《もが》き続けるはずだ。

こんな民間の苦労を尻目《しりめ》にバブルの時代を引き継いだ壮大な無駄使いを続けているのが国と地方自治体である。特に〝箱物〟といわれる一連の施設建設は目を覆《おお》うばかりだ。

どれ程の無用無益のものに、どれ程の税金が浪費されているか。ざっとリストを作ってみたら、簡単に五十件以上の無駄施設が浮上した。その多くが百億円以上の建造費だ。建造費が数百億円或《あ》るいは一千億円を超える規模のものも少なくない。

日本列島に無駄な施設がまさに林立しているのだ。

日本第二の都市でありながら、事実上財政破綻《はたん》している大阪府は、二〇〇〇年三月に大阪国際会議場を完成させる。

総工費五百七十億円、JR大阪駅から一・五キロの中之島。地上十三階、地下三階、延べ六万七千平方メートルの巨大建築だ。四百人収容のドーム型会議場の他に、大会議場も備えており、八か国語の同時通訳用設備もある。

同会議場は九四年に府が建物を担当、大阪市が周辺整備を担当することで建設が決まったが、九五年の知事選挙で横山ノック氏が当選すると「府民向けの施設ではない」と難色を示し、一旦《いったん》は建設にストップをかけた。だが横山知事はその後間もなく考えを変え、国際会議場は九六年に着工された。

横山前知事の変節について大阪府議の和田正徳《まさのり》共産党議員が語る。

「ノック知事は、知事選の時は計画の見直しを公約していたのです。知事になってからも、あんなもん、府民が使えるわけやなし、府民の福祉にも府の発展にも寄与しないからぺケやとまで言っていた。ところがコロッと態度が変わったんですわ。関西新空港二期工事にしても同じです」

つまり地元財界の言うとおりに動くだけで、このような大型工事がどれだけの経済的利害をもたらすかについて、全く、知事自身の考えがないというのだ。会議場建設の大義名分は、二〇〇〇年サミットの大阪開催にあった。サミット開催が、京都の国際会議場など、京阪神にすでにある大型国際会議場に加えて大阪に新たな施設をつくる大義名分になっていたのだ。しかし、それも沖縄に決まってしまったいま、大阪国際会議場の経営の見通しは大きく狂ったことになる。

同会議場の運営は第三セクター方式で大阪国際会議場という株式会社が行うが、資本金六億円の内、半分は府の出資である。残りは三百三十三の民間会社が、平均百万円程の出資で賄《まかな》った。

運営見通しは、当初から赤字見込みである。なんと横山府政は当初、同会議場の運用には年間三億円の赤字を見込んでいた。建設費五百七十億円もかけて毎年三億円を税金から補塡《ほてん》してもらって赤字経営をするつもりだったのだ。

流石《さすが》に九九年、これを修正したが、それでも年間赤字額は一億五千万円と見積られている。少々赤字見込み額が減っても税金頼みの経営姿勢は基本的には変わらないのだ。

大阪府商工部立地経済交流課が取材に応じて答えた。

「会議場の運営費などで現段階で年間十三億円の支出を見込んでいます。稼動率《かどうりつ》五〇%

として年間十一億五千万円程の収入が得られます。差し引き一億五千万円の赤字です」

稼動率五〇%というが、これはあくまでも目標値である。会議場建設の最大の理由だったサミット誘致競争に敗れ、稼動率五〇%は達成できるのか。再び立地経済交流課の話である。

「元々、サミットのために建設したわけではありません。サミットがなくなったからといって別にどうということではないのです。会議の受注は第三セクターの営業活動で行っています。こけら落としには日本循環器学会をすでに受注しています。問い合わせも日々刻々あります。いずれにしてもできるだけ赤字を出さないよう、営業活動に力を入れていくつもりです」

そんな強気の言い訳が通るのか。まず、「営業活動に力を入れる」という言葉の背景には、民間では考えられないサービス合戦がある。例えば八四年に大阪府と市と関西財界が設立した国際会議の誘致促進を目的とした大阪コンベンション・ビューローという組織がある。同ビューローは、会議開催者に対して最高三百万円の助成金を出す、或いは二百万円を限度として貸し付けをすることを九八年暮れに決定した。少なくともその一部が税金で賄われている資金で助成金を出し、会議を開いてもらって、その上に国際会議場の赤字をさらに税金で穴埋めしてもらうという構図である。徹頭徹尾、恥ずかしいほど税金頼みなのだ。

加えて、大阪府の言い分をもう一度、よく聞いてほしい。彼らが論じているのは運営費と収入とその差額だけである。会議場建設にかかった五百七十億円の費用の話は全く出てこない。これこそ、箱物建設における役所的無責任極りない発想を示している。

コストを考えず「天下り先」を建設する官僚たち

考えてもみよ。どんな事業もお金の入りと出だけで成り立つわけはない。資産と負債のバランス、手元資金と借金を含めた全体像を把握していなければ経営など不可能だ。企業であれば、固定資産としての建物はまず経費として当然減価償却していく。同時に、建設費も入れて全体の収支を考え、そのためにどれだけの営業収入が必要かを計算するはずだ。収益が低く、建設コストと運営コストに見合わなければ、不良資産と見做《みな》される。民間事業なら、ここで破綻してしまう。

ところが大阪府の主張のどこをみても、民間企業なら当然のこの建設コストに対する意識がないのだ。あるのはひたすら、運営費と収入とその差額である。いや、大阪府だけではない。後に詳述するその他全《すべ》ての地方自治体も同様だ。国も同様だ。

つまり日本国全体が公共工事や箱物建設に関して、つくった途端にそのコストを横に置いてしまって、忘れてしまうのだ。考えるのは、その後の運用維持のことだけである。

彼らが語る赤字は、箱物が出来あがったあとの運用に関しての赤字のみなのだ。

なんという虚構だろうか。箱物建設で膨大な借金が残り、毎年派生する運用コストの赤字を、建物がある限り税金から払い続けるという悪夢のような構図の中に、住民は置かれることになる。だが、そのことは表立って論じられることはない。理由は箱物の建設費の大半は国の補助金で賄われるからだ。しかし、全額補助金で賄えるわけではない。一部は地元負担だ。その地元負担分でさえ、地方交付税で補塡される。その上運用費の赤字も一般財源で補ってもらえる。やがて住民負担となる税金浸しの税金無駄使いの構図の中でこそ当初から赤字見込みの国際会議場などを作ることが出来るのだ。

以下に紹介する他のケースも構図は全く同じである。

大阪のもうひとつの悪名高い建物は、ワールドトレードセンタービル（ＷＴＣ）である。大阪市の第三セクター経営のＷＴＣは、地上五十五階、地下三階、高さ二百五十六メートルで、西日本一の超高層インテリジェントビルだ。

総工費千百九十億円で九五年春に完成した。一階から五十二階まで外の景色が満喫出来る〝シースルー〟のエレベーターでのぼる。最上階は結婚式場や展望レストランになっている。

だが、ＷＴＣの経営内容は今にも倒れそうなところまで切迫している。開業時のテナントの入居率は五五％という無残な成績で初年度の赤字は三十億円にのぼった。結果として、開業一年目にして早くもWTCの一部を市が買い上げた。買い上げたのはWTC内の多目的ホールや吹き抜け空間、地下駐車場などである。

WTC取締役総務部長の吉田直紀氏が説明した。

「入居率はその後改善されまして、現在ではオフィス部分だけでは七五％、ビル全体では八三％です。一応目標は九九年度中に限りなく一〇〇％に近づけることです」

とは言うものの、オフィス部分全体の約六分の一を占める三井物産関西支社が二〇〇〇年二月に自前ビルの完成と共に移転した。結果として、オフィス部分の入居率は六〇％に落ち込んでしまったのだ。当然、収支はより厳しくなる。再び吉田氏の説明だ。

「決算は、九八年度が五十一億五千万円の赤字、開業以来毎年赤字です。累積《るいせき》赤字は二百二十六億四千万円。こんな状況ですから、大阪市から特別低利融資を受けております。金利〇・二五％、九八年度と九九年度四十億円ずつです。一応九八年度から八年間にわたって総額三百二十一億円を融資してもらう予定です」

毎年赤字だというが、この赤字の意味が単に施設の運用コスト面での赤字であり、千百九十億円にのぼる建設費のことなどWTC経営者の頭にも大阪市幹部の頭にもないことはすでに明らかだ。

では、大阪市から、超低利の〇・二五％、二十年据え置きの後三十年で返済という、ODA（途上国への政府開発援助）よりも有利な驚くべき条件で借りたお金は、一体、どう使われるのか。

大阪市議で共産党の下田敏人《としひと》氏が語った。

「市の融資は全て運転資金です。八年間にわたる年間四十億円の支援は、人件費を含めた運転資金になります。毎年五十億円程の赤字はそのまま赤字として残ることになります。とにかく、無駄以外の何物でもない。正真正銘の債務超過状態なのです。WTCの経営改善計画も噴飯もので、九九年度中に入居率を一〇〇%にしてそれを十年続けるといいますが、こんな計画、達成できるわけがありません」

現に三井物産はすでに移転済みだ。下田市議がつけ加えた。

「WTCの大半がオフィス用のスペース。そういうもののどこに公共性や公益性があるのか。民間の不動産業者がやるべきことをなぜ市が税金を使ってやる必要があるのか。基本から、おかしいのです」

大阪市の抱える悪名高い三大箱物がある。WTCと湊町《みなとまち》開発センター、アジア太平洋トレードセンターである。いずれも赤字で、この三社への市の貸付金は計六百七十二億円。貸付条件は先述のようにODAよりも有利な条件である。また予想どおりと言えばよいのか、三社のいずれもが市の幹部の天下り先になっているのが共通項だ。ちなみに、三社の社長は市経済局長、市総務局長、市長室長である。

箱物行政は住民に不当な税負担を強いるだけでなく、お役所幹部が税を食い物にしつつ身の安穏をはかる絶好の仕組みになっていることが、鮮やかに見えてくる事例である。

文化施設の「三無し」

住民から〝汚職の殿堂〟と厳しく断罪されているのが愛知県の芸術文化センターである。芸術劇場、美術館、文化情報センターの三つで構成される通称芸文センターは、総工費六百三十億円、九二年の完成である。

当初から赤字続きで九九年度も単年度で約二十億円の赤字が出る見込みであり、県の一般財源によって補塡される。毎年度、赤字経営が当然という、民間企業では信じ難い経営姿勢はどこの箱物とも同じである。だが、同センターには、箱物が汚職の舞台となっている疑惑がつきまとうとして、住民が訴訟をおこした。同センター建設に際して二十九億円の追加工事が発注されたが、この契約は実はゼネコンへの赤字補塡だったという疑惑である。この件で県に賠償を求めた住民原告代表の富田定良氏が語った。

「追加建設費の話は、九四年五月に奥田信之前副知事が逮捕され、汚職事件の捜査が行われたことから明るみに出たのです。二十九億円余の追加建設費は、ゼネコンに対する赤字補塡のためだったという疑いです」

逮捕された奥田副知事は収賄《しゆうわい》罪で有罪が確定したが、同副知事は追加工事が赤字補塡だったことを認めている。

だが、富田氏らの住民訴訟は名古屋地裁によって退けられた。訴えられた愛知県は「住民訴訟の前提になる住民監査の請求時期が遅すぎる。訴訟も不適法だ」と主張し、裁判所がこの言い分を受け入れたのだ。つまり、追加工事がゼネコンへの赤字補塡だったか否《いな》かという事実関係によって退けられたのではなく、真偽は別にして、訴訟の時期や手続きの問題で退けられたわけだ。事実の見極めを避けて通る結果となった地裁判決に住民側は不服を抱き、訴訟は今、最高裁に預けられている。

自民党県議の倉知《くらち》俊彦氏が語る。氏は元県会議長のベテラン県議である。

「県の財政自体、向こう五年間は千五百億から千六百億円の歳入不足が見込まれています。県職員の給与カットだけでなく福祉も教育も、補助金も予算も削減しなければならない時に、芸文センターのために巨額の運営費も負担しなければならない。組織自体が肥大化していると思います」

倉知県議は同センターには、無用の役職者が「ゾロゾロいる」と次のように説明した。

「芸文センターには総長、副総長、総務部長がいて、美術館には館長と副館長、芸術劇場にも館長、文化情報センターには所長、さらに図書館に館長と副館長がいる。あの施設にこれだけの役職者が必要でしょうか。役所のつくる組織は上が厚いのです。役職者ばかり、自分たちの席のためにどんどんふやす。役職をつければ手当ても、その分、退職金も跳ね上がりますからね」

県民のための芸術文化センターといえば聞えはよいが、とどのつまり、役人の第二の人生の就職先になっており、決して県民のためではないというのだ。

対して芸文センター総務課の若園秀幸氏が反論した。

「もともと、名古屋は東京と大阪に挟まれた文化の通過地でした。オペラもミュージカルもみんな素通りです。名古屋発の文化発信のために必要な施設なのです。赤字続きですが、文化にはそもそもお金がかかる。文化事業が儲《もう》けを考えてやるものでない以上、ある程度の赤字はしょうがないと思います」

音楽評論家の日下《くさか》部《べ》吉彦《よしひこ》氏が〝文化施設〟を批評した。

「公共投資の戦後最後の出番がきて作られたのが文化施設ではないでしょうか。ブームに乗って全国でさまざまな箱物が作られました」

だが、中身がないと氏は強調した。自治体が、目的、ヴィジョン、計画性を欠いたまま作ったからだという。例えば世界の一流音楽家も認める良質の音楽ホールがあっても、多くが無用の長物となっているのは日本の文化施設が「三無し」だからだというのだ。

「ひとつは、有効な使い道を考える知恵がない。次に芸術の素養も興味もない人間が役所の人事異動で配置されてくる、つまり人材がない。三つ目は予算がないのです。施設というハードには何百億円もかけるのに、ソフトにあたる事業費がない。結果として箱だけが残ってしまうのです」

　箱が残り、さらに汚職の疑惑が残り、税金に依拠して人任せの金に頼る怠惰な精神が残るのである。

納税者よこの壮大な無駄に怒れ

　この他、容易に目につく無駄とも思われる箱物の中には、九九年三月にオープンしたばかりの静岡県のコンベンションアーツセンター、船を象《かたど》った通称グランシップがある。総工費七百六億円、天井の高さ五十八メートルの大ホールは四千六百席あまりを有する。「あらゆる大会議や式典、ポップス音楽のコンサートに使える」という触れこみだが、初年度から十億円を超える赤字経営である。

　オープンしたばかりの新築ホールだが、五月下旬から六月下旬にかけて、強い雨の度に雨漏りが発生した。

　中川一政県文化財団営業課長がグランシップの在存意義を強調した。

「評判はよいと思います。大ホール、中ホール、会議室、展示ギャラリーなど稼動率《かどうりつ》は約七割ですが、実感をいえば一〇〇％です。初年度の九九年度は収入一億五千万円、維持管理費は十二億円、差し引き十億五千万円の赤字です。稼動率がもっと高くなっても、赤字はなくならないでしょう」

地元新聞の記者が語った。

「JRの東静岡貨物駅にとりあえず何か作ろうということになり、知事が音楽好きだったから音楽ホールになったと言われているくらいで、つまり、再開発計画ありきの発想で作ったものなのです。広大な空き地に建物がポツンとあって、当初目指したような副都心とは程遠い印象です」

フル稼動しても赤字という大前提で建てられたこの建物もまた、未来永劫《えいごう》税金によって支えられていくわけだ。

栃木県大田原市は九九年、全国ではじめて隣の西那須野《にしなすの》町と合同で本格的なクラシック音楽を聴くことの出来る大ホールをはじめとする那須野が原ハーモニーホールを建設した。総工費九十一億三千万円。収入は九八年度が五千九百万円、支出が三億五百万円、計二億四千六百万円の赤字は、両自治体が折半で負担する。

地元市会議員が語る。

「本当に立派な施設ですが、市民は親しみ易《やす》い歌謡曲や演歌の方を聴きたいと思っているのではないでしょうか。何十億円もかけてあんな立派なホールが必要でしょうか」

同市議の指摘するように、ハーモニーホールはとび抜けて立派な佇《たたず》まいである。どんな風に利用されているのか、最新のパンフレットを見ると大ホールの予定は、十一月六日に那須野が原文化振興財団主催のヨハン・シュトラウスフェスティバル、翌七日に県芸術祭音楽専門部会主催の栃木県音楽祭、八日には大田原市健康長寿都市健康セミナー、十日に文化振興財団主催のオーケストラ養成講座などがある。

同ホールが完成し、はじめてＴｏｋｙｏソロイスツの公演が行われた時、捌《さば》けた切符は千円の特別割引きの学生用切符を除けばわずか百枚余りだったという。その後も似たような状況が続いたと市議は説明しつつ、こう言い添えた。

「市民と行政の間の温度差はかなりあって、一向に縮まらないのです」

市議の不満もこの予定表や切符の売れ具合を見れば解《わか》るような気がするのだ。建設費九十一億、年に二億四千六百万円の赤字を税金で補って維持していくホールにしては、活動内容がさびしすぎるのだ。もっと地元の人々のニーズを見つめた方がよい。文化とは何も西洋音楽ばかりではない。クラシックだけでは決してないのだ。

なぜ、これ程の税の無駄使いが横行するのか。一にも二にも、誰のお金がどれだけ使われているかという認識がないことだ。地方の官僚が、補助金、地方交付税、地方交付税特別会計などの複雑な公会計の陰にかくれて、自分たちの利益を最優先し住民のことを考えないからだ。

こうした無駄使いを防ぐために、箱物をつくる時には、それが全《すべ》て借金となって地元に戻り、税負担となって国民ひとりひとりに戻ってくるということを、計画書の冒頭に明記することを義務づけることだ。加えて、どの官僚が計画をつくったか、誰がゴーサインを出したか、担当者の名前を計画書に明記させることも考えるべきだ。

諸外国では、徴税のあり方、税金の使い方まで、納税者に非常に丁寧な説明を行うのが当然のこととして実施されている。それは納税者の権利として尊重されているのだ。

納税者をないがしろにし、信じ難い税の無駄使いが日常茶飯のこととして行われている現実に、私たちは税金を払う立場から怒るべきだ。そしてこれらの無駄使いは、最終的に自分たちが負担することを忘れないことだ。そのことについて黙って不満を抱いていても何の力にもならない。本気で腹をたて、異を唱えることだ。

第12章　自治体の高金利土地買取りの野放図

まさに日本列島は借金列島である。全国津々浦々、自治体という自治体が、表に出ている分も出ていない分も含めて、返済能力以上の借金を重ねてきた。

バブル崩壊以降、自治省（現・総務省）は地方債発行条件を緩め、地方自治体に借金を勧めた。その結果、借金体質は更に悪化した。典型的事例のひとつが、全国の土地開発公社が抱える広大な土地と借入金である。

土地開発公社の誕生は、田中角栄の『日本列島改造論』が世に問われた頃に遡《さかのぼ》る。一九七二年に「公有地の拡大の推進に関する法律」が施行され、公社は各自治体の一〇〇%出資で設立されていった。

当時は、熱狂的な列島改造ブームで、公共事業を計画している内にも土地価格は上昇していった。通常のプロセスでは追いつけない早い価格上昇のペースに合わせるために、議会の承認を得ることなく、道路や学校など公共事業用の土地を取得出来る土地開発公社制度が考え出されたのだ。

土地取得資金は民間銀行から借り入れ、設立団体の地方自治体が債務保証した。土地開発公社の取得した土地は、事業計画が議会で承認された段階で地方自治体が買い取る仕組みだ。公社の本来の役割はつなぎに土地を保有することだ。だが現実には、公社の土地が自治体に買い取られることなく、公社保有のまま放置されている。

公社は現在、東京都を除く全県及び、主要な市町村の殆《ほと》んどが持つ。自治省の調査では、千五百九十六公社保有の土地は約三万四千五百ヘクタールで、東京都の山手線内の土地の六倍の広さに匹敵する。取得価格に金利を上乗せした簿価は九兆千百四十億円だ。

この内、自治体に引き取られることなく五年以上公社の保有になっているいわゆる〝塩漬け〟土地は簿価にして全体の三分の一強にあたる。

同問題についていち早く取り組んできた「かわさき市民オンブズマン」代表幹事の奥田久仁夫《くにお》氏が指摘した。

「各地の実情を見ると、信じ難い無責任体制が浮かび上がってきます。各地の公社保有の土地総額に占める塩漬け土地の割合は、県庁所在地では、ワーストファイブが高知市の公社の七三%、和歌山市の七〇%、長崎市の五六%、佐賀市の五一%、浦和市の四四%です。県庁所在地ではありませんが、川崎市の公社も非常に悪く六七%、京都市も五〇%以上が塩漬け土地です」

折角取得した土地の大半が活用されず、ただ利息をふくらませているのだ。奥田氏らの計算によると、右の七市の公社が払った五年以上分の利息負担額は約六百億円である。公社の借金を保証しているのは地方自治体であるから、この利子分は、いずれかの時点で、自治体、つまり住民が責任を負うことになる。各公社は一体どれ程の買い物をこれまでにしてきたのだろうか。奥田氏が説明した。

「利子含みで九兆円余りの買い物ですが、中でも私たちは横浜市、川崎市、名古屋市の公社を塩漬け団子三兄弟と名付けました。彼らが保有する土地総額はざっと見て各々《おのおの》、千四百八十億円、九百五十億円、千百五十億円と膨大な額にのぼっているからです」

奥田氏はさらに信じ難い数字をあげた。それは金利である。

資本主義の歴史始まって以来、どの国も体験したことのない超低金利が異常に長く続き、遂に日本は資本が資本であることをやめたとも言えるゼロ金利に陥っている。そのような時に、五％を超える高金利で銀行から資金を借りて土地代金としている公社が少なからずあるのだ。

再び奥田氏が語る。

「九九年三月末の調査ですが、最も高い金利を払っているのが山梨県の公社で七・五二％です。山口県の公社が七・〇四四％、福岡市は五・四％、新潟県は五・一％。借り換えをして少しでも金利負担を減らさなければならないのに、それを各地の公社の多くがしていません。ある公社の職員は、金利が高くても公社と銀行の付き合いがあるから仕方がないと言いました」

公社の赤字は住民の税負担につながっていく。となれば、銀行との付き合いで高い金利を払うより、最大限の努力で借り換えをするのが公社と地方自治体の責任である。そんな当然のこともせずに、彼らはどんなに素晴らしい土地を買ってきたのか。

超高値で購入、汚職の温床に

いま川崎市民の怒りをかっているのが、静岡県南伊豆に取得した保養所用地だ。JR川崎駅から特急で伊豆急下田駅まで約二時間半、路線バスで三十分弱のところである。辺りには樹木が生い茂りまさに山奥だ。見上げるほどの崖《がけ》があり、川崎市の公社が購入したのがこの崖と坂道を登った上の八万九千平方メートルの土地である。上の土地に保養施設を建てる計画になっていた。それにしても、こんな急な坂をお年寄りがどうして歩けるのかと訝《いぶか》ってしまう。

疑問も当然だ。この物件には汚職の匂《にお》いがすると、大手新聞の社会部記者が述べた。

「この土地はある学校法人の関係者の所有だったのを学校法人が約二億円で買い取り、二年後に公社に約六億円で転売した。疑問は、なぜわざわざ学校法人が買い取ったのかという点。第二になぜ公社は三倍の高値で買ったのか、第三は物件紹介者が当時の市議会議長の弟だという点です」

第一の点は、学校法人の所有なら土地の売却には税金がかからないメリットがある。

第二の点については、かわさき市民オンブズマンが横浜地裁に提訴した住民訴訟で、地裁が任命した鑑定士が三億九千四百万から三億五千八百万円の価格を出した。公社の買い値は六億一千七百万円であるから、二億二千万円余から二億六千万円近くも高い買い値ということだ。

「第三の点も非常におかしい。通常、公社が土地を購入する際は、紹介者がいても交渉は直接地権者と行います。第三者が入るのは極めて異例で、しかも、話をつないだ市議会議長の弟の知人の不動産業者が、学校法人から三千五百万円の手数料を得ています」

同件はオンブズマン側の提訴で現在係争中だが、川崎市の公社の土地取得には他にも奇妙なケースが幾つかある。

奥田氏が指摘した。

「問題の土地ばかりです。水江町の約六・四ヘクタールは川崎縦貫道路建設の代替地として八八年と八九年に購入、七十三億円の利息も含めて二百三十六億円ですが、活用の目途もたっていません。第二西生田《にしいくた》小学校用地は八二年から取得、利息を含めて二十三億円ですが、長年の利払いで利息が半分以上の十四億円です。少子化で小学校は新設どころか統廃合の運命で、第一、この土地は斜面地で運動場もできません。担当者は学校用地というのは購入のための方便だったと言っています」

もうひとつ、公社を経て九二年に川崎市が購入した岩手県東和町の土地を見てみよう。四万六千平方メートルを六千五百万円で買い、土地造成、温泉の掘削にこれまで約八億円を費やした。市民のための温泉付き保養施設を二十億円程度の予算で建設する予定だったが、市はこの計画を断念して二〇〇〇年以降、新たな設計にとりかかるという。

「川崎市には保養施設がすでに三か所もあります。なぜ新しい施設が必要なのか。また市民のためといっても、岩手県東和町は東北新幹線経由で少くとも四時間、旅費は往復三万円かかります。こんな施設が川崎市民のためになるのでしょうか。こんな施設を川崎市民の税で作るべきでしょうか」

奥田氏は憤《いきどお》るのである。

市総合企画局の江崎真司公有地調整課長は述べた。

「いろんなご批判もあって改善して、九九年二月からは市が公社から買い取る際には議会の承認を得ることにしました。先行取得も議会に一応報告することにしました」

オンブズマンの調査では、川崎市の公社が保有する土地の塩漬け度は金額ベースで六七％だが、江崎課長は、市所有の土地も入れるとその度合いは五九％に下がると述べた。市と公社双方保有の土地を合わせて、約六割が放置されていることに変わりはない。

「私どもも売却しようとしたのですが、買い手がつかなかったのです。元来公共事業の代替地として取得したものが多く、それ自体ではなかなか売れないのです。過去の事例からしても二割売れるかどうかではないでしょうか」

最終的には住民負担になることへの痛みをどこまで感じているのか疑わしい応答ぶりである。だが、これは川崎市に限ったことではない。

仙台市にも理解不能な土地取得がある。市中心部から五キロ程の青葉区水の森地区に、下から見上げるとそびえ立つ山のような急斜面の土地がある。傾斜は約三十度。スキー場なら上級者が好むレベルだ。上から見れば真っ直《す》ぐに落ちていくようで初心者は足がすくむような角度である。

十年前、同傾斜地七千平方メートルを仙台市の公社は図書館用地として四億八千万円で購入した。しかし今、市の中心部では新たな図書館の建設が進行中である。

仙台市役所の石井訓《さとす》財政管理課長が説明した。

「九七年、公社保有の三十三か所の土地を調べAからDに分類しました。Aは十八か所で取得目的通りに使う土地、Bは四か所で暫定《ざんてい》利用を考える、Cは六か所で利用目的を変更する、Dは五か所で売却を考えるものです。図書館用地はDに該当します」

山のような急斜面の土地である。図書館用でなくともDに分類されるだろう。だがこんな傾斜地にこれまで利子だけで二億二千万円を払ってきた。壮大な無駄を生んだ土地開発公社について、それでも石井課長はこう述べた。

「地価が下がったから公社の役割も終わりということではなく、やはり公社の役割は必要なのです」

名古屋経済大学の室井力教授が指摘した。

「公社の存在意義は今のままでは無きに等しいのではないでしょうか。バブル時代を中心に有効利用できない土地まで非常に高く買い漁《あさ》り、利用も出来ず地価は下落し、巨額の損失を出しました。議会の関与がないために住民の監視が行き届かない。情報が見えてこないのは、公社の役員に自治体の議会議員が多数就任しているからだと思います。公社の土地取得が利権になっているのです」

室井教授は、取引への地方議員の介在で実勢価格より高く買わされた例、公社職員の食糧費、接待費の浪費が目立つ例など、特権と利権は少なくないと強調し「汚職の温床になりかねないのです」と述べた。事実、汚職事件に発展した事例も少なくない。

税金なら無駄にしても構わないという感覚

和歌山市土地開発公社所有地は、面積を基準にすればなんと九四％が塩漬け土地だ。これは九八年三月末の「市民オンブズマンわかやま」の調査だが、簿価を基準にしても、塩漬け度は六九%である。

取得した土地の殆どが活用されていないにもかかわらず、公社の理事長を兼任していた尾崎吉弘《よしひろ》市長が、市議会の有力議員石谷保和の依頼に応じて、新たな土地の買い付け証明書を発行していた。土地は不動産業者所有の物件で、同業者は山口組系暴力団組長と共に、石谷に市長への働きかけを依頼した。市長から買い付け証明をとった石谷元市議に、不動産業者は五百万円を渡した。

この事件のように、公社の理事長と市長が同一人物というケースは珍しくない。土地を売る側と買う側の責任者が同一人物であればどんなことも可能である。このような体質の中で不祥事が起きていく。

同事件は大阪地検特捜部に摘発され、九八年十一月の初公判で、被告人らは全員、贈《ぞう》収賄《しゅうわい》容疑を認めている。

和歌山市土地開発公社の丸井元・専務理事が語った。

「和歌山市は一件当たり二千万円以上、五千平方メートル以上の土地売買は市議会の決済が必要だと条例で定めていたのに、事件は起きました。反省から新市長は情報公開条例を作り、土地取得には市長の決済を義務づけ、すでに『未利用地検討委員会』も発足させました。現在所有の土地は総額百六十五億四千万円、金利は四十三億三千万円。金利は時間がたつほどかさみますので、これからどうすべきか、検討委員会に諮《はか》ります」

先述のように和歌山市は保有地の九四％が過去五年間一切利用されていない。にもかかわらず、使わない土地の利払いだけで四十三億円を超えている。壮大すぎる無駄の前に立って「駐車場などにしてとりあえず暫定収入を確保しつつ、土地利用か或《ある》いは売却かを議論していく」という悠長さである。刑事事件を起こしてようやく二〇〇〇年から情報公開に踏み切る、ようやく土地の利用か売却かを考え始めるというのである。贈収賄事件を起こす程個人の利に聡《さと》い反面、住民や公共の利に鈍いのだ。税金で賄《まかな》う支出に関して驚くほど真剣さを欠いている。

大分県三重町はどうか。

同町は人口一万八千人、農林産業中心の小さな町だ。前町長の神品《こうじな》文彦は、コンクリート会社の役員から依頼され、同社所有の土地一万平方メートルを土地開発公社に購入させるように公社に働きかけ、五百万円を収賄した。現町長の芦刈《あしかり》幸雄氏が語った。

「農林業中心の町ですので、将来の為《ため》には企業誘致が必要です。そのためには土地が必要です。そこで企業進出が具体的に決まる前に、まず土地の手当てだということになったのです。国も公有地拡大法をつくり、明確な目的がなくても土地を先行取得できるということでしたから、そんなことで事件がおきてしまいました」

三重町も事件を起こして初めて、どんな目的で取得するのか、資金はどう手当てするのかなどを議会に事前に報告させることにした。驚くべきは、通常なら、土地は目的や資金調達に目途をつけてから購入するものだが、そんな常識以前のことが、地方自治体下の土地開発公社では完全に忘れられているのだ。そこに見られるのは、お上意識と依存体質である。自己責任の完全な欠如である。

土地開発公社の無計画な土地取得が直接の引き金となり、現在、全国で唯一《ゆいいつ》の財政再建団体となった福岡県赤池町の安武憲明財政課長が語った。

「人口わずか一万三百人の町で、なぜ破綻《はたん》するほどの土地を必要としたのかとはよく聞かれます。赤池町は山間地で大型企業もなく、以前あった炭鉱会社も姿を消しました。人口が減り失業者は増え、環境整備しなければ過疎《かそ》化はもっと進むという状況の中で土地買収を続けたのです」

赤池町では七三年の設立時から歴代町長が公社理事長を兼任し、議員が理事を務めてきた。町と公社は良くも悪《あ》しくも一心同体、チェック機能は働きようがなかった。破綻を受け入れ財政再建団体に転落した九二年の町の財政は、歳入は四十八億五千万円、歳出は五十二億五千万円、約四億円の赤字だった。加えて土地開発公社の不良債権と債務二十一億円余を引き取り、最終的には三十一億七千万円の赤字を抱えた。財政再建団体になるか否《いな》かは当の自治体の判断だが、再建団体になれば、財政支援と引き換えに行財政の運営は自治省の管理下に置かれる。逆に赤字比率が二〇％を超えながら再建団体にならないと地方債を制限され、運営が思うようにいかなくなる。

赤池町は財政再建団体になることを選択し、自治省の厳しいチェックの下で九二年から十年間で赤字を解消する計画を立てた。それがどれほど厳しいものか。安武課長が語った。

「経費の削減は当然です。道路の補修、草取りなどは我々職員がやります。時間外手当は月五時間まで、昇給は役職につかない限りありません。町営住宅の家賃は一万円値上げしました。町役場の冷房はぜいたく品とされ、九五年の猛暑の夏に、職員が体調を崩してはじめて自治省が中古品クーラーを認めてくれました。これだけの苦労を忍んではじめて、おかげさまで当初の予定より二年早い二〇〇〇年には財政再建が叶《かな》う見通しになりました」

赤池町にはもう土地開発公社をつくる計画はない。

国も地方自治体もツケは住民に

一連の事例から多層的な依存体質が見えてくる。土地開発公社は地方自治体に全面的に依存し、自治体は大蔵省（現・財務省）や自治省に依存する。

専修大学の鐘ケ江晴彦教授が指摘した。

「公社保有の土地を処分しても膨大な売却損は結局、自治体が負担します。自治体が買い取る場合、民間金融機関に地方債を引き受けてもらえばこれも将来の財政負担となります。財政投融資で大蔵省が起債分を引き受ける場合、国民の負担になります。いずれの場合も全《すべ》てのツケは住民に負わされることになります」

公社を自治体が、自治体を国が、国を国民が支えて負担する構図である。だが、私たちの意識の中に、最終的に全てが国民にはね返って来るとの実感は薄いのではないか。

元内閣官房副長官で自治省OBの石原信雄氏が語る。

「土地開発公社の件も含めて現在の地方自治体の困難は自治体だけの責任では説明しきれないのです。バブルがはじけた時、国は景気浮揚のため地方自治体に公共事業を発注させたりして結果的に自治体の赤字を増やしました。国の政策自体、空前の財政赤字を志向しています。地方自治体の赤字体質は国のそれと密接につながっているのです」

田中元首相の列島改造論で土地開発公社制度が生まれた。バブルがはじけた時に地方債発行の条件が緩和され、自治体の借金はより容易になった。バブル崩壊による落ち込みを最小限に食い止めるために、地方自治体にも財政支出を促したのが中央政府の方針だ。地方はその大方針に従わざるを得なかったというのだ。

石原氏は地方自治体が主体性もなく国の言うことに従い続ければ、多くが赤池町のように再建団体に陥らざるを得ないだろうと述べる。

「まさに中央政府の政策が問題なのですから、歳入歳出の見直しは国と共通の枠組みで考えるべきです」

とは言っても、国全体の改革が行われるまで、破綻直前の地方自治体や土地開発公社は待ってはいられない。

室井教授は語る。

「地方自治体として出来ることは幾つもあります。まず公社の九兆円をこえる借金の借り換えです。住宅ローンのように金利の低い所に換えていくべきです」

奥田氏が述べた。

「札幌市は入札で金利を決めさせました。それで年利一・一三%になりました。金利ゼロの今、三%を超える金利は許されないと思います」

室井教授は思い切って土地開発公社を破綻させるのも選択肢だという。銀行が不良債権を処理できずに問題を長引かせ未《いま》だにその影を引き摺《ず》っているように、土地開発公社も赤字のまま存続させるのは不健康だというのだ。

石原氏は市町村を現在の三千三百から千団体規模に合併統合させていく可能性を指摘した。現に今、自治省は合併市町村に元利償還金の七〇%を交付税で負担する合併特例債の創設をはじめ、財政優遇措置を打ち出している。

合併は、通信や交通手段によって飛躍的に広がった市民の生活圏に合わせて行政圏を広げることになる。同時に経常的経費の節減にもつながる。

地方自治体が使うのは地方税、地方交付税、補助金、地方債など合わせて八十八兆円だが、合併で管理経費約九兆円が三兆円ほど節約されるという。

だが、何よりも重要なのは、中央政府の方針にただ従って利権に惹《ひ》きつけられ、或いは地方交付税や補助金に惑わされ、実力以上の借金を重ねるのを慎むことだ。その意味では、地方自治体は、第二第三の赤池町にならないために、国の方針に賢く背くことだ。

住民もまた、地方自治体の闇雲《やみくも》な公共工事に賢くストップかけるべく声をあげることだ。赤字財政で強行される工事は、納税者の払う税金そのものなのであるから。

そして私たちは、個々の地方自治体が辿《たど》った破綻への道筋の中から補助金や地方交付税の果たしている破綻への誘いとでもいうべき役割を認識すべきである。地方自治体が国から補助金を貰《もら》うにつれて交付税の給付がふえ、それが自治体をさらに大きな借金へと誘っていく構図を変えていかなければならない。そうしてはじめて、国と地方の常軌を逸した税の無駄使いをやめさせることが出来るのだ。

第13章 年金資金を食い潰《つぶ》す厚生族の背信

「年金が危ない」といってもすでに誰も驚かない。諦《あきら》めの境地の人が多い。

年金はなぜ危ないのか。政府は世界一の高齢化と、進み続ける少子化を理由にあげる。年金を受けとる人が急速にふえ、払う若い世代が確実に減っているからだという。

だが、それは国民への背信の目くらましだ。真の、そしてもっと大きな理由は、総額百三十四兆円の公的年金資金が官僚の利益を最優先にして使われているからだ。年金は官僚によって食い潰《つぶ》されている。だから、危ないのだ。

具体例のひとつがグリーンピア事業である。全国旅館政治連盟の倉沢章氏が怒りをぶちまけた。

「目茶苦茶です。国が民間産業の成果を奪って民間と同じことをし、民業を圧迫している。しかも、それをこれから十年も続けるというのです」

倉沢氏は、五度にわたる閣議決定が守られず、グリーンピア事業からの国の撤退が反《ほ》故《ご》にされ、形を変えてさらに十年の継続が決定されたことを怒っているのだ。

グリーンピアは、厚生省（現・厚生労働省）所管の特殊法人・年金福祉事業団が所有する保養施設だ。全国十三か所に点在し、一か所の敷地は百万坪、年金積立金から約千九百億円を投じて、民間経営では採算ベースにのり得ない費用をかけて建設した。建設決定は一九七二年、開業は八〇年から随時始まった。そして今、十三施設のうち八施設が赤字経営に陥り、残り施設も後に詳述するさまざまな補助金を計算すれば、事実上の赤字経営だ。

一連の大規模保養施設の建設が、積みたてられた年金を減らし続けていることに気付いた政府は、グリーンピア開業後程なく、方針転換を目指した一連の閣議決定を行った。八四年一月、建設中の施設以外の新設は行わず、運営は全《すべ》て民間、または地方公共団体に委託すると決めた。

同年十二月、政府は再び同じ内容の閣議決定を行い、新設は不可、運営は民間や地方公共団体に任せると確認した。

八五年十二月、三度目の閣議決定である。内容は一年前とまたまた同じである。前年度までに開業していたグリーンピア二施設は創業以来赤字が続いており、三度目の閣議決定の「新設せず」の文言はまるで悲鳴のようにもとれる。

だが、現実は、閣議決定を嘲笑《ちようしよう》するかのように、新しいグリーンピアが次々と誕生し開業していった。岩手県田老《たろう》、広島県安浦《やすうら》、鹿児島県指宿《いぶすき》、新潟県津南《つなん》が八五年開業、和歌山県南紀、福岡県八女《やめ》、熊本県阿蘇《あそ》が八六年開業、岐阜県恵那《えな》、高知県土佐《とさ》横浪《よこなみ》が八七年開業、宮城県岩沼と福島県二本松が八八年の開業である。八四年の閣議決定以降にスタートしたのは実に十三施設中十一にのぼる。閣議決定時にはすでに着手していたとしても、政府の掲げた「新設せず」の方針と大きく喰い違うのは否《いな》めない。

以降政府は十年間、事態を放置し、九五年になって四度目の閣議決定を下し、それまでにない大方針の転換に踏み出した。グリーンピアの「県への譲渡等地域利用を図る」というものだ。遂に、グリーンピアを厚生省、年金福祉事業団が手放すというのだ。

こうして政府は各県に、グリーンピア施設の売却をもちかけた。価格は格安で、簿価の四割と推定されている。

さらに九七年、五度目の閣議決定で「グリーンピアから撤退する」と宣言した。厚生省の全面敗北宣言だ。同じ頃、政府は各県にグリーンピア売却を打診し、回答を促した。ところがである。九九年六月、厚生省は年金制度の改正にからめて、一連の閣議決定を反故にする方針を打ち出した。

年金福祉事業団を二〇〇一年に年金資金運用基金に改組して、同運用基金がとりあえず十年間、グリーンピア事業を継続するというのだ。死んだはずのグリーンピアが息を吹き返したのだ。

倉沢氏はこのような継続の方針を厳しく批判する。

「続けると、将来の国民負担はもっと大きくなります。グリーンピアの経営の行き詰まりは解決の目処《めど》もないのです。今、手をつけないと、観光産業全体も衰退します」

戦略経営コンサルタントのトーマス・ゼンゲージ氏が語った。

「年金資金で政府がホテルを建てるなど欧米では考えられません。信じ難いことです。天下りなど利権の温床になっているとしか思えません」

世界に類例のない異常な政策を改めるはずの閣議決定は、なぜ反故にされたのか。

民主党の枝野幸男《ゆきお》衆議院議員が手厳しく述べた。

「自治体に譲渡を打診しても、全自治体が〝ノー〟の回答を戻してきた。グリーンピアが不良債権の塊だからです。これだけの低金利ですから、利益を生み出すなら借金しても買ってよいはずなのに、誰も買わない。どう転んでも運用益を生み出さないからです。厚生省の担当官らにもどうしようもないのは分かっている。しかし、十年すれば、誰も責任者ではなくなりますからね。これが霞が関特有のシステムです」

北海道大学の宮脇淳《あつし》教授も語る。

「時間のコストを意識していない官僚特有の処理策です。十年先には今よりも厳しい状況が待っていることを考えないのです。年金資金を自分自身が展開する事業の資金にあてるという発想が問題です。厚生省は、事業としての失敗が明らかになったあとも、高知県の土佐横浪や北海道の大沼など、再投資したり新設したりして失敗を拡大させてきました。学習効果が見られない。グリーンピア事業は破綻《はたん》したということです」

アメリカなら刑務所行きの放漫経営

各地のグリーンピアは夏休み直前で一年半前の冬に訪れた時とは様子が異り、それなりに賑《にぎわ》っていた。とは言っても、広大な敷地も施設も殆《ほとん》ど利用されていない印象は変らない。

新幹線東広島駅から二十キロ強、JR呉《くれ》線の安浦駅から約五キロ、入り組んだ瀬戸内海を見晴す場所にグリーンピア安浦がある。同施設の最大の魅力は海水浴場とプールだ。だがホテルの建物からそこに辿《たど》り着くには一・五キロの道を山越えしなければならない。敷地百万坪、余りにも広すぎる。遠すぎる。

支配人の久保田雅《まさし》氏が話してくれた。

「利用者が年々減っています。海と島の博覧会のあった九〇年は四十万人でしたが九八年は十八万人、内、宿泊客は四万二千人でした。競合施設が沢山できたのです。この二年間に、駅から歩ける所に二か所も海水浴場ができました」

他方、グリーンピア恵那はJR中央線で名古屋から約一時間の恵那駅から二十キロ、車で三十分走った山の上だ。

公共の交通機関は一日二回の送迎バスしかないため、訪れる人の多くは車で来る。門からホテルまで一・七キロ、何もない山の上にポツンと建っている。見るとジェットコースターがあったが、吹き過ぎる風にコトリと音もたてずに、取り残されていた。

常務取締役の小塚三郎氏が話してくれた。

「緑が豊かで空気も水も名古屋とは味が違う。立派な風呂《ふろ》もあります。でも我々の恨み節は温泉がないことです。近隣の施設には温泉は当たり前で、温泉なしの施設は、まるで異物みたいに言われます」

久保田氏が経営の苦労を語った。

「グリーンピア安浦は、年福事業団が土地と建物を所有、管理を広島県に委託しています。県は財団法人をつくりここに管理をさせています。財団法人の下に、県とＪＴＢと地元の安浦町が出資してつくった株式会社があり、これが実際のグリーンピアの運営をしているのです」

年金福祉事業団から県に、県から財団に、財団から株式会社に経営が委託されるピラミッド構造になっている。

もうひとつの経営の流れは最も早く開業したグリーンピア三木の例にみられる。この場合、年金福祉事業団は運営を県を通さず、厚生省所管の財団法人・年金保養協会に委託し、同協会は、一〇〇%出資の子会社、「兵庫年金保養サービス」と「グリーンピアサービス」を通して、前者にグリーンピアの運営を、後者に損害保険の代理業務を請け負わせるという流れだ。

こちらもまたグリーンピア経営のためのピラミッド構造だ。それは悪名高い天下りの構造とピッタリ重なる。右の年金保養協会理事長と「グリーンピアサービス」社長を兼ねるのは厚生事務次官だった人物であり、「兵庫年金保養サービス」社長も社会保険庁OBである。年金保養協会や関係会社役員には厚生省や社会保険庁、地元県庁からの天下りも少くない。彼らはグリーンピアの赤字にもかかわらず高給を食《は》む。年金保養協会理事長は非常勤で年収約七百六十万円、専務理事は千七百八十万円、理事は約千六百万円である。

余計な人材とコストを抱え込むピラミッド構造に加え、規模の大きさがコストを押し上げている。グリーンピア安浦では努力して、九六年に営業収入の四二・五%だった人件費を九八年は三八%まで落とした。だが、国際観光旅館連盟の調査では民間旅館経営の人件費率は平均で二九・一%、まだ民間より九%も高い。

「それでも二億一千万円の赤字を三年で一億四千万円に減らしました。今年も二千万円の黒字を出すつもりです」

と久保田氏は強調したが、倉沢氏が民間旅館経営者の立場から強く反発した。

「経営の基盤が民間の企業経営とは別物です。彼らの黒字は本当の黒字ではありません。まず国の施設だから固定資産税が免除されます。税のあるなしがどれだけ大きい要素か、こんなことは民間にいる人間なら言わなくてもわかります。次に私どもは有利子の借り入れで設備投資しますが、彼らは年金福祉事業団から補助金を貰《もら》い施設費も不要です。借り入れる必要がないから過剰投資をするのです。金に糸目をつけず、公《おおやけ》の資金で採算を度外視して民間より良い物をつくってきたのです。第三に宿泊料金を民間の約半額に設定して利用者を奪い、民間宿泊施設を圧迫しています」

全国旅館政治連盟公営宿泊施設等対策本部長の針谷了《はりたにさとる》氏も語った。

「グリーンピア事業の内、最も業績のよいグリーンピア津南だけは、地元の新潟県が引き取ると私どもはみていました。しかし引き受けない。津南は表面上は九七年度で四千六百万円の黒字ですが、私どもの調査では実質五億円程度の赤字です。一番の優等生でさえこうです。修理費、器具購入費、新施設の建築費、全て年金福祉事業団本体から出してもらってこの状態なのです」

針谷氏はさらに年金福祉事業団はグリーンピア事業に計二千億円も注《つ》ぎ込み、その果てに全施設が実質赤字となったことを指摘して、強調した。

「この放漫経営、アメリカなら、経営者は監獄行きです。ところが日本では私たちの年金を二千億円も無駄にしてなんのお咎《とが》めも受けないのです」

国民の老後のための年金がこんな無駄使いをされ、統計的には、公共の宿泊施設が一つ作られると、六軒の民間業者が潰れるのだ。国民のお金が国民を圧迫するという壮大な皮肉が起きているのだ。

グリーンピアには維持費として国民年金や厚生年金の掛け金から九七年には約三十億円、九八年は二十数億円が使われてきた。このままでは今後も毎年十数億円が使われる見通しだ。はたしてグリーンピアは自立できるのか。

久保田氏が語る。

「将来も無理です。彼らは減価償却もしていません。建物の修理も、利益を出すための新たな開発費の投入もできませんから、無理です」

厚生省から譲渡をもちかけられた自治体の担当者らは当惑をこめて語った。岐阜県福祉政策課のコメントである。

「グリーンピア恵那は九八年末までの累積《るいせき》赤字が七千五百万円です。修繕費は九八年、年金福祉事業団が千八百万円を負担し、独自で五百五十万円を出しました。築十年でこれからますます経費がかかります。経営の見通しがたたない施設を財政逼迫《ひっぱく》の折り、引き受けることはできません」

優等生的なグリーンピア津南を抱える新潟県の福祉保健課は、厚生省の要請自体がスジ違いだと述べた。

「グリーンピアは年金加入者の福利厚生という目的で設立されたはずで、あくまでも国の責任です。この種の保養施設を取得して運営していく意味は、県にはないのです。いかなる条件を提示されても引き受けは困難だと厚生省に回答しました」

高知県も同様の趣旨の回答を示し、兵庫県に至っては、「迷惑な話」だと断じた。

天下りのための資金

行き場のないグリーンピア問題は、しかし、年金福祉事業団の抱える問題のほんの一部にすぎない。年金資金は合計百三十四兆円余り、その内の約二十五兆円を年金福祉事業団が運用、グリーンピアへの投資は約二千億円だ。敢えていえば全体からみると微々たる額だ。

相対的に〝微々たる額〟のグリーンピア問題をなぜ重視しなければならないか。その裏にグリーンピア問題と同根の巨悪が隠されているからである。表に出て来にくい、より大きな問題を見逃さないためにも、表面に現われたグリーンピア問題をこのままにしてはならないのだ。それは何か。

自民党の塩崎恭久参議院議員が述べた。

「特殊法人の年福事業団には三つの問題があります。ひとつは累積で二兆円にのぼる自主運用の損失問題。第二がグリーンピア問題。第三は住宅融資事業の赤字です」

塩崎議員の指摘は、年金福祉事業団の事業失敗の傷の深さが、兆のオーダーの損失にのぼることと同時に、その事業展開のいたずらな多様性に改めて注意を喚起するものだ。事実、八十二の特殊法人のうち、これほど手広く事業を手がけている特殊法人も珍しい。しかもその全《すべ》てが採算割れだ。

厚生省が悲願の年金資金自主運用を始めたのは八六年である。一旦《いったん》大蔵省（現・財務省）に運用を預託した年金資金を再び借り出す形で始まった。額は約二十五兆円、年金福祉事業団を通して一部は、すでに詳述したグリーンピア事業に行く。または、金融機関に資金運用させる。株式市場への投資は十兆円にのぼると言われており、資金運用全体で少くとも一兆四千億円という巨額の損失を出している。

だが厚生省にとってこの程度の損失は大したことではないようだ。九八年の取材で矢野朝水《ともみ》年金局長はこう述べた。

「運用に失敗したといっても二十三兆円余りの運用で一兆四千億円の赤字は、市場の平均並みです」

要するに余り悪いとも思っていないのだ。

金融機関にとって厚生省と年金福祉事業団は最重要の顧客であり、彼らの年金福祉事業団への売り込みは熾烈《しれつ》である。事業団に社員を「出向」させ、無償でコンサルティング業務のようなことをさせる。こうして事業団の覚え目出度《めでた》くなれば資金運用を任される。一兆円任されたとして、推定〇・一%から〇・三%の年間手数料は十億から三十億円だ。

烈《はげ》しく食い込み、大きく資金を任される金融機関には厚生省からの天下りもある。なんのことはない。厚生官僚はここでも自分たちの利益を確保しているのだ。

住宅資金融資事業は、年金福祉事業団の最大の「子会社」である「年金住宅福祉協会」が重要な役割をはたす。同協会の理事長も常務理事も厚生省の天下りである。

協会は年金福祉事業団から無利息で融資を受け、利用者から手数料をとる。各県の協会を通じての融資残高は約十兆円。住宅金融公庫の七十二兆円に次ぐ最大手の貸し手だ。

同事業の問題は、利子補給の名目でこれまでに七千億円近い額が年金特別会計から補《ほ》塡《てん》されている一方で、子会社の「協会」と傘下《さんか》の各都道府県の協会は大幅な黒字であることだ。それらの下部組織には厚生省の天下り、政治家などが名を連ねている。天下りの彼らが潤《うるお》うことはあっても、国民にはなんの利益もなく、負担だけが押しつけられる仕組みである。

「ここまで傷が深くなった理由に、特殊法人にお金を流す特別会計の存在があります。この特別会計をチェックする機能が二年前まで国会になかったのです」

塩崎議員が説明した。

国民の代表である国会議員にさえ、つい二年前までチェックすることが許されなかったのが特別会計だ。ようやく最近少しばかり覗《のぞ》き込むことが出来るようになった。特別会計とは、税金とは異る各官庁が持っている財布だと思えばわかり易《やす》い。そのお金は、官庁が自分たちでは使わずに自分たちの下部組織、所管の特殊法人に使わせる。特別会計に入るのは国税の一定割合とされていて、九九年度は約十二兆九千億円だ。

特別会計の資金は財政投融資から来る資金だ。税金ではなく、国民が積みたてた年金資金や郵便貯金である。税金で賄《まかな》われる予算は、不十分とはいえ、国会で一応チェックを受ける。だが、塩崎議員の指摘のように特別会計のチェック機能はつい先頃まで国会にもなかった。チェックされないために安易な使われ方をする。九九年度でみれば、特別会計に入った交付税が十二兆九千億円であるにもかかわらず、実際には特別会計を通して交付されたお金は二十兆九千億円にのぼる。差額の八兆円は交付税特別会計の借金である。これは表に出てこないために「隠れ借金」と呼ばれているが、隠れ借金はすでに三十兆円にのぼる。凄《すさま》じいばかりの借金をしつつ、凄じいばかりの無駄使いを重ねているのだ。この交付税の仕組みを変え、特別会計などは廃止していかなければならないのだ。

厚生省の予算で買い取れ、ツケを国民に回すな

要は年金の使途に関しては全くのフリーハンド、甘い汁なのだ。この甘い汁には犯罪の匂《にお》いさえする。例えば日本老人福祉財団への年金福祉事業団の融資である。七六年以来累計で二百二十億円の融資を受けた財団の長谷川黎《れい》理事長は、融資本来の目的からはずれて七十億円を株、ワラント債、アメリカの土地の購入などにつぎ込み三十億円近い穴をあけた。

独協大学の大久保貞義教授が語る。

「老人福祉財団への二百二十億円の融資の内三分の一は、財団の経営難が発覚した後に行われています。民間企業なら背任罪で刑事告発されるケースです。現に粉飾決算で倒産を防ごうとした長銀の元頭取は逮捕されました。しかし、長谷川氏らになんのお咎《とが》めもないのは現経営陣が告発しないからです。理由は簡単です。財団が厚生官僚の重要な天下り先だからです。事実、現専務理事は五人目の天下り官僚です」

ここまでくれば、なぜ厚生省の手から離れるはずだったグリーンピアがまた手元に戻り、廃止されるはずだった年金福祉事業団が名前を変えただけで事実上存続することになったかが見えてくる。

フリーハンドと甘い汁を手放さないために、彼らが如何に閣議決定をなし崩しにしたか。その手法を自民党の山本一太参議院議員が語った。

「閣議決定に〝原則的に〟という文言が残っている限りだめなのです。官僚は、これは例外だという抜け道で自分たちの思い通りに事を運びます。例えば新規の建設を禁ずると、古くからある三階建を新しく八階建にして〝これは新規ではありません、改築です〟と理由づけするなどです」

厚生省資金管理課のある人物が語った。

「閣議決定後、年金審議会や自民党から反対の声が上がりました。グリーンピア職員の雇用問題など、いきなり撤退は乱暴すぎるという意見が多かったのです。それで厚生省は暫《しば》くの経過期間が必要と結論したのです」

要は、政治家の一部と官僚が、甘い汁を手放したくないとの思惑で一致していたということだ。

こうした状況の中で、厚生官僚たちは、国際社会から奇異の目で見られる年金の株式運用を続けている。

前出のゼンゲージ氏は、十兆円もの年金資金が株式で運用されることなど、アメリカではあり得ないと述べた。

九九年一月、クリントン大統領が公的年金資金を株式で運用すると提案した時、グリーンスパンFRB（連邦準備制度理事会）議長が、即、厳しく警告した。そのような運用は「資本市場と経済の効率性を危険にさらす」という理由からだ。事実、アメリカの約七十兆円の公的年金は全額米国債の購入にあてられ、価格が変動する有価証券に投資されることはない。

年金を安全に運用するのは世界の常識である。元本を割らないことが最低限の義務である。そうした義務と責任が果たされているか否《いな》かは、アメリカではGAO（会計検査院）が厳しくチェックする。日本にはそのチェック機能が欠落しているのだ。だからこそ、一兆四千億円もの損失を〝並み〟の損失と言って安穏にしていられるのだ。まさにこれは異常と非常識の世界である。

彼らの手に、やがて年金の全額が委《ゆだ》ねられ全額自主運用される日が二〇〇一年にやってくる。年金福祉事業団もその同じ年、年金資金運用基金に吸収される。

「これを目くらましとさせてはならない。自主運用には大きな責任が伴うことを、グリーンピアの処理などで厳しくみせていく必要があります。荒療治かもしれませんが厚生省の予算でグリーンピアを買いとらせて、足りない分は役人の首を切る。そのくらいのリスクを負わせないと結局、同じ過《あやま》ちを繰り返します」

と枝野議員。

厚生省側はどう答えるか。年金福祉事業団は取材に応じられないと言ってきた。九八年の記事でグリーンピアの利用者が少ないとのみ書いて利用者が二百万人と書かなかった為《ため》だそうだ。笑止の沙汰《さた》だ。

年金福祉事業団も厚生省も自らの責任について考えるとよい。二兆円にのぼる損失を出し、特別会計によって支えられ、全国に天下りを抱え、ツケを国民にまわしている立場をわきまえよ。自らの利益を優先させる官僚たちの存在こそが、日本を土台から蝕《むしば》んでいることを自覚せよ。

追記

特別会計についての九九年当時の取材結果をいま読み返すと、力及ばず取材が不十分なことを反省せざるを得ない。ベールの向う側にあった特別会計の全体像を全く把握できていないのだ。

二〇〇一年の取材でようやく見えてきたのは、特別会計を通過する資金は予想以上に膨大な額だという事だ。二〇〇一年度実績でみると、一般会計約八十三兆円に対し、特別会計の規模は約三百九十一兆円だった。この中には一般会計からの四十九兆円が入っている。この特別会計、一般会計及び私たちの郵便貯金などを原資とする財政投融資から合計約四十兆円のお金が二〇〇一年度に特殊法人と認可法人に注ぎ込まれた。お金が音をたてて特殊法人に投げ込まれているようだ。

　こうした実態は、特別会計をチェックすることが出来るようになってはじめて少しずつ明らかになったことだ。言い方を変えれば、本書を書き上げた九九年当時は、取材した国会議員にさえも特別会計の実態は把握できていなかったということだ。私の取材の及ばなかったことをお詫《わ》びし、同時に、いかに官僚たちの情報の壁が厚いかを痛感するものである。なお、特別会計と特殊法人問題については拙著『日本のブラックホール特殊法人を潰せ』（新潮社）を参照して下されば嬉《うれ》しく思う。

　なお、年金福祉事業団は二〇〇一年四月一日に年金資金を自主運用する機関としての年金資金運用基金に生まれかわった。

第14章　環境汚染行政はこれでいいのか

いつの間にか日本は「ダイオキシン実験国」と言われるようになってしまった。それほど環境汚染が進み、私たちのごく身近に環境悪化によるとしか考えられない健康被害が続発するようになった。

東京の杉並区長、山田宏氏は一九九九年五月、区長に就任すると同時に「杉並病」の解決に取り組む決意を表明した。ところが、新区長を待ち受けていたのは予期せぬ反応だった。山田区長が語る。

「杉並病という言葉は困りますと、役所側から注意されたのです。この言葉が広がるにつれて該当地域の不動産が売れにくくなるという状況もあり、行政はあそこには問題は存在しない、どんな調査でも健康被害と不燃物処理の中継所を結びつける科学的な因果関係は証明されていないという立場を貫いて、被害には補償金で政治決着すればよいという意見が役所の中にあるのです。私はこれにには大反対です。杉並病に真正面から取り組んでいくつもりです」

区長が本腰を入れると言い、職員の一部が、その言葉さえも使ってくれるなという杉並病は、私たち日本人の直面する環境問題を象徴的に切り出してみせる。加害者も被害者も同じ物流の輪の中にいて、全員が知らぬ間に崖《がけ》っぷちに立たされているのだ。

環境問題は形を変えたイデオロギー闘争とさえいわれるほど、様々な思惑で利用されてきた。市民団体と行政側のどちらが言うのが真実か、冷静な判断が必要だ。行政の情報公開の不備が、環境問題を余計、霧の中に閉ざしており、杉並病も例外ではない。

杉並病と呼ばれる一連の症状が発生したのは、九六年四月に東京都の不燃物中間処理施設「杉並中継所」が稼働《かどう》し始めた時だ。同中継所は良質な住宅が並ぶ杉並区井草につくられた。面積一ヘクタール、半地下構造で、施設の屋上には六十センチの盛土がされている。不燃物は収集トラックで地下一階の貯留槽に運びこまれ、地下二階の圧縮設備で約九分の一に圧縮される。一日の処理量は百八十トン、圧縮された不燃物はコンテナに積みかえられ搬出されて、最終的には東京湾の中央埋立地に埋められる。

施設の周囲には樹木や花が植えられ、人々はここを井草森《いぐさもり》公園と呼ぶ。一見、心地よい緑にあふれたオアシスのような空間である。

ところが、九六年四月に同中継所が稼働し始めて間もなく、異常が生じたのだ。全くなんの異常も感じない人がいる一方で、さまざまな健康被害を訴える人が続出した。

「杉並病をなくす会・市民オンブズマン杉並」(SOS)の調査によれば、異常を訴えた人は中継所稼働以降、延べ人数で一年目で百人、二年目で二百人、三年目で三百二人に達した。どんな症状が出るのか。「SOS」常任委員の伊田美代子さんに聞いてみた。

「最初の症状は呼吸困難でした。九六年七月です。その後、相次いで娘に、鼻水が止まらない、目の充血、異常な目やに、さらに視野狭窄《きょうさく》の症状が出ました。当初原因は不明でしたが、その内に空気のせいではないかと思うようになりました。家から離れると体調が少し良くなるからです」

呼吸困難で眠れず、体調異常に悩み続けた伊田さん一家はとうとう、自宅を売却して転居した。

「九七年十二月でした。七十二坪です。坪単価を二十万円以上下げてようやく売りました。四十年間住み慣れた家を、生命に関わるという切迫した気持で離れたのです」

一方で、今も中継所付近に住む斎藤恵子さんも訴えた。

「私は中継所の試運転の頃からあの周辺を散歩していたのです。或《あ》る日、いつものように歩いていると空気が肺に突き刺さるようで呼吸が苦しくなりました。お友達十数人と(九六年)六月十九日に事情を聞こうと中継所に出かけました。行政側は〝いつでも自由にどうぞ〟と言っていましたので、約束もとりつけずに行ったのです。すると友好的な対応が一転して、私たちの質問は言いがかりだと言わんばかりでした」

その内に彼女の手の指は節くれだったように腫《は》れあがり、関節も痛んだ。鼻水が止まらず、視野が狭まり、眼球を動かすことが出来なくなり、物を見る時は顔ごと向けなくてはならなくなった。

「一番恐ろしかったのはカレーを食べていた時。スプーンを口に運ぼうとしたら、手が全く違う方向に動きスプーンが左頬の横に来てしまったのです。そしてよく転ぶようになりました」

斎藤さんの異常症状は今も続いている。

「現在は乳腺《にゅうせん》が桃くらいの大きさに腫れ、六十代ですのに胸も成長期のように大きくなり痛みがあります。こんな風ですから、一時は自殺を考えたこともありました」

赤ちゃんの死亡率が急増

埼玉県所沢で発現している健康被害は、子どもたちの命を奪うところまでいっている。物理探査のエンジニア、棚橋道郎氏が行った調査は驚くべき結果を示した。

産業廃棄物処理場が八十基ほども林立する通称「くぬぎ山」は、川越、所沢、狭山《さやま》の三市と三芳《みよし》町にまたがる雑木林の生い茂った美しい所だ。外見の美しさと対照的にこの地域が〝産廃銀座〟と呼ばれ、尋常でないダイオキシン汚染に見舞われていることは、すでに広く報じられてきた。

この地に生まれた棚橋氏は、職業上必要とされる緻密《ちみつ》さを活用して、埼玉県下の各地の産廃の焼却量と新生児の死亡率を調べた。時期は三つに区切った。第一期は七〇年から八四年の産業廃棄物がほとんど焼却されていない時期、第二期は八五年から九〇年の焼却が徐々にふえた時期、第三期は九一年から九六年まで、焼却量が激しく増加した時期である。

棚橋氏が語った。

「生後四週間未満の赤ちゃんの死亡率を調べました。理由はたとえば発ガン率の問題であれば、男か女か、喫煙や食生活の個人差があって、データとしては不適切だと考えたからです。新生児ならそうしたことは関係ありませんから着目したのです。結果は息を飲むほどでした。焼却炉の立地している所、風下にあり焼却灰が降り易《やす》い所の新生児の死亡率が、焼却量の増加に従って正比例する形で高くなっていました。あまりにも相関関係がきれいに生じすぎて、私は鳥肌の立つ思いでした。怖くなってコンピュータのインプットを間違えていないか、全データのインプットをやり直した程です」

氏の調査では、第一期は所沢市周辺の十一市町の新生児死亡率は、県全体の平均値よりも低い数字を示している。

だが、焼却が「徐々に」そして「激しく」増加し始めた第二期以降は逆転した。

「第二期では焼却施設の多い三芳町と所沢市が各々《おのおの》、一位と三位になり、第三期では大井町、所沢市、三芳町が上位三位を占めたのです」

棚橋氏は八九年から九四年までの五年間の、出生後一週間未満の早期新生児死亡率も調査した。それによれば、産業廃棄物焼却場を抱えた三芳町、家庭用簡易焼却炉を二十年前から奨励していた杉戸町などは、千人当たりの死亡者数が県全体の平均値である一・七七人をはるかに超えて、各々三・五五人と三・四九人だった。約二倍ということだ。

「まさにダイオキシンが赤ちゃんを殺しているのです。しかし、これ程の統計が出てきてしまっても、行政側はダイオキシンと赤ちゃんの死亡率の因果関係を認めることはありません。科学的に立証するには、赤ちゃんの死因の分析をはじめ膨大な作業が必要です。それを行っても因果関係を厳密に特定するのは難しいと考えます。しかし、状況的にみれば、両者間に相関関係があると見るのが妥当です」

棚橋氏はこう語った。

日本はダイオキシン実験国!

杉並病の被害も杉並中継所から排出される化学物質が原因だと「杉並病をなくす会」

の津谷裕子氏は断言した。津谷氏は工学博士の学位を持つ。彼女も杉並病の被害でやむなく転居した。

「杉並中継所からは多くの化学物質が排出されています。製造も輸入も禁止されている物質が含まれており、処理する際に化学反応がおきているとしか考えられません。例えば日量二トンの排水からシアンが検出されました。一リットル当たり〇・二ミリグラム、水田に流す水であれば即日停止処分を受ける濃度です。シアンは体内で細胞が血液中の酸素を取り込む能力を破壊し、呼吸困難をひきおこしかねません」

東京都清掃局が真っ向から反論した。作業部作業課の増田武係長が語った。

「杉並病といっても症状が多岐にわたり、総体としてはよく分かりません。様々な症状が化学物質過敏症や環境ホルモンによるものだと疑う気持は理解できます。しかし、科学的根拠はなにもないのです。排水中のシアンは、環境庁の基準では一リットル当たり一ミリグラムです。杉並中継所の排水はこれをクリアしています」

環境庁の定める環境基準では、川や湖や海の水に関してはシアンは検出されないことを基準としつつも、下限値を一リットル当たり〇・一ミリグラムに設定している。一方排水基準はその十倍で一リットル当たり一ミリグラムである。排水は川や海に入って薄められるという前提での数値である。

杉並中継所からの日量二トンの排水は、たしかに基準を満たしてはいる。その一方でなぜシアンのような物質が出てくるのかについての説明はつかない。

高千穂商科大学教授の勝木渥《かつきあつし》氏が憤《いきどお》る。

「都側の説明は不誠実です。杉並中継所に取り込まれる原水と放出される排水を調査すると、排水からのみシアンが検出されます。作業のプロセスで予期せぬ化学反応が起こってシアンが生成されている。にもかかわらず、都は基準値の範囲内と言うのみで、なぜそうなったかについては目をつぶり続けています」

増田係長は、杉並中継所で処理しているのは基本的に家庭から出る不燃ゴミであり、産業廃棄物はわずかな量にすぎない。圧縮するだけで燃焼はさせないために、化学反応がおきて有害物質が放出されることは考えにくいと主張する。対して津谷氏が述べた。

「中継所が稼働し始めた九六年の調査では、実に二百種類もの化学物質が中継所付近の大気から検出されました。都はそれらをまとめて毒になる物質はありませんと言うだけです」

増田係長もこれは認めざるを得なかった。

「九七年一月の私どもの調査でも、確かにかなりの種類の化学物質が検出されました」

「二百種類は本当か」と問うと「大体そのぐらいです」と認め、次のようにも述べた。

「その時、中継所近くとそこから離れた地点の大気も調査しました。個々のケミカル物質の濃度は異なっていても、全体で測定すると化学物質の総量は同じでした。東京全体の大気が汚れているのであって、中継所付近だけではないのです」

双方の意見を客観的に聞いてみても、都側の説明はいかにも苦しい。

勝木教授は都の「大気中のダイオキシン類の調査結果」にも疑問ありと指摘した。

都の環境保全局は九八年八月二十日に調査を行っており、中継所近くの三地点での濃度は各々一立方メートル当たり、〇・九四、一・一、〇・九六ピコグラムだったのに対し、比較対照地点では〇・四八ピコグラムだった。だが都は、「東京の大気中のダイオキシン類の濃度は〇・〇四五〜一・二ピコグラムの範囲で検出されており、（杉並中継所付近も）この範囲内」と発表したのみだった。

どう読んでもこの発表はなんの意味もない。東京全体が汚染されているのだから、杉並の汚染も当然だと言っているようにもきこえる。

「なによりもまず、環境庁のダイオキシンに関する大気環境指針では基準値は〇・六ピコグラムで、杉並の値はこれを超えているということを、都ははっきり言うべきです」

と、勝木教授。

ダイオキシンの空中濃度はどの調査でも暑い八月が最も低い。その最も低い八月の値でさえ基準値を超えている。では、より高い数値が出る冬場はどうか。実は都は九八年十一月と十二月の冬の調査では、ダイオキシン濃度は測定しなかった。都は許容範囲を超えたもっと悪い数値が出るのを恐れて、故意にダイオキシンをはずしたのではないかと、勝木教授は推測する。

他方、増田係長は、調査の目的が異なるから測定しなかったのであり、杉並中継所ではゴミを燃やすわけではないためにダイオキシンは発生しないと説明した。だが、先の調査では、中継所周辺の三地点での大気中のダイオキシン濃度は比較対照地点のそれの二倍強であり、環境庁の基準をも超えていた。

事のついでにいえば、環境庁大気保全局の資料では、九七年の世界の都市の大気中のダイオキシン類濃度は、日本の杉並の十分の一から百分の一の数値である。九九年六月に設定された食物を通しての一日当たりのダイオキシン摂取量（TDI＝一生摂取し続けても健康に悪影響の出ないとされる一日の量）は、日本は体重一キロ当たり四ピコグラムとされたが、イタリア、ドイツ、オランダは全《すべ》て一ピコグラム、アメリカは〇・〇一ピコグラムで、日本の四分の一から四百分の一の値である。

基準だけみても、日本がダイオキシンに関してどれだけ甘いかがわかる。〝ダイオキシン実験国〟と呼ばれるゆえんである。しかも、現実はその甘い基準さえ満たしてはいないのだ。

大気や水や食物をとおして、私たちは予想以上の化学物質に晒《さら》され、多くを摂取している。私たちの体は化学物質で膨れあがっていると言っても過言ではあるまい。杉並病問題はこのような枠組みの中で考えることが大切だ。北里研究所病院臨床環境医学センター部長の宮田幹夫氏が指摘した。

「私の化学物質過敏症の患者さんは、中継所が出来てから急に検査データが悪化し、自覚症状も激しくなりました。状況証拠的には杉並中継所が大きな原因だと思いますが、証拠がつかめません。大気汚染の問題がベースにあって、だめ押しをしたのが、中継所ではないかと思っています」

宮田氏が化学物質過敏症の特徴を説明した。

「化学物質に長期にわたって慢性的に曝露《ばくろ》したり一度に大量に曝露して一度過敏症になると、後は非常に微量でも反応が出てしまいます。ただ、個人差が大きく、反応しない人は全く反応しません。また過敏症は女性に出易《でやす》く、患者の七割以上が女性のため、偏見も加わって、神経症だと言われたりするケースがあるのです。杉並の患者さんたちの中には、あの地域の空気に晒された衣服を着ることができなくなった人もいます。また、子どもさんが抗菌ボールペンを買ってきた時、それを見ていないうちから〝変な臭《にお》いがする〟といって化学物質で加工されたものが近くにきたことを当てた人もいます。そこまで過敏になっているのです」

杉並や所沢に居住していようがいまいが、現代日本人の多くが同じような崖《がけ》っぷちに立っているのは間違いない。ちょっと身辺を見渡せば、私たちがどれ程の廃棄物や化学物質に囲まれて暮しているかが見えてくる。これらのゴミの背後には、私たちの目につきにくいさらに膨大な量の廃棄物が存在する。結果として、今、日本には全世界のゴミ焼却炉の実に七五％が集中している。それでせっせと燃やし、燃やしきれずに埋めたてている。埋めたてきれずに不法投棄している。まさにゴミ大国なのだ。

行政資料の「嘘《うそ》」

行政当事者たちはこうした事態に対応しきれないだけではなく、現実に対して目をつぶってきた。ダイオキシン問題が具体例のひとつだ。

行政がいかにダイオキシン問題から逃げ続けてきたか、同問題の歴史をみれば一目瞭然《りょうぜん》である。ダイオキシン問題は十六年も前の八三年、愛媛大学農学部教授だった立川涼氏がとりあげた。立川教授は七市九焼却場を調査し、その全てから、ダイオキシンを検出したのだ。

厚生省（現・厚生労働省）は早速専門家会議を発足させ、八四年五月には報告書をまとめさせた。報告書は「現段階では健康への影響は見出《みいだ》せない」とことわりつつも、「ダイオキシンは極めて強い毒性」をもち「廃棄物以外の分野にも広がっている」「わが国の取り組みは欧米諸国に較《くら》べて立ち遅れている」と指摘した。にもかかわらず、結果としてダイオキシン問題は、その後、今日まで約十五年間、放置され続けた。当時、すぐに対策をたてて実行していれば、現在のように日本が国際社会の中で〝ダイオキシン実験国〟と呼ばれるようなこともなかったはずだ。

元通産省工業技術院主任研究員の上田壽《ひさし》氏が語った。

「一九八四年に厚生省は、健康に影響が見出せない、要するに大したことはないと結論づけました。問題は、ダイオキシンの発生量を検出する分析法も、健康被害を測る毒性評価法も、当時は確立されていなかった。調査する方法もなく判断できなかったのです。それなのに、問題なしとしてしまった。問題はひたすら先送りする。これがお役所仕事なのです。問題を先送りし、業界や政治から睨《にら》まれることをせず、じっと二〜三年すごせば定期異動で別の部署に行けます。そうすれば責任もなくなり、やがて出世していくのです」

環境問題についての日本の調査方法は、現在でも国際的な信頼に応《こた》え得ないものが多いと言われている。

例えば検査結果がＮＤ（検出されず）となった実測値は、日本は特殊な場合を除いてゼロとして毒性換算しているが、先進諸国では定量下限値（検出限界値）の二分の一ないし一を当てはめて換算する。それは化学物質はどんなに微量でも人体や自然に測りしれない悪影響を与え得ることを認識し、最悪に備えるための対策をたてる必要性を認めているからだ。

環境行政の目的が人間の健康や自然を守ることにあり、行政の正当化や現実の追認ではないということを自覚しているからだ。

しかし日本ではどうしても現状追認と行政の政策擁護に傾いてしまう。

このような行政のあり方を神山美智子弁護士は「更新の度にデータが失われるパソコンみたい」だと語った。

食品中の残留農薬問題などを手がけ長年厚生省と交渉してきた経験から、人事異動がある度にそれ以前の警告が忘れられ行政当事者として打ち出した対策を「忘れてしまう」というのだ。

こうして役人は元役人の上田氏の指摘するように、定期異動のサイクルの中で誰も責任をとらず、政治家は形ばかりの緊急対策本部をつくったりする。「九七年十二月につくられた地球温暖化対策推進本部は二回しか会合を開かなかったのです」と神山弁護士は憤る。

このような姿勢がどれ程傷を深くするか直近の例でみれば、香川県豊島《てしま》のケースが、怖《おそろ》しさを見せてくれる。

人口千六百人の美しい小島に、一人の男が計六十万トンの産業廃棄物を持ち込み、十万トンを野焼きし、五十万トンを不法投棄した。住民被害の訴えを香川県は無視し続けた。無害のはずだった産廃処理施設建設の許可が降りて二十二年がすぎた今、豊島の処理には、中間処理だけで少くとも十年の歳月と二百億円見当のコストがかかると見られている。最終処理までにはさらに長い年月とコストが必要だ。

無論、豊島と杉並中継所を同列に論ずることはできない。しかし、少くとも、行政による問題軽視や見て見ぬ振りが、両者間の共通要素であるとは言えるだろう。

「環境被害に関して、被害者側が原因を突きとめて科学的に証明するのは不可能に近いのです。現在の環境汚染が数多くの物質によるものであっても、個々の物質のレベルは往々にして低濃度にとどまっているのがひとつ。もうひとつの理由は検査の費用が個人では負担しきれない程高いからです」

神山弁護士は述べた。

二百種類もの化学物質が周辺の大気から検出された杉並の場合も基本的に事情は同じである。では、被害を受けている側に打つ手はあるのか。

「杉並病の方々が申請している公害調停が唯一《ゆいいつ》の方法ではないでしょうか」

と神山弁護士は指摘する。

総理府（現・総務省）に「公害等調整委員会」があり、国民は同委員会に調停を申請することができる。委員会が必要と認めれば国の費用で現地調査をしてもらうことも可能だ。前述の豊島の産廃不法投棄の場合、現地調査費用として異例の二億三千六百万円が国の予備費から支出された。その結果、それまで香川県や産廃業者が申し立てていたよりもはるかに凄《すさま》じい汚染が広がっていることが明らかになった。委員会には決まった予算はないが、必要と認められた時には、同委員会の調査が徹底的に行われることを具体的に示した例だ。

先述したように、日本では形を変えたイデオロギー闘争と化している環境問題に対しては、偏見を持っている人が決して少なくない。しかし、そのことが行政側を利する方向に作用してきたことは忘れてはならない。行政が早め早めに手を打たなければ、被害は予想をこえて広がっていく。その点、山田杉並区長の指摘は非常に興味深い。

「行政側にとって不利な情報も含めて公開して、共通の問題認識をつくりたい。杉並病問題についていえば、これまでの都側の情報を全面的に信ずることは難しいということです」

山田区長は都の資料に〝嘘〟があるのですと、思いがけないことを指摘して、言葉をついだ。

「これは九八年八月二十日の中継所付近の大気汚染調査です」

区長が示したのは、すでに触れたが、中継所付近の三地点で大気中の化学物質の量を測定したあの調査だ。

「この報告では、調査時には主に北からの風が吹いていたとなっているのです。夏に北風というのはおかしいと思い、気象庁にも杉並区立科学教育センターにも問い合わせたところ、いずれもその日は南南西の風でした。なぜこんな出鱈目《でたらめ》の記述になっているのか。もうひとつ、ダイオキシン定量分析結果は、三つの調査地点の全てが環境庁の基準をオーバーしているにもかかわらず、都の報告書はその点を明記していないのですが、それはおかしいと述べた勝木杉並区環境審議会会長の意見を都側が無視してこの報告書を作成していたこともわかっています」

杉並区は、都の調査とは別に、独自の調査を行い始めた。被害を訴えている患者の健康調査を血液検査も含めて徹底して行うつもりだと山田区長は述べる。

北里研究所の宮田部長は、これまで診察した患者は「氷山の一角」であり、杉並病はたまたま出現しただけであると強調した。

「同様の地域は他にもあると思わざるを得ません。他人事《ひとごと》と考えるのは非常に危険です」

化学物質過敏症患者の数は、都下が最も多い。その原因は大気汚染であると、宮田氏は断言した。化学物質中毒に近い状況下に置かれ、あとほんの少しの化学的刺激でもっと顕著な異常を示しかねないのが、東京だというのだ。

まさにゴミ列島日本の異常を凝縮する状況が見えてくる。ここまできてしまったいま、行政に必要なのは、発想の大転換である。まず〝基準値〟や〝許容量〟は、さしあたってそれを上回ってはならないという合意が作られているにすぎないだけのもので、その範囲内にとどまっているとしてもなんの保証にもならないと認識すべきだ。

なんらかの被害が出た場合には、それはすでに〝許容〟してはならないのであって、〝基準値〟は下げられて然《しか》るべきだということだ。

環境行政の基本をここに置かない限り、日本の環境が国際社会の中で突出して悪く、〝実験国〟として見られる状態はこれからも続いていく。杉並病をはじめ、いろいろな環境による被害を〝気のせいだ〟とか〝ヒステリー〟として片付けることは許されない。

環境問題を嘘で塗り固めてよしとする行政サイドの感覚こそが、いま問われていると言える。

追記

杉並区は杉並中継所の廃止を目標に、不燃ゴミ、特にプラスチック類を大幅に減らしていくための総合的なリサイクル事業を検討し始めた。家庭から出される不燃ゴミの八〇〜九〇%、事業系同ゴミの六〇%の徹底分別などを確立することによって、中継所の廃止を実現させたいということだ。

再追記

二〇〇二年四月十二日現在、杉並中継所は稼働中である。同中継所で圧縮する不燃ゴミは、杉並区だけでなく、練馬区、中野区のものも含み、施設は東京都に属するために、杉並区のみの思いでは事態は変わりにくいと担当者は述べる。一方、山田区長は不燃ゴミの量の減少を目指して、二〇〇二年三月十八日にレジ袋を有料にする条例を可決させた。一年ほどは一人一人が〝マイ・バッグ〟を持って買物に行く運動をすすめ、様子を見つつ、施行したいとしている。

山田区長のもうひとつの思いは、二〇〇二年度中に劇的にゴミを減らす減量計画を作成することだ。それによって出来るだけ早期に杉並中継所を閉鎖する予定だ。担当者よりもはるかに強い中継所閉鎖への区長の思いが伝わってくる。

第15章
ゴミ大国の汚名は返上できるか

環境先進国のドイツではリサイクルが進み、焼却炉に入れるゴミが不足している。対する日本では、年間四億トンの産業廃棄物と五千万トンの一般廃棄物を抱え、削減の見通しはたっていない。

焼却炉はドイツは五十基、日本は公《おおやけ》の焼却施設及び行政とのタイアップによる民間焼却施設が五千九百余り。万単位で設置されている個人所有の簡易焼却炉は、正確な数さえ把握されていない。

全世界の焼却炉の七五％が林立するにもかかわらず、日本は燃やしきれずに、埋め立てに走る。埋め立て地は、一般廃棄物が八年、産業廃棄物の最終処分場は三年で満杯になる。特に首都圏の産廃用埋め立て地は一年で満杯だ。

両国の描くコントラストは余りにも鮮やかだ。ドイツは世界に先駆けて環境に配慮した資源循環型の経済を築き、日本は一部の企業が努力しているとはいえ、全体としては野放図な使い捨ての放物線型の経済構造の中にいる。

経済企画庁(現・内閣府)の一九九九年三月の報告書によると、日本が生産活動に投入した資源や製品は、九六年度実績で二二・四億トン、再生利用されたのは二・三億トンにとどまる。生産資源の再利用率はわずか一〇%だ。現状のまま推移すれば、日本の経済成長は二〇一〇年以降ストップし、GDPはマイナス〇・六%に落ちると、同報告書は予測した。環境に配慮しなければ日本経済は行き詰まると警告しているのだ。

こんな日本の姿は、外国の事情に詳しい人たちの目にどう映っているだろうか。

ドイツ大使館の科学技術環境政策副部長のイネス・ミッヒェル氏は語った。氏は博士号を持つ二等書記官だ。

「驚いたのは、アイロンの手のグリップがとれて修理に持っていったところ、捨てて新しいのを買うように勧められたことです。まだ使えるのですから、把手《とって》だけ修理すればゴミにならなくて済みます。ドイツではそういうことを、全《すべ》て実施しているのです」

キヤノン元社長の山路敬三氏も日独の相違を指摘した。

「独キヤノンはEUの厳しい環境規格EMASに沿って環境対策に取り組んでいます。ISO(国際標準化機構)や、英国の標準規格BSよりも厳しい内容です。企業に求められている責任の程度が異なるため、企業活動の内容は、同じキヤノンでも日独では随分と違います。例えば、ドイツでは包装梱包《こんぽう》材の再利用は全て生産者と販売者の責任です。

従って企業は再利用可能な梱包材をつくりますが、規制のない日本では、わざわざコストをかけてそのようなことはしないのです」

商社マンの妻で十一年間をヨーロッパで暮し、最近帰国した坂梨《さかなし》和子さんは、日常生活の中のゴミの氾濫《はんらん》に驚く。

「スーパーで買った食料品を冷蔵庫に収納したあとに残る大量の包装材には、未《いま》だに慣れることができません。ヨーロッパでは不要の包装もトレーもありませんし、買物袋を持参するのは常識です」

新品よりも修理という考え方やスーパーでの包装材の多さが、日本人の問題意識から抜け落ちているかといえば決してそうではない。にもかかわらず、外から見ると明らかに異常なことが日本の社会構造では常態である。

首都圏に住む人々は、例えば横浜新道を下ってみるとよい。東戸塚の手前左手に、突然ゴミの山が見えてくる。圧縮された不燃物と思えるものが遠目にもくっきりと小山をなしている。または休日に美しい自然の中をドライブしてみるとよい。突然、廃車や古タイヤの山にぶつかるのはもはや珍しくもない。

表玄関はピカピカでも、裏にまわれば、先進国にも発展途上国にも見られない累々《るいるい》たるゴミの山が日本にはある。

日独両国は第二次大戦で敗れて以降、共に経済大国となった。両国ともに官僚は優秀で国民の教育水準は極めて高い。にもかかわらず、今、両国は環境後進国と先進国に分かれてしまった。なぜか。

ドイツで実現しつつある経済と環境の両立

ドイツ大使館のミッヒェル氏が語った。

「ドイツではゴミ問題について七〇年代から議論が高まりました。七二年に廃棄物法、九一年に包装材条例、九六年に循環経済法ができました。九四年には憲法を改正し環境条項を入れました。環境税を含む種々の税制改革も行いました。憲法、法律、条例、税制など全ての面から循環型経済への一大転換が定められたのです」

新法や新条例の特徴は、生産から製品の消費後に至るまで、全段階で生産者に責任を持たせたことだ。性能から製造まで、寿命が長く、修理も分解も容易なように造られているか、素材は再利用に適しているか、チェックされる。

「これらの点が守られない場合には、多少の幅はありますが、最高で十万マルク（約六百二十万円）の罰金が科せられます。税制も否応《いやおう》なく環境意識を深めさせます。九九年四月には、電力税を導入しました。ガソリン、灯油、軽油は税金を上げました。一方、天然ガス使用車やエネルギー効率のよい発電所はエコロジー税を免除します。税をとるだけではドイツ経済が停滞しますから、エネルギー関連の税収を企業年金の企業負担分を軽減する方向に使い、企業にとっても魅力的な国づくりを心がけています。エネルギー価格を引き上げて省エネを進め、その資金で技術開発を行うこともしています」

国家としての全ての仕組みを使って、ドイツの産業構造を省エネ省資源、資源循環へと強力に誘導しているのだ。ドイツ国家の鉄の意思を感じさせられるくだりだ。

このような全体の枠組みの中で、個々の産業に対しても必要な法整備が行われる。典型が自動車業界に対する廃車条例だ。九八年四月施行の同条例は、ユーザーとメーカー双方に廃車の再生利用を義務づけた。廃車にする時、ユーザーは認定された解体又は引き取り業者に車を渡し、リサイクル証明を貰《もら》わなければならず、メーカーは引き取りにお金のかかる場合、それを負担する。車の原材料毎《ごと》に再利用率が定められている。

だが、企業側は法律が出来る以前に手を打ってきた。ダイムラーベンツは四半世紀前に環境担当役員を置き、全開発が同役員の承認なしには実現できない仕組みを作った。BMWは、法規制前の九〇年に自社製の車の廃車には責任を持つと内外に宣言、翌九一年には廃車解体研究施設をつくり、九二年から世界ではじめて廃車の引き取りを始めた。

緑の党の活躍をみて政治を先取りしたと、BMWの広報担当、清水良子氏は言い、ダイムラークライスラー広報担当、持田伊佐人《いさと》氏は、廃車条例ができる前から廃棄物のプロを育ててきたと胸を張り、

「きちんと解体して再利用にまわす特殊技術をもったプロを育てることでエコロジーとエコノミーが両立します」

と述べた。

ＢＭＷの読みどおり、緑の党はその後も力をつけ、今では政権の一翼を担《にな》っている。環境志向が国民に強く支持されている証左だ。エコロジーとエコノミーが合体して相乗効果をあげるのも、政治力となりうるのも、社会に高い環境意識があるからだ。

ドイツ車事情をもう少しみてみよう。

ベンツの廃車は徹底解体され使える部品は全て中古市場に卸される。新品の一五％から五〇％の値段の部品への需要は強く、東欧、アメリカ、香港《ホンコン》などから引く手数多《あまた》である。

一方、廃車以前の日常の車の維持でも、ベンツは再利用の仕組みをつくってきた。

「千四百余のディーラーと提携しオイルやブレーキパッド交換の際、指定業者のレンツに回収させ、一か所に集めて処理します。汚れたオイルは濾過《ろか》し浄化してディーラーに戻しユーザーに売ります。価格は半額、性能は同じ。どちらを使うかはユーザーが選択します」

中古部品のビジネスは利益率が高い。それもまた高い環境意識あってのことだ。

ドイツ自動車工業会は、年間二百万台の廃車のリサイクル率を九九年の七五％から二〇〇二年には八五％、二〇一五年には九五％に引き上げると決めたが、ＢＭＷは車種によっては目標値を達成済みだ。ＢＭＷ３シリーズは資源再利用率が八〇％、７及び５シリーズは八五％以上だという。

　ＢＭＷの回収率八五％は刮目《かつもく》ものである。しかし、それ位なら日本のトヨタもすでに達成済みだ。トヨタは九六年に八五％をクリアし、二〇〇〇年以降の車は回収率九〇％を目指している。すばらしい実績であり、最先端を行くメーカーを見れば、日本も決して引けをとらない。

　だが、業界全体となると様相は一変する。日本自動車研究所環境研究室長の沼尻到《ぬまじりいたる》氏は、日本の現行システムでは国内を走る車の台数も、廃車台数も把握することさえ出来ないと指摘した。

　年間約五百万台と推測するしかない日本の廃車の行く先は、野積みや、シュレッダーダスト（車を粉砕し鉄を取り除いたもの）の不法投棄であったりする。対してドイツでは、二百万台の廃車全体の回収率が、現在七五％、それを三年後には八五％にしようというのだ。この差は極めて大きい。

　九一年の梱包・包装材条例は、日常生活に入り込んで梱包材や容器の再利用を義務づけた。

　例えば店員が冷蔵庫を売った場合、売り手は段ボールや発泡スチロールをメーカーに戻さなければならないというものだ。違反した場合は最高七万五千マルク（約四百六十五万円）の厳しい罰金が科せられる。

企業や販売店がひとつひとつ回収するのは無理なため、約六百の協同組合が非営利の企業、DSD社を創《つく》った。DSD社は「グリーンポイント」を発行し、個々の企業はDSDと契約、グリーンポイント使用の権利を購入する。グリーンポイントマークのついた製品の包装材はDSD社が回収して処分する仕組みだ。法律では飲料、洗剤、乳液など液体の入った容器のほぼ全ての返却が義務づけられており、国民は家庭で、ガラス、紙、プラスチック、その他の、少くとも四種類の分別を厳しく行う。DSDはそれらも回収する。DSDは、ドイツ国民の出すゴミの九六%を回収しているとの驚異的な統計もある程、DSDとグリーンポイントはドイツの国民生活の一部となっている。

だが、厳しい法規制や罰金を国民やメーカーが必ずしも喜んで受け容《い》れているわけではない。特に企業側には、何でも法規制する政府の手法に少なからざる不満がある。

「廃車条例でメーカー負担で一律に引き取ることには、反対です。無価値で引き取られればユーザーは車を粗末にします。使える部品も使えなくなります。解体業者がいて中古品市場を維持しつつ廃車を扱うのが一番よいのです」

とBMWの清水氏は指摘する。彼らは法律が出来る前から、環境問題に目ざめた生きた市場を創りあげることによって法の先を走ってきた。企業が法と競い合いながら環境対策と経済性を融合させ、消費者の環境意識をも優れて高度化させてきた。

そして今、ドイツ国民の環境意識は余りにもセンシティブになったと言われている。有害化学物質を発生させないためにより高温でゴミを焼却して、回収率をさらに高めるための理想的な炉の建設さえ、住民が認めないのだそうだ。いかに理論的に優れていても新たな炉の建設は許されない所まで、ドイツは行ってしまったといえる。

縄張りにしがみつく厚生省

こうしてみるとドイツの全てが完璧《かんぺき》だとは思えないが、日本が学ぶべき点は多い。まず環境問題に取り組む基本的枠組を日本はつくることだ。

年間四億トンにのぼる産業廃棄物の場合、廃棄物処理法によってゼロ円未満の廃棄物は厚生省（現・厚生労働省）が所管し、ゼロ円以上は通産省（現・経済産業省）が所管するとされている。

だが、一体誰が値段を決めるのか。そこにどれだけの合理性があるのか。すでにガラスやペットボトルは一部再利用されてはいる。プラスチックの再利用の試みも進んではいる。だが、大半が、いまだに廃棄物とされ、廃棄物処理法の定めに従って、厚生省所管とされて埋め立てられている。それはなぜか。ドイツではガラスは半永久的に再生利用される。ペットボトルも立派に再生利用できる資源である。プラスチックも高温焼却で熱エネルギーに還元される。通産省の関係者が語った。

「廃棄物処理法がリサイクルを進める上で障害になっているのです。価値のある物を対象から外すよう再三申し入れているのですが、厚生省は前に進みません。厚生省はより多くを自分たちで処理したがります。通産省所管のリサイクルの処理の中には、最終処分に類する処理もあり、厚生省はそれも規制したがるのです。ダイオキシンは七百度以下で燃やすと発生しますが、通産省は千三百度で燃やしますからダイオキシンは出ない。それでも厚生省は頑として所管を外さないのです」

慶応義塾大学の細田衛士《えいじ》教授が厚生省について語った。

「廃棄物処理法は、もう現実に即したものと言えません。リサイクルの理念が含まれておらず、産廃や一般廃棄物を不法に投棄する人を対象にした規制的なものだからです。家電リサイクル法が二〇〇一年四月から施行されます。この法律も、厚生省が首を突っこんでこなければ、徐々に効果をあげると思います」

細田教授の手厳しい批判に続いて、約十年前まで通産省工業技術院に在籍していた研究者も証言した。

「私はダイオキシンの測定方法を確立する研究に携わっていたのですが、廃棄物処理に関して、通産省と厚生省の意見が対立しました。私のような技術屋だけでなく、両方の省の担当官僚はゴミを中途半端《はんぱ》に燃やせば必ずダイオキシンが発生することは理解していました。千度以上の高温で焼くか、別な再生利用を考えるべきだという通産省側の考えは、しかし、当時具体策となると心もとなかったのです。で、厚生省は〝ゴミを燃やせばダイオキシンが発生することは分かっている。けれど燃やさないでどうするのか。そんなこと不可能でしょう〟と主張しました。通産省には反論の決め手がなく、引き下がらざるを得なかったのです」

こうして長年プラスチック類は一般廃棄物として焼却され、ダイオキシンを発生させた。今は燃えないゴミとして破砕され、埋め立てられている。

両省の争いから見えてくるのは、政策の無責任さだ。

通産省の産業構造審議会の廃棄物・リサイクル部会が循環型経済システムの実現した社会についての報告書を出した。廃棄物の発生を抑制するリデュース（ゴミ減らし）、部品を再使用するリユース（再使用）、原材料や熱として再利用するリサイクル（再使用）の三つの考え方を打ち出した。これまで欠落していた廃棄物そのものを出さないという考えや中古部品の再使用などが、通産省の目標としてようやく掲げられた。廃棄物を出してしまってから巧《うま》く処理するというこれまでの仕組みからようやく一歩踏み出したかにみえる。が、そこに描かれているのはヴィジョンのみであり、ヴィジョン実現の具体策は特に明記されていない。

二〇〇一年から施行される家電リサイクル法は、一歩前進だが、対象品目はテレビ、洗濯機、冷蔵庫、エアコンの四つである。消費者が二千五百円から五千円を払って販売店や市町村に廃家電を引き渡し、メーカーに戻し、メーカーが再利用か廃棄処分にする仕組みだ。

四品目に限っても都内二十三区だけで年間三十〜四十万台が廃棄される。膨大な廃家電を再利用の輪に組み入れるのに必要なのは、法律とともに民間へインセンティブを与えることである。

山路氏が語った。

「欧州では環境問題に取り組むとインセンティブが与えられます。公《おおやけ》のプロジェクトの入札でも、環境にきちんと取り組んでいる企業に対しては少し高くても、そちらを採用してくれます。キヤノンも入札価格が少し高くても落札したケースがあります。ブルーエンジェルマークというのもあります。環境に関しての一定の大変厳しい条件を満たすと、このマークが許されて価格を上乗せできるのです」

優遇税制などを推進すれば企業は必ず反応する。エコロジーがエコノミーにつながることを、誰よりも認識しているのは企業なのだ。日本でも優れた企業ほど法を先取りし循環型を目指している。

欠如した国家戦略

例えば、「廃棄物ゼロ工場」、ゼロエミッションを掲げる企業群がその一例である。業界全体がその点で進んでいるのがビール業界だ。最大手のキリンビールは国内の全工場でゼロエミッションを達成し、埋め立てていた時に較《くら》べて年間五億円のコストを削減した。

ミサワホームのゼロエミッションはMIZE《ミゼ》プロジェクトと呼ばれる。四十～五十坪の一戸建住宅の建設から約四トンの廃棄物が出る。四〇％が梱包《こんぽう》材、四〇％が建築資材、残りが切り屑《くず》だ。

ミサワホーム環境推進部長の田代剛一郎氏が説明した。

「木材やプラスチックはリサイクルの輪ができていませんから、私たちは自分の出した〝ゴミ〟を自分で使うことを考えました。年間四億トンの産業廃棄物のうち、二〇％の八千万トンが建築廃材です。これを減らしていくことができます」

木屑を粉砕して樹脂を混ぜM―WOOD1と命名した床材や壁材を創り出した。強度は抜群で百年の使用に耐えるという。木屑の他の廃棄物もエクステリア用に再利用する。こちらはM―WOOD2と呼ぶ。木材、プラスチック、繊維など、材料の配合によって硬度も耐熱度も自在に作ることができる。このミサワ方式を活用すればダイオキシン対策も可能だという。

「M─WOOD2ではダイオキシンを出す塩化ビニールも再生できます。市町村で燃やせないなら再生して使えばいい。技術を持つ我々企業とゴミの捨て場のない自治体が協力し合えばよいのです」

すでに触れたトヨタは、九八年に世界ではじめてシュレッダーダストの活用を可能にするプラントを完成し、稼働《かどう》させている。

最先端をいく個々の企業は各々《おのおの》皆、評価すべき努力と実績をあげている。こうした個々の企業の力を業界全体に、或《あ》るいは日本国全体に結集していくための法や税の仕組みが欠けているのだ。

まさに日本が欧米に遅れているのはこのような社会の仕組みである。仕組みがないのはインセンティブがないことを意味する。環境産業にコスト吸収力がなく、環境企業が伸びることも出来ない。だからこそ、早急に環境への取り組みが利益につながっていくような仕組みを整備すべきなのだ。

ここまできて否応《いやおう》なく実感させられるのは、日本が自分の国をどのように運営していくのかという国家戦略を物の見事に欠いていることだ。戦略がないために行方が定まらず、短期的施策しか持ちえない。だからこそ最も得意としていたはずの経済でも失敗して、環境汚染大国となった。

対するドイツは、与党も野党も、国民も官僚も、民間企業もお役所も、常に国家を意識して行動の軸足に自らの利益の集合体としての国家利益を置いている。社会全体、国家全体のあるべき姿を、日本人も意識すべきだ。考えるべきだ。

冒頭で紹介した経企庁の未来予測は、日本の環境対策がこのまま推移すれば二〇一〇年以降経済成長はストップするとした。しかし同調査はまた、もし日本が構造改革で資源再利用をすすめ、技術開発を行い、廃棄物の分別を徹底させるとしたら、GDPは一・五％の安定成長を維持し、二〇二〇年には六百七十兆円を超えるとも試算している。世界のどの例をみても、例外なく、環境に取り組めば取り組むほど、効率も利益率も改善されている。日本には間違いなく日本の環境を世界のトップ水準に高め、世界のロールモデル国になり得るだけの技術力がある。より良い環境を創りあげていきたいとの心も、日本人にはある。

それらを形にしていくためにこそ、環境税を設置し、優遇税制を導入し、違反者に対しては厳しい罰則を設けるなど、国家の枠組みを環境志向に変えていくべきだ。その時はじめて、日本人一人一人の慎《つつま》しやかな幸福も実現していくことが出来るのだ。目標ははっきりしている。あとは実行するだけである。

追記

日本で処理しきれない廃棄物がついに、海外にまで不法投棄された。九九年十一月、フィリピンのマニラ港に日本の産業廃棄物の詰まったコンテナ百二十二個が放置されていることが発覚したのだ。送りつけた業者は行方をくらまし、このコンテナの受け取り人である日本人は、コンテナはこんな内容のはずではなかったと主張している。だが、この取引きには日本では処理できない産業廃棄物を海外に投棄しようという意図があったと疑わざるを得ない事実がいくつもある。

日本政府が費用を負担してこれらのコンテナを引き取った。輸送費六千万円と焼却処理と合わせ二億八千万円かかったという。この産廃ゴミと共に日本がアジアそして国際社会に撒《ま》き散らした不名誉は、考えるだに情けない。こんな国でなくなるためにも、私たちの手元にある秀《すぐ》れた技術を使って、二十一世紀をリードする環境大国になることが大切である。要は、決意して実行することである。

第16章 郵政省独占事業必要論の欺瞞《ぎまん》

郵政省（現・総務省）独占の郵便事業が赤字である。約二百六十億通にのぼる郵便物の巨大市場を独占しながら、なぜ業績が悪化し、赤字に転落するのか。実に実に摩訶《まか》不思議なことである。

そんな折りも折り、郵政大臣の八代《やしろ》英太氏は、郵便料金の値上げは行わないと言明した。大臣表明に先立って郵政審議会も、二〇〇五年までは郵便料金の値上げは行わないように答申した。

橋本内閣の行政改革では郵政三事業（郵便、郵便貯金、簡易保険）の民営化の道は閉ざされたが、二〇〇三年から郵政省は公社として生れかわる一方で、独占事業の郵便事業に民間が参入する道も確保された。

やがて直面せざるを得ないライバルの民間業者の存在、すでに普及しているファックスや電子メールによって、郵便事業を取り巻く環境はより厳しくなりつつある。このような状況では、容易に値上げできない現実がある。

郵政省の危機感を反映してか、このところ死に物狂いの生き残り作戦かと思えるような動きが、同省の下で進行中だ。郵政省独占の事業分野には民間企業は一歩も踏み入らせない、との決意が透視されるような動きである。

強烈な締めつけにたまりかねた宅配業者最大手のヤマト運輸が、公正取引委員会に提訴したのは、一九九九年十月十四日である。事の発端は春先に全国規模で配布された地域振興券である。

ヤマト運輸専務取締役の越島國行《こしじまくにゆき》氏が語った。

「私どもは二十四の自治体から振興券配送を依頼されました。具体的に契約書を取り交わした自治体も、条件を交渉していた所もありますが、全《すべ》て合わせると百七十万通にのぼります。ところが、郵政省が地域振興券は信書であるとして自治体に圧力をかけ、悉《ことごと》くひっくり返したのです」

具体例をみてみよう。秋田県鹿角《かづの》市は、当初地元の花輪郵便局に振興券の配送を依頼したが、同郵便局は受領書について対応しきれないと、事実上、市の要請を断った。

その時点で、鹿角市はヤマト運輸と日本通運に配送を委託した。ヤマト運輸は九九年二月二十二日付で市と契約を結んだ。受取人に配達し、受領印をもらい、受領書を市役所に送り返す手間まで入れて、一通三百十円の契約だった。

鹿角市はその間、県庁の市町村課に足を運び、地域振興券を民間業者に宅配させてよいか否《いな》かを確認した。「特に問題はない」という県の了解を得て契約に臨んだ。市民には市の広報誌『かづの』で二度にわたり、振興券は「各家庭に宅配」するとのお知らせを掲載した。宅配実施日は三月十日と決定され、ヤマト運輸は振興券用の特別の伝票も作成し、配達要員も揃《そろ》えていた。

ところが、配達の前日になって鹿角市からヤマトに断りの電話が入ったというのだ。配達前日のキャンセルという異常事態になったことについて、それまでの経緯を鹿角市商工課はこう説明した。

「ヤマトさんに事情を話してお詫《わ》びしました。文書でも謝罪と説明を送りました。事の発端は、まず振興券について対応しきれないと、事実上断った花輪郵便局から三月八日午前中に連絡が入ったのです。振興券は信書であり民間業者に依頼するのは問題だということでした。同日午後に東北郵政局から八島調査官らが来て、鹿角市が宅配便扱いとした場合は法的手段を取らざるを得ないと言いました。

私どもは、午前中に花輪郵便局から連絡を受けた時点で県の市町村課に再確認したのですが、やはり問題はないと言われました。ところが東北郵政局から調査官が来たためもう一度県に確認すると、その夕方の時点で、宅配便をやめて別の手段で交付してほしいと回答されました。別の手段と言われれば郵便しかありません。それでやむなくヤマト運輸さんを断り、花輪郵便局に配達を依頼しました」

鹿角市は結局、一通二百七十五円から四百五十円の幅で花輪郵便局に依頼した。その他の地方自治体に対しても、同じように「法的手段をとる」「補助金の対象にならない」などの圧力がかかり、ヤマト運輸への依頼は全て、白紙に戻された。

このような事態を受けたヤマト運輸は、地域振興券を「信書」と見做《みな》してその配達を郵政省の独占事業とするのは、理屈に合わず、独禁法に違反するとして公正取引委員会に訴えた。信書でないものを信書と呼び、その配達を民間業者に託そうとした二十四の自治体に対し、「法に違反して依頼すれば、依頼者も三年以下の懲役または百万円以下の罰金刑に処せられる」などと言ってその取引きを妨害するのは、納得し難いという主張である。

郵政省の欺瞞にみちた「作文」

では、信書とは一体何か。郵政省郵務局企画課課長補佐の田島幸宏氏、総務課課長補佐の丸岡新弥氏、経営計画課課長補佐の上原敏男氏が、こもごも語った。

「信書とは何かと言いますと」と課長補佐氏は述べ、一九五八年一月十六日の最高裁の判例が定義したとして、次のように長々と説明した。

「特定の人に対して自己の意思を表示し、或《ある》いは事実を通知する文書を総称するもので（中略）手書せられると印刷せられると（中略）を問わず、また封筒に入れ或いは封緘《ふうかん》を施すと否とを問わず（中略）特定人に対する意思表示」であるもの全てだという。

「地域振興券には、使用者は本人または代理人に限られると書かれています。これはまさに、市町村からの自己の意思あるいは事実の通知を表示した通信文であり、交付対象者の宛《あ》て名がつくわけですから信書にあたります」

さらに三補佐は、クレジットカードもダイレクトメール（DM）も信書になると次のように説明した。

「クレジットカードは個々の利用者名や有効期間、注意事項などが記載されています。DMも特定の人への自己の意思表示だから信書です」

このような郵政省の立場は最高裁判所の示した判例によって支えられている、と彼らは胸を張るのだ。

ところが、驚く事に五八年一月十六日最高裁判所の判例のどこを読んでも、郵政省が引用したくだりはないのである。

ヤマトは公取委への訴状の中で「これは郵政省の事実に反する作文で、いうなれば偽作である」「甚だ遺憾なことである」と訴えている。

民主党の松沢成文《しげふみ》衆議院議員が、郵政省の信書の定義の曖昧《あいまい》さを批判した。

「アメリカでは公社が郵便事業を行う一方で、民間の配達サービスも発達しています。重要書類を民間業者が運ぶのは日常茶飯事です。そこで民間の配達サービスと区分するために、信書を事細かに規定しています。私はファックスも信書だと考えます。人から人へ名指しで行くからです。なのにファックスはよくて郵便は駄目というなら、ファックスが信書でない理由を説明してほしい。信書の形態が多様化しているのに、封書や葉書を郵政省が独占すること自体、ナンセンスです」

前述のように郵政省の信書の定義は、ある人から特定の人への「意思の表示」または「事実の通知」であるという。つまり特定の人へのメッセージ、通信文である。

だが、クレジットカードやキャッシュカードを、誰が通信文と解釈するだろうか。郵政省は小切手や株券は、信書ではないと定義しているが、クレジットカードやキャッシュカード、そして地域振興券もこの中に分類されると考える方が合理的ではないのか。

越島専務が説明した。

「地域振興券は小切手や商品券と同じ有価証券であると、私達は考えています。商品券や株券の配達に関しては、民間の業者がすでに長い実績を持っており、郵政省は長年、何のクレームもつけていません。にもかかわらず、振興券についてこれほど遮二無二民間を阻止するのはなぜでしょうか。私どもには到底納得できません」

双方の主張を等分に聞くと、どうしても郵政省の主張に無理があると思えてならない。

世に溢《あふ》れるDMまで信書と定義するなどは、国際社会で笑われる理屈である。

地域振興券の配送をヤマトをはじめ民間業者に委託して郵政省からストップをかけられた自治体で、郵便局に頼らずに、独自に窓口交付を実施した自治体がある。発行額全国一位の百四十二億円、対象者七十万人を超えた横浜市である。八九年の臨時福祉特別給付金を書留郵便で配った際、未配や誤配で戻されたケースが多かったことが理由だとみられている。

結局、横浜市は窓口交付のために人材派遣会社から二千人を雇い、一億二千万円の予算を組まざるを得なかった。

郵政省の課長補佐氏が言う。

「横浜市に郵便ではダメだと思われていたとは知りませんでした。しかし一方で、郵便の方が正確でいいと言う人も多いのです」

郵便が不正確だと一概に決めつけるのではない。郵便局の職員の多くが真面目《まじめ》によく働いているのは事実であろう、だがここで問うているのは、なぜ、民間業者を悉く退けるのかということだ。なぜここまで地方自治体を追い込み、民間の仕事を奪うのかということだ。その謎《なぞ》解きの前に、郵政省が今回の振興券と同じく、民間業者を締め出すためになりふり構わぬ対策をとったクレジットカード問題をみてみよう。

民間業者閉め出しにむき出しの「闘志」

郵政省は九四年一月に郵便料金の大幅値上げを行った。クレジットカードの場合、基本の郵便料金が六十二円から八十円になり、簡易書留料金が二百五十円から三百五十円になった。結果として、値上げ以前は三百十二円で郵送できたのが、値上げ後は四百三十円になった。カード一枚につき約百二十円の値上げである。カードの発行枚数は当時で約二億枚、業界全体で二百四十億円のコスト増となる。

そこでカード業界はヤマト運輸に話を持ち込んだ。ヤマトは検討の結果、一枚を三百五十円で引き受けるべく話を進めた。以前よりも四十円高いが、郵政省よりは八十円安い料金である。話がまとまりかけた時、郵政省が駆けつけてきて、例の「信書」論争となった。信書か否かの論争ではヤマトは引かなかったが、交渉からは降りた。

理由は、ヤマト運輸に注文を取られそうだとみた郵政省が、なんと料金値上げ前より更に安い二百九十円をオファーしたからである。もちろん、カード業界にとってはこれ以上の結果はないはずだ。

だがここまでくると、一体、郵便行政とは何なのかと問わざるを得ない。民間業者がより安い値段で郵政省と同じサービス、或いは郵政省よりもより良いサービスを提供しようという動きをみせると、およそ合理性のない値下げをしてまで阻止しようとする。そこまで値段を下げる余力があるなら、はじめから郵便料金の値上げなどしなければよい。

越島専務が語る。

「郵政省のダンピング競争につき合うつもりはなかったので、この時は退き、適正利潤を加算した三百五十円を守りました。それでもヤマトが良いと言って下さる百貨店さんもあり、ここ三年間、その百貨店さんのためにカード配達を続けていました。ところが、郵政省はこの百貨店さんに、九九年に出た新しいカードシステムに百貨店側が入りたかったら、ヤマトとの契約を切れと迫ったのではないかと思います。長年ヤマト運輸を使って下さっていたのが、九九年三月末で終りました」

この百貨店は東武百貨店と判明し取材した。九九年四月以降、カードを郵便で配送し始めたことと、同年十月から郵政省主導のデビットカードシステムを導入した事実は認めたが、その他の事情は社内的なことだとしてコメントを避けた。

百貨店に迫ってヤマトとの取引きを切らせたのは、東京郵政局の企画課だとみられるが、郵務局企画課長補佐の田島氏らはこの件について、

「随分びっくりするようなお話ですが、少なくとも事実としては承知しておりません」

と答えた。

民間業者閉め出しに剝《む》き出しの闘志を示す事例は、他にもある。地方の町の自動車ディーラーのケースである。この業者はDMを千通単位でヤマトに依頼していたが、ある日、信越郵政監察局の郵政監察官と信越郵政局の職員二名が訪れて、「信書とは」という話から説きおこし、民間業者にDMを依頼するのは郵便法違反だと説明したという。その後、郵便局長などもこの業者を訪れ、民間宅配業者は離島などに荷物を届けないため、民営化はしてはならないなどと語った。勿論《もちろん》、民間業者が離島に荷物を届けないというのは事実に反する。つまり郵便局長は嘘《うそ》を述べて民間宅配業者排除の論を張ったことになる。

「そう言われればそうかなあと思いまして、ヤマトさんをやめました」

とこの自動車ディーラーは語った。このディーラーは今ではDMは全て郵便局に頼んでいる。

三人の課長補佐が語った。

「不採算地域も含めて全国隅々まで、均一の低料金で届けるユニバーサルサービスを提供するためには財政上の基礎が必要で、そのために信書の配達を独占しているのです。費用面でユニバーサルサービスを担保するために、独占が必要なのです」

彼らはこう主張するが、二百六十億通の独占市場を持っていない民間の宅配業者も、全国津々浦々、荷物を届けている。しかもヤマト運輸は、郵便事業に参入できれば封書を直ちに六十円に値下げし、全国どこでも配達すると言っている。独占が必要だなどという甘い考えを、民間業者はそもそも抱かない。

郵便事業は九七年度に戦後初めて減収となり、九八年度は六百二十五億円の赤字となった。九九年度の赤字はもっと増えると推測されている。その数字を詳しくみていくと興味深いことに気付くのだ。

全般的に収支が悪化して赤字に陥っているのだが、小包郵便や第三種郵便（定期刊行物）など民間企業との競合がある分野よりも、郵政省が独占する第一種郵便（封書）と第二種郵便（葉書）の業績の落ち込みが著しいのだ。

九七、九八年度を比較すると、小包郵便の赤字は七十八億円から百十八億円に四十億円ふえた。やはり民間と競合している第三種郵便は九七年度の二百九十七億円の赤字から二百九十億円の赤字へと、赤字ベースながら七億円分の改善だ。第三種と小包を合わせると、収支の悪化は合計三十三億円にとどまっている。

ところが郵政省独占の第一種郵便は、黒字ながらも収益は、九七年度の八百八億円から二百九十四億円へと、一気に五百十四億円も減少した。第二種は三十三億円の赤字から百十八億円の赤字へと、これまた一気に八十五億円も悪化した。一種、二種合計すると、五百九十九億円分も収支が悪化したことになる。

民間との競合分野での収益の悪化は三十三億円にとどまりながら、独占分野での収益の悪化は約六百億円にのぼったのだ。

課長補佐氏らは安定した財政基盤確保のために独占体制が必要だと言うが、皮肉にも郵便事業の実態は正反対の事実を告げている。独占を続ければ続けるほど、財政基盤は悪化していくのではないか。

しかし、それにしても二百六十億通という世界第二の巨大郵便事業を独占していて、なぜ劇的に収益を落とすのか。なぜ赤字に転落するのか。正確に迅速に配達する世界に誇るべき能力を持つ郵便局員の集団が、経営に関してこれほど無能であるとは信じ難い。何か個々の職員の能力を超えた問題があるはずだ。

ただ郵政一族を養うために

東洋大学経済学部の松原聡《さとる》教授が語った。

「郵便事業の今の赤字は、郵政事業そのものの根幹が問われる性質のものです。一つは人件費が予算の六割を超えている。年齢構成からみて、これから約十年間、給与部分は上昇し続けると思います」

三人の課長補佐は、だからこそ人員を削減していると強調した。

「機械化を進め、九七年と九八年で四千五十人を削減しました。二〇〇六年度までの十年間で八千人分の労働力を減らします。九九年度からの三年間で、三千人余りの職員をアルバイトに切り換えます」

努力を強調する補佐らの言葉を松原教授は否定した。

「郵便番号の自動読み取り機を導入しても、たかが知れているのです。アルバイトの人たちの給与は物件費に含まれていますが、これを入れると人件費は八割に近くなる。とにかくこの費用を削らなければなりません」

松原教授は、全国に一万八千七百ある特定郵便局の局長は果して必要かと問う。

「国家公務員試験でない試験を受けて国家公務員になる。しかも世襲も多い。高給を食《は》み、定年も延長できる。この特定郵便局を全《すべ》て簡易郵便局にするのも一案です。郵便局長の給料は約半分にして、その他の費用も落とせるはずです」

人件費の無駄と共に、もうひとつ指摘されているのが、郵政のファミリー企業と呼ばれる一群の企業が、郵便関連事業を独占し、不当な利益をあげているとされる点だ。

総務庁（現・総務省）の調査では、中央省庁の所管の公益法人の子会社数は郵政省が最も多く、百十四社を数える。小包の配送、郵便局の増改築、郵貯ＡＴＭの保守点検をはじめ、郵便物の集荷及び輸送などは、子会社や傘下《さんか》の天下り企業が取りしきっているのだ。

つまり、郵便事業は国営でなければならないと言いながら、実際の郵便物の集荷や拠点間の輸送、はては個別配達の一部まで、天下り企業も含めた民間企業が担《にな》っている。国営事業だと主張する根拠はすでに崩れはじめている。

郵政省傘下の企業のひとつに「総合資材サービス」がある。本社は東京浅草の「かんぽ浅草ビル」、簡易保険福祉事業団所有のビルである。

九〇年九月の設立で、社長はもちろん、天下り官僚である。それどころか百九人の従業員のうち郵政省からの天下りが実に八十三名を占める。まさに天下り官僚が集団になっているこの企業は郵政省へのガソリン納入業務を独占している企業である。全国で郵便物の集配に使われている車輛《しゃりょう》は、バイク十万九千台、軽自動車一万五千台にのぼる。ガソリンは従来、各郵便局が直接購入していたが、同社の設立とともに、全国十一の郵政局が一括調達する方式に切り替わった。

各郵便局は従来通りにガソリンを購入するが、代金は契約業者に請求され、この業者が支払いを代行する仕組みだ。郵政局から業者に対して手数料を含めて支払いが行われる。契約業者のポジションにどの企業が坐《すわ》るかは入札によって決定されることになっている。だが、これまでに行われた入札では常に総合資材サービス一社が応札、事実上の独占契約である。

同社の総務部長、河内磨輝雄《こうちまきお》氏が語った。

「郵便車のガソリン購入では独占、独占と言われます。しかし、一般競争入札制度なのです。結果的にわが社が落札していますが、それは他社が応札しないからで、我々としてはコメントする立場にありません」

自らも郵政省ＯＢの天下りである河内氏は、いやいやながらといった風情《ふぜい》で答えた。

だが、河内氏の言ったことは、事実の全体像ではない。他社が応札しないというが、しないのではなく、出来ないのだ。なぜなら応札業者は郵便局の使いたいスタンド全てと契約を結んでいなければならないといった厳しい条件がついているからだ。事実上、全国津々浦々の全てのスタンドと契約が必要だという類《たぐい》の条件であり、このような条件は、事実上、他社を締め出すためのものと考えざるを得ない。

　河内氏はさらに、なぜ総合資材サービスに郵政省からの天下りが多いかについて、同社の仕事は郵便局の仕事のアウトソーシングだから、郵政省に馴染《なじ》みの人間が必要だと主張した。だが燃料の購入、車輌の保守、コスト計算などのどんな部分でどう郵政ＯＢが関わるべきかについては、具体論は返って来ない。

　松原教授が批判した。

「アウトソーシングは、厳しい競争の原則の中で到達し得るベストの結果を得るべく、自立した企業同士が行うものです。競争もない随意契約はアウトソーシングではなく、もたれ合いと言うのです」

　事実、総合資材サービスが介在することで、各地の郵便局のガソリン購入価格には競争がなくなり、結果として、郵政局は市場価格を上回る高値でガソリンを購入していると言われる。リットル当たり十円の高い手数料を取っているとも報じられた。

全省庁中、最多の公益法人子会社を擁する郵政省。全国津々浦々一律のサービスを維持するために郵便事業の独占が必要だという主張は、むしろ、現役、ＯＢを含めた郵政一族を養うためにこそ必要だということであろう。

独占を守り、これからも維持していくために一歩たりとも民間には譲らないという方針が、地域振興券やクレジットカードで民間企業の参入を退ける執念深い妨害へとつながっているのだ。

見えてくるのは郵政省の利益のみ、郵政官僚の退官後までを安穏に保障するエゴイズムに凝り固まった意図のみである。国民の利益を忘れ、民間業者の活力を削り取ろうとするのが郵政行政だと言わざるを得ない。

二十一世紀になろうとする今、国家が特定事業を独占して行うのがよいなどと主張する国には、未来はない。日本の行き詰り状態を打破するためにも、一日も早く郵政三事業の民営化の実現を主張するものである。

第17章
警察腐敗の原因はキャリア制度にあり

暴行、恐喝、痴漢、万引き、買春、セクハラ、猥褻《わいせつ》、覚醒剤《かくせいざい》、飲酒事故、交通死亡事故、恐喝未遂、窃盗。

一九九九年九月から十一月までの間に判明した神奈川県警による不祥事である。警察も人間の集団だから事故も事件もある、などというレベルをはるかに超えている。そのうえに、捜査放置、証拠湮滅《いんめつ》、虚偽の報告などが重なるのである。

どう見ても異常である。警察がどれほど深刻な危機にさらされているかを見るためにも、神奈川県警が元警部補の覚醒剤使用事件をどのように揉《も》み消したか、その手口をふり返ってみる。

酒寄美久《よしひさ》元警部補が、女性と共に神奈川県警本部に覚醒剤を使用したとして出頭してきたのは、九六年十二月十三日である。外事課長は職員の不正を調査する監察官室に通報し、酒寄に対する調査が始まった。十六日には監察官室長が渡辺泉郎《もとお》本部長に報告、渡辺本部長は「不倫を理由に直ちに退職させるように」と指示したという。その言葉どおり、酒寄は十七日付で不倫問題を記した上申書を提出、同日、諭旨免職となった。

一方、外事課の警官が酒寄に付き添ってホテルに宿泊させ、毎日尿検査を行い、反応が陰性になるまで続けたうえ、立件はしなかった。その一方で覚醒剤使用を裏付ける注射器や白い粉などの物証を回収し、一年間保管したうえでこれを廃棄した。

一人の警官が、少なくとも自首して出た覚醒剤犯罪は、こうして握り潰《つぶ》され、不倫で辞職という問題にすり替えられた。すり替えを指示したのが、当時の渡辺本部長をはじめとする県警の幹部だった。警察にあるまじき犯罪隠しに神奈川県警全体が協力し、監察官制度をはじめとする、チェック機能が全く働かなかったのが、この事件の核心である。

約三年後の九九年秋になって、事件はようやく明るみに出た。だが十一月十四日、警察の組織ぐるみの犯罪は、信じ難いほど身内に甘い処理で済まされた。覚醒剤を使用した酒寄こそ逮捕されたが、犯罪隠しを行った渡辺本部長ら九人は書類送検されたのみだ。犯罪捜査のプロセスが犯罪を構成している事実を、全く意に介していないのだ。自分たちの罪を隠すという警察の手法は、神奈川県警に限らず、他でも行われている。

例えば佐賀県警である。

佐賀県警は九九年十一月二十二日、元交通規制課の課長補佐ら十人が九六年から九八年にかけて、出張費を信号機業者七社に負担させたうえで、県警からも二重取りしていたことを公表した。

この問題については同県警は九八年十一月に、監督責任を問われた元、前本部長の二人をはじめ二十人を処分したが、公表はしなかった。事件性がないとして立件もしていなかったが、神奈川県警の不祥事をきっかけに警察不信が広がっていることから、諭旨免職にしていた元課長補佐を、改めて収賄《しゅうわい》の疑いで書類送検する方針を固めたのだ。

「警察組織による不祥事は、まさに気付かれざる犯罪なのです。内部告発がない限り、一般の人には見えません。神奈川県警の例も、内部告発によるものと聞いています」

刑事法が専門である慶応大学の加藤久雄教授が述べた。警察組織による犯罪はなぜ「気付かれざる犯罪」になり得るのか。それは警察官の身分が、キャリアとノンキャリアにはっきり分かれ、二十二万五千人余りのノンキャリアの人事権を、わずか五百人ほどのキャリアが握っていることから生ずるという。

人事権と予算権を握っているキャリア組は、文字通り、生殺与奪の力を所有する。そのためノンキャリア組はキャリア組に取り入り、彼らの傷になるような事は絶対にしないというのである。警察内部の不祥事は、不祥事を起こした本人のためというより、その上に位置するキャリアに傷をつけないために、なかったことにする配慮が働きがちだという。キャリアもまた、保身のために、事件の表面化を許さないというのだ。

現役のノンキャリア警察官が絶対匿名《とくめい》を条件に語った。

「キャリア制度の最も大きな弊害は、一般の事件への影響です。キャリアの一声を我々は〝天の声〟と言います。その一声で捜査中の事件が中止されることも、ままあります。事件が潰《つぶ》れるなど、極端な言い方をすれば日常茶飯事です。〝天の声〟のうしろに政治家の声があることも珍しくありません。一番多いのは警察出身の政治家や、自治大臣を経験した政治家の介入です。自治大臣は国家公安委員長を兼務しますから」

日本の警察は政治レベルの介入も易々《やすやす》と受け入れるキャリア組を頂点とする階級社会だというのである。一人一人のキャリアに必ずしも警察官としての能力が備わっていなくても、制度自体が自律的に機能してくれる。内部の出世コースに乗った人間は社会正義の実現よりも、制度防衛を最大の目標とする。問題を起こさないことが、自己保身と更なる出世の道となる。そこでキャリアも、キャリアを取り巻くノンキャリアも、不祥事を見て見ぬふりをする。のみならず、捜査を潰しにかかるというのだ。


坂本弁護士殺害事件で何もしなかった神奈川県警

この点を批判するのが大山友之さんだ。オウム真理教によって殺害された坂本堤弁護士の妻、都子《さとこ》さんの父親である。大山さんは坂本さん一家に異変が生じた時、素人《しろうと》が考えても「何をやっているのか」と地団駄を踏むほど、神奈川県警の動きが鈍かったというのだ。

「八九年の十一月四日、横浜洋光台の娘たちのアパートに電話を入れましたが応答がない。二日後の六日に再び連絡しても返事がなく、坂本さんの実家に電話をしました。向こうも知らないというので心配が募ってきたのです。七日午後、お母さんの坂本さちよさんと法律事務所の同僚がアパートを訪ねました。磯子署に三人の『行方不明の届け出』を出したのは、八日午前一時すぎのことです。私は八日正午頃には、茨城の自宅から現地に駆けつけました。すでに警察が現場検証を始めており、私も事情を聞かれました。私は、娘たちが失踪《しっそう》することはあり得ないと力説しました。

にもかかわらず、彼らは一家三人の家出もあり得るなどと言うのです。三人の遺体が見つかり龍彦《たつひこ》の密葬が終るまで、捜査本部の看板は『坂本一家失踪事件』となっていました。警察の感覚はどこまでずれているのかと思います」

大山さんは、神奈川県警が思うように捜査してくれなかったのは、警察の定期異動が近づいていて、異動が決定するまでは何もしたくないという事勿《ことなか》れ主義のせいではないかと推測した。

「当時、神奈川県警の古賀光彦刑事部長は、高知県警本部長に内定していたと耳にしました。確たる証拠はありませんが、捜査が初動から遅れたのは、彼が異動するまでは何もしたくないよということだったのでしょう。刑事部長のそういった意を酌《く》んで、全体として本気で捜査しなかったのではないでしょうか」

当時、坂本弁護士には女性関係がある、事務所のお金を使い込んでいた等の情報が流された。この種の情報は捜査に深く踏み込まない神奈川県警の姿勢を正当化する効果を発揮したが、これらの出鱈目《でたらめ》情報の発信元について、大山さんは次のように語った。

「ある大マスコミの上層部の人に、そんな情報はどこから出てくるのかと尋ねると、その人物は〝信頼すべき機関、直接の捜査責任者から〟と言いました。私は〝古賀（刑事部長）ですか〟と聞いたのです。その人物は肯定も否定もせず、ニヤリと笑いました。その雰囲気から、私は神奈川県警が情報元だと思ったのです。事実、古賀刑事部長が高知県警本部長に定期異動したあとは、このような噂《うわさ》は殆《ほとん》ど出なくなりました」

古賀氏はその後、順調に出世し、高知県警本部長から警察庁人事課長、千葉県警本部長等を経て、現在、愛知県警本部長の要職にある。一方、大山さんは、今となっては神奈川県警のことも、警察についても、一切聞きたくも知りたくもない心境だと言う。

司法ジャーナリストの鷲見《わしみ》一雄《かずお》氏が現状を語った。

「交通とか交番とか、市民相手の場合は、あるべき姿で義務を果たしている人が多いのですが、公安や刑事になると疑問符を付けたくなる人が多い。殺人や暴力団は別にして、経済事件や窃盗では、大きく報道でもされない限り、告訴を受けつけても捜査しないのです。弁護士が代理人として警察に行っても動いてもらえないケースは多い。犯罪があり告訴されれば、真剣に捜査するのが理想ですが、現実にはそうではない。ですから県警の不祥事のもみ消しなど、なんの不思議もありません」

捜査よりゴマすりなのか

日本の警察制度の弱点として、多くの人がすでに触れたキャリアシステムをあげた。警察の階級は下から巡査、巡査長、巡査部長、警部補、警部、警視、警視正、警視長、警視監、警視総監と順位づけられている。このうち地方公務員は警視までで、警視正以上は、昇進した時点で自動的に国家公務員になる。

ノンキャリアと呼ばれる人たちは、高卒程度で採用され巡査から始める。巡査長、巡査部長、警部補と、その都度試験を受けて上がっていく。通常、警部補になるのに最低十年はかかる。ノンキャリアのベテラン警察官が語った。

「十年で警部補になれば、非常に優秀です。生涯巡査のままの人もいるのですから」

神奈川県警で覚醒剤事件を起こした酒寄は三十七歳で警部補、ノンキャリアである。対照的に、キャリアは大学を卒業して国家公務員試験第1種に合格したあと、警察大学校に入る。その時点、つまり採用が決まった時点で、彼らは警部補の身分を与えられる。

ノンキャリアが少なくとも十年かけて辿《たど》り着く位置に、警察大学校入学時にすでに立つわけである。警察大学校で一年勉強し、卒業時、つまり着任時には警部となる。

前出のベテラン警察官が語った。

「最初の任地で二年ほど勤めると警視に昇進します。年齢はせいぜい二十五歳前後。その歳《とし》で我々のような四十代、五十代のノンキャリアの部下を百人以上も持つわけです。それを五年ほど務めると警視正になります。全国二十二万五千人の警察官の中で、警視正を含めキャリアは五百余人です。雲の上の存在ですよ」

思わず連想するのが、大蔵省（現・財務省）から地方の税務署長に派遣される若手キャリアたちである。彼らは年長のノンキャリアたちに祭りあげられ、仕事よりも酒席での遊びを覚えて戻るのが定石である。これを〝バカ殿〟を育てるという。

慶応大の加藤教授が語る。

「まじめに勤めあげてきた叩《たた》き上げの警察官がどう頑張っても絶対にトップになれないのが現状の仕組みです。これはどう考えてもおかしい。警察の行政サービスは現場に張りついて捜査技術を向上させてこそ、より良いものになります。キャリア組のように国家公務員試験1種に合格しただけで現場の経験もないまま昇進し、捜査一課長だと言っても通用しないのです」

加藤教授は、国家公務員試験1種にしても、なぜ自分が法律を守る仕事に就こうとしているのか、法律とは何のためにあるのか、民主主義国家における法律とは何か、などを考えさせるものではなく、東大や京大の受験と同じ要領で知識を詰め込めば合格できるのだという。

「こうした人間が現場の裏づけのない理論を振りかざして、叩き上げのベテランのプライドを傷つけているのですから、歪《いびつ》な構造なのです」

国家公務員試験のあとは自動的に昇進できるキャリアとは対照的に、ノンキャリアは必死で試験を受ける。ベテランのノンキャリアが語った。

「学科と論文と面接です。警部補までは学科と論文が評価点の八割を占めます。警部以上の試験では逆転し、八割方が面接による評価です。これが何を意味するか。評価する側、つまり上の人間に気に入られないと駄目ということです。上にゴマをすらなければ上には行けない構造です」

昇進試験は資格試験ではなく、決められた合格者枠に誰を入れるかという試験である。試験の総合点数で順位をつけて、キャリアの人間、例えば人事課長及び人事部長、副総監、警視総監にまで一覧表を回す。キャリアによる評価が総合点の八割を占めれば、学科は殆ど意味をなくす。つまり、ノンキャリアの人事権は完全にキャリアの人間の掌中にある。「だからノンキャリアはキャリアに絶対に逆らえない」と、この人物は言うのだ。

現在警部補の、これまたベテラン警察官が語った。

「警官の仕事を真面目《まじめ》にやっていれば、試験勉強をする時間は、本当にないのです。殺人事件が起きれば捜査一課の連中は、それこそ一か月も帰宅できないなんてザラですから。午前八時に捜査会議があって、各自聞き込みなどで出かけて署に戻るのは夜の八時とか九時です。報告書を書くと十一時や十二時になる。その報告書を読む係長などはもっと遅くなる。そんな中で試験を受ける人間は、睡眠時間を削って学科の勉強をするのです。毎日二時間くらいしか眠れない。こんな状態で一年すごして受験するんです」

警察内部でも、キャリアとノンキャリアの間で昇進について、これだけの絶対的な不公平が存在することが問題になっているという。そこで数年前に、不公平改善のために警部補から警部への昇進は推薦で行えることになった。

「ますます弊害が生まれました。上司の覚えさえよければ昇進する。ゴマすりが増える。神奈川県警の事件もこうした土壌の中で発生したと思います。不祥事を隠したノンキャリアのトップは、今申し上げた推薦制度で昇進した時期の人間ですから、上の者の傷になるようなことは隠してやり、そのことで気に入ってもらうということでしょう。県警本部長は本部長で、単なる駒《こま》でしかないノンキャリアの不始末で、なぜキャリアの自分が責めを負うのかという感覚があるはずです」

推薦制度のおかげで、ノンキャリアの中でも上に取り入る術に長《た》けている人間がもっと昇進し、現場で苦労している真面目な人間が報われないという歪な状態が拡大されたというのだ。

警視庁関係者が語った。

「神奈川県警の処理をマスコミは身内に甘いと書きましたが、正確にいえば、キャリアに甘いのです。ノンキャリアの警部補が逮捕されたのは当然ですが、最初に出頭してきたのを隠したのはキャリア組です。しかし隠したキャリアは身柄もとられず書類送検です。元本部長でも本来なら逮捕して身柄をとるべきです」

金子仁洋《じんよう》氏が語る。氏は元警察庁キャリア官僚で、警察大学校長を最後に退官、現在、桐蔭《とういん》横浜大学教授である。

「キャリアシステムを一概に否定することが解決策につながるわけではありません。確かに制度疲労を起こしていますが、大切なのは警察官の質を向上させること、キャリアに相応《ふさわ》しい責任と義務を果たす真のエリートをいかに育てるかの問題です」

なぜ堕落と腐敗の温床に？

鷲見一雄氏は、東西冷戦が終結した時に現在の警察の使命の半分が終ったと語る。

「冷戦時代の警察は警備や公安を重視して、これを本流としていました。朝鮮半島、左翼や右翼の動向などを探って治安を維持してきたのが、キャリアを中心にしたこの組織でした。しかし冷戦が終り、政治も総与党化してイデオロギーの対立もなくなったのに、警察や公安の制度だけは変らずに存続しています。今のキャリア制度はかつてのキャリア制度が果たした役割とは全く異なり、堕落と腐敗の温床になっているのです」

鷲見氏は、八六年の日本共産党幹部宅盗聴事件の時に、検察がもっと厳しい判断を下していたら、事態は或《あるい》いは今ほど悪くはならなかったかもしれないという。

八七年当時、盗聴事件の責任をとって、本部長や警備局長らキャリア組が辞任したのを是として、検察は実行行為者を不起訴にした。理由は警備や公安の命令に従っただけだからというものだった。だが、警官が悪事を働く場合、本部長や警察庁を巻き込めば安泰だというムードができ上がったことが、現状の神奈川県警の不祥事につながったのではないかと、鷲見氏は次のように述べた。

「厚木署集団警邏《けいら》隊の暴行事件などで引責辞任した深山健男前本部長も、覚醒剤使用を揉《も》み消した渡辺泉郎も、彼らに本部長としての素養や教育が欠けていたにしても、彼らが巡査部長や警部補らの不祥事まで把握していることはない。彼らに責任はあるとしても、全《すべ》て把握していたか否《いな》かは疑問です。結局、警察の反省はなされず、キャリアもノンキャリアもいい気になった。警察庁から来る〝殿様〟は一年半で移っていくのだから、上手にあしらおうということになるのです」

一方、警察ＯＢで元内閣安全保障室長の佐々《さっさ》淳行《あつゆき》氏は、冷戦の崩壊と共に、八〇年代の警察を統一させた〝敵〟がいなくなったことが、警察の惨状の背景にあるという。

「火炎瓶も飛ばなくなり、社会党は消滅し、共産党も大人しくなりました。厚木署で集団警邏隊の新入隊員をリンチしたことなど信じ難い変り様です。七〇年代に四千五百人の機動隊員は九百九十日間にわたって、計六千回に及ぶ激しい警備を繰り返し、怪我人《けがにん》はのべ一万二千人にのぼりました。でも一人も辞めませんでした。それはなぜ戦うかを、彼らはきちんと納得していたからです」

　上司の主張に間違いがあれば、体を張って諫《いさ》めることが尊ばれた時代だったという。たとえ百パーセント実践できていなくても、そのような価値観を尊ぶ風潮がかつてはあったと氏は強調する。だが神奈川県警の今回の事件では、どこにも諫言《かんげん》がない。自由で平和で豊かで無敵の状態が続くと、直言する人間は疎《うと》まれるのだ。覚醒剤《かくせいざい》の件も隠しおおせると考える甘さも出てくるのだ。

「私たちの前にいる新たな敵を見るべきです。オウム真理教も暴力団も暴走族も、警察が取り締まらなければ誰が取り締まるのですか」

　佐々氏は問う。

　加藤教授はキャリアの質を高めるために国家公務員試験の在り方を大幅に変えるべきだと主張する。

「面接試験は現在、一人十五分ほどですが、これをドイツのように四人位の面接官が長時間面接して、様々な角度からその人の識見が試されるようにすべきです。科目試験も一科目に五時間くらいかけて論文を書かせるのです。こうして厳しい選定をすることが大事です」

キャリアがエリートとしての道を歩むのなら、本当のエリートを選ぶような試験を実施せよというわけだ。

日本が必要としているのは、誇りを義務と責任で支えるエリートを育てると共に、社会の安寧のために地道に働いているノンキャリアの警察官の中から、新しいエリートを育てていくことだ。彼らの中の力のある者、努力をする者、実績を積んだ者を、キャリア・ノンキャリアの区別なく登用していくことだ。一枚の国家公務員試験用紙によって選ばれた裏付けなきキャリアを尊しとしてはならない。

日本は官僚国家といわれ、官僚はエリートと同義語である。しかし、現実の官僚制度は、各地位での任期の短かさも、引き継ぎの在り方も、全て責任逃れを可能にする巧妙な仕組みになっている。このような姑息《こそく》な官僚制度こそが日本全体の力と気概を貶《おとし》めている。官僚、キャリアと呼ばれる偽りのエリート主義から、私たちは訣別《けつべつ》すべきだ。

そのうえで情報公開を欠かしてはならない。ただでさえ官僚は情報を隠す人々だ。ひたすら秘儀の世界に住む官僚たちにどんな時も情報公開を義務づけることが、警察行政の改善の一歩になるはずだ。

追記

その後、世論の高まりによって不祥事をひきおこした神奈川県警の関係者ら九名が書類送検され、内五名が横浜地裁に起訴された。

起訴されたのは渡辺泉郎本部長、原芳正警務部長ら五名で、警察の本部長経験者が現職当時の犯罪で刑事被告人として法廷に立つのは、史上初めてである。

この措置について元東京地検特捜部長の河上和雄氏は〝厳しい措置〟だと評価した。

「約十年前の共産党幹部宅盗聴事件では、電機通信法違反が行われたわけですが、起訴はしていません。当時と較《くら》べれば、前進はみられます。また世論が厳しくなったこともこの厳しい措置の背景にあります」

河上氏はこのように評価しつつも、では警察全体の倫理が高まる方向に状況が動いているかといえば、そうではないと述べた。京都で小学生を校庭で殺害した犯人とみられていた容疑者が、警察官の手をふりほどいて逃走し自殺した件について、京都府警は自分たちのミスではないと述べて責任を回避した。失敗を失敗と認め、そこから学びとる姿勢を欠いている警察に、多くの期待はできないというものだ。情報公開と共に、私たちが関心を持ちつづけることが大切である。

第18章　新たな薬害「ヤコブ病」を放置した厚生省の卑劣

「おかあさん、つかれたよ」

判読しにくい乱れた文字でこう書き残して、前田直幸さんは二十九歳で亡《な》くなった。クロイツフェルト・ヤコブ病を発症して、約一年後の無残な死だった。残された母親の公栄《きみえ》さんと妹の智恵子さんがこもごも語った。

「最初の症状は首の震えでした。横になっている時以外ずっと震えていて、横になっていても、私たちが近くを歩いただけで、頭が割れるように痛いと訴えるようになったのです。一九九六年初め頃からこんなふうで、同年三月頃には、はっきり何かがおかしいと考えざるを得ませんでした」

直幸さんは千葉県富里町の役場の消防本部に勤務する、健康な若者だった。剣道五段の腕前で、剣道大会のビデオには、剽軽《ひょうきん》な仕種《しぐさ》で周囲を笑わせる彼の姿が映っている。

変調が明らかになった直幸さんは病院通いを始めるが、原因は不明のまま時がすぎていった。

「一日ごとに、と言っていいほど急速に病状が悪化しました。原因はストレスだとか、最後には精神病だとまで言われました。入院させてほしいと頼むと先生は〝鍵《かぎ》の閉まる病院だ〟と言い、本人も私たちも非常にショックでした」

医師は直幸さんに運動をさせるようにと言い、母親の公栄さんは、冬の寒さのなかを、歩行も困難になりはじめた直幸さんを歩かせた。体の自由を失いつつあった直幸さんが手洗いに間に合わず粗相した時には、「しっかりしなさい」と叱《しか》ってぶった。

医師に「お兄さんは甘えているだけだ」と言われ、妹の智恵子さんは兄に食事や煙草《たばこ》を随分我慢させた。真の原因がわからなかった母と妹は、必死の思いで直幸さんの病を治そうと心を鬼にしていた。

ほぼ一年がすぎて、直幸さんは遂に入院した。受け入れたのは精神科の病院だったが、ベテラン医師はすぐに精神病ではあり得ないと判断、二か月後の九七年五月にヤコブ病の診断が下された。

「先生はとてもやさしくして下さいました。その先生がヤコブ病だと診断し、〝助かる見込みはない、絶対に助かりません〟と仰《おっしゃ》ったのです」

公栄さんの唇は、あふれる感情をコントロールしようと、かすかに震えている。

ヤコブ病は一九二〇年にクロイツフェルトとヤコブという医師によって、初めて報告された。発症すると急速に痴呆《ちほう》が進み、無動性無言に陥る。言葉を発することも、行動を起こすことも、食べることさえもしなくなり、植物状態に陥る。通常、発症から死まで一年ないし二年といわれ、死亡率は一〇〇％、治療法はみつかっていない。

通常は百万人に一人の稀《まれ》な病気で、多くは六十歳以上の高齢者に発症すると言われている。そんな病気がなぜ、二十代の直幸さんにとりついたのか。

「直幸さんは大学生だった八六年に交通事故に遭い、脳外科手術を受けています。その時に硬膜を移植され、ヤコブ病に罹《かか》ったのです」

薬害ヤコブ病東京弁護団の白井剣弁護士が語った。

硬膜とは頭蓋《ずがいこつ》骨の内側にある硬い膜のことである。人間の思考や体の機能全《すべ》てを司《つかさど》る脳は、まず頭蓋骨によって、次に硬膜によって保護されている。さらに硬膜の内側にはくも膜があり、そのまた内側に軟膜がある。

直幸さんは大学生の時にこの硬膜を切り開く脳外科手術を受けたのだ。切り開かれた硬膜をふさぐために、ツギを当てるように用いられたのが「ヒト乾燥硬膜」だった。まさに読んで字の如《ごと》く、人の死体からとり出し凍結乾燥させた硬膜である。製造元はドイツのB・ブラウン社、日本の取り扱い業者は日本ビー・エス・エス、製品名はライオデュラだ。

同製品は七三年に厚生省（現・厚生労働省）の輸入承認を受け、日本では年間二万件の手術に使われてきた。一方、アメリカでは八七年にCDC（疾病《しっぺい》対策センター）がライオデュラの移植によるヤコブ病発症事例を発表し、FDA（食品医薬品局）がライオデュラのアメリカへの輸入を禁止した。

では、日本の厚生省が同製品の使用中止に踏み切ったのはいつか。アメリカの輸入禁止から十年後の九七年三月二十八日である。厚生省の調査では、これまでに硬膜移植を原因とするヤコブ病に罹ったのは、少なくとも六十五例とみられている。その殆《ほとん》どがすでに亡くなっている。

これを薬害エイズにつぐ薬害被害だとして、現在二つの裁判が進行中である。原告計二十五名、大津地裁と東京地裁とで争われている。焦点は厚生省がどこまで、同社のヒト乾燥硬膜の危険を予見することができていたかである。

厚生省はこれまで薬害エイズ、スモン、サリドマイド、ソリブジンなど、数々の薬害を発生させてきた。危険を予見し得ていたのに薬害が発生した。未然に防げなかった。ヤコブ病に関してはどうか。

不死身の感染因子と分かっていながら……

厚生省保健医療局エイズ疾病対策課が説明した。

「詳しい情報が入ってこなかった。八七年になぜヒト乾燥硬膜の使用や輸入をストップしなかったのかと言いますが、基本的に行政が企業を信用しすぎたのです。信用するしかなかった。企業側がきちんとドナーを選んでいたかについて、危険なものを使うわけがないと考えていたからこそ対処が遅れたのかもしれません」

企業の責任については、札幌医科大学脳外科医の端《はし》和夫教授も同調した。

「圧倒的な責任はB・ブラウン社にあると思います。厚生省の責任よりも、同社の杜撰《ずさん》さこそが糾弾されるべきです」

たしかに同社のライオデュラ製造の実態には、信じ難いものがある。

薬害ヤコブ病弁護団の阿部哲二弁護士が説明した。

「B・ブラウン社は世界四十か国に百三十三の子会社をもつ、ドイツ有数の医療器具メーカーです。彼らは死体から硬膜をとり出す時、ドナーの選択さえせず、ヤコブ病で死亡した患者の硬膜もとっていたと思います。死因不明の死体の硬膜を、病院の解剖助手から闇《やみ》で入手していたと伝えられました。九四年には硬膜を一枚二千円で同社に売った解剖助手が、ドイツで刑事罰を受けました。B・ブラウン社はこうして集めた硬膜を、他の硬膜と一緒にプール処理していたのです。一枚がヤコブ病に罹っていれば、他の硬膜も全て汚染されます。こんなことはしてはならない基本です。CDCが事情聴取したとき、同社はドナーを特定したり追跡したりする資料をなにも持っていなかったのです」

　このような業者に大きな責任があるのは当然である。だが、だからといって行政に責任がないことにはならない。「信用するしかなかった」では、なんのための行政か。

　端教授も、業者を批判する一方で語った。

「たしかに、八七年にアメリカでCDCが第一症例を報告した時に、厚生省は関係機関に注意を喚起しなくてはならなかったと思います。私たちがヒト硬膜からの感染を知ったのは八七年でした。仲間内では話題になりました。しかし、その時には殺菌方法が改められており、それで我々も安心したのです」

　厚生省医薬安全局医薬品副作用被害対策室が強調した。

「アメリカはCDCの第一症例報告を受けて、FDAが回収したとのことですが……」

　同室の言葉だが、FDAが回収だけでなく、輸入も禁止処分にしたことは先述した。

「しかし、少なくとも日本の厚生省としては、ヒト乾燥硬膜でヤコブ病に罹るとは予見できなかったのです。疫学的《えきがく》、科学的な根拠なくしては、国としては政策に反映させることはできないのです」

　果たしてそうか。〝疫学的根拠〟や〝科学的根拠〟は厚生省の好む言葉だ。しかし、それらの根拠が確認できるまで対処しないとすれば、事態は最悪の所までいってしまう。火災が発生して燃えはじめようという時、原因が不明だからといって消防活動を始めないのと同じである。

危険性を予見できなかったというのも、事実関係を時系列でみると大いに疑問だ。一九二〇年にヤコブ病が報告されてから、海外では幾つかの重要な研究が行われた。一九六八年に、後にノーベル生理学・医学賞を受賞したガイジュセック博士が、ヤコブ病には伝達されていく性質があることをチンパンジーを使った実験で証明し、『サイエンス』誌上で報告した。同誌は医学・科学雑誌の権威である。

続いて七四年には、ヤコブ病が角膜移植で移った事例が、医学専門誌『ニューイングランド・ジャーナル・オブ・メディスン』に報告された。

これはヤコブ病で死亡した男性の角膜を移植された女性が十八か月後に発症し、その八か月後に死亡したケースだ。死亡した男性が解剖されヤコブ病と判明した時には、角膜はすでに女性患者に移植されていた、なんとも不幸なケースだった。人間から人間へとヤコブ病が移ることを示した初めての例である。

七七年にはヤコブ病の感染因子の恐るべき生命力が『ランセット』誌に報告された。ちなみに現在はヤコブ病は、プリオンという特殊な蛋白質《たんぱくしつ》によって伝達されると考えられている。

ヤコブ病の感染因子がどれだけの生命力を持っているかを「外科処置によるヤコブ病の偶発的ヒト間感染の危険」と題された『ランセット』誌の論文でみることが出来る。

同論文では、ヤコブ病患者の深部脳波検査を行う際に、銀の電極を右前頭部に刺し入れ、二日後にこれを取り出して、全く別の、十七歳と二十三歳の癲癇《てんかん》患者二人に用いた結果が報告されている。

電極は使用される前に七〇％のアルコール液とホルムアルデヒドガスで滅菌消毒されていた。ところが二名の患者ともに二年余り後にヤコブ病を発症、女性は帝王切開で出産し、子どもは健康だが、彼女は昏睡《こんすい》状態に陥ったまま。十七歳の少年はヤコブ病を発病して死亡したという内容だ。

臓器をはじめ、ヤコブ病患者のいかなる組織も、他の患者に移植したり接触させてはならないということだ。前述のガイジュセック博士は七七年発表の論文で、「ヤコブ病患者の身体は、献血その他の組織提供に使われてはならない」「移植に使用してはならない」「患者の器官、組織全てに感染性があるものとして扱うべきである。それは中枢《ちゅうすう》神経に限るものではない」と発表した。

ガイジュセック博士らは七七年に、ヤコブ病感染因子は、ホルマリンにも、七〇％アルコールにも、紫外線照射にも電離放射線にも、摂氏百度での煮沸《しゃふつ》にも耐え得る生命力をもち、これらの処置では役に立たないと発表した。

翌七八年には博士らは、大量のガンマ線を照射してヤコブ病感染因子の不活化を試みている。ヤコブ病に侵された試料に五十キログレイから二百キログレイのガンマ線を照射した後、それらを動物に接種した。それでも動物たちはヤコブ病を発症した。つまりヤコブ病感染因子は、大量のガンマ線攻撃にも生き残ったのだ。

ちなみにB・ブラウン社がライオデュラの製造過程で実施していた滅菌工程は二十五キログレイのガンマ線照射だった。

不死身そのものの感染因子であるからこそ、ヤコブ病で死亡した患者からとり出した硬膜などを移植に用いるのは許されてはならないのだ。

薬害エイズとまったく同じ構造

「アメリカでの研究だけでなく、他でもない厚生省が設置した研究班でも警告が出されています」

白井弁護士はこう述べて、「スローウイルス研究班」について語った。スローウイルスとは、感染から発症まで長い時間がかかるウイルスをいう。前田直幸さんの場合は、感染から発症まで約十年だ。

「七七年、同研究班はヤコブ病が明確に伝染していく病気であること、七八年には患者の組織に接触することによって移るために、脳病理、脳外科関係者に厳重注意すると報告しています。さらに七九年には、脳以外の組織でも感染していくことを動物実験で確認したと報告されています」

厚生省自らが設置した研究班で、このような報告が出されていた。つまり厚生省は、ヤコブ病が人から人へ移ること、滅菌ができなければ人間の硬膜も危険であることを十分に知っていたはずだと、白井弁護士は強調するのだ。

危険を予見させたのは医学情報だけではない。繰り返しになるが、八七年にはアメリカ政府が、たったひとつの症例報告があったことを受けて行動を起こしたのだ。B・ブラウン社のヒト乾燥硬膜、ライオデュラを移植された患者がヤコブ病を発症したとの最初の報告を、CDCの出版物『MMWR』(週刊疾病ニュース)に掲載、同報告の中でCDCは、「放射線照射など死体硬膜の滅菌方法は、ヤコブ病病原体を完全に不活化させるには不十分」だと警告し、アメリカへの輸入は禁止され、回収された。

対照的に日本ではその後も輸入が続き、年間二万件、全世界の販売量の実に三五%が日本で捌《さば》かれた。

国立感染症研究所の北村敬《たかし》氏が述べた。

「薬害エイズと同じ構造です。薬害エイズではCDCの警告は八一年六月から奇病(エイズ)について報告し、八三年三月には、濃縮血液製剤とエイズを結びつけて警告しました。日本はその情報を得ながら、対策をとったのは八五年七月になってからです。ヤコブ病についていえば、アメリカは八七年にライオデュラの輸入を止《や》めました。日本はそれから遅れること十年です。そして薬害エイズの時も今回も、危険な古い製品を回収していません。また薬害エイズの時、アメリカで売れなくなった非加熱濃縮製剤が日本で大量に売られました。ライオデュラもアメリカで売れないものが、大量に日本に入ったと考えられます。もうひとつ、非加熱濃縮製剤も、あれほど大量に使う必要があったのか疑問ですが、硬膜についても同様のことが言えます」

非加熱濃縮製剤に替わるものとしては、クリオ製剤や加熱濃縮製剤があった。硬膜に替わるものとしては、伝統的に用いられてきた筋膜や骨膜がある。

端教授は薬害ヤコブ裁判の証人として法廷に立ち、ヒト乾燥硬膜は脳外科手術には必ずしも必要ではなく、ヒト乾燥硬膜を使用しなければ脳外科手術ができないようなケースはないことを、はっきりと証言している。

不必要なものをなぜ、日本では年間二万件もの手術で使ったのか。なぜ、世界の使用量の三五％も、日本一国で使っていたのか。理由のひとつは、硬膜が病院に経済的な利益をもたらす旨味《うまみ》のある製品だったせいではないかと推測される。

ヒト乾燥硬膜は頭蓋骨全体の大きさでなら四十万円、お札くらいのサイズは十万円、といわれるほど高額である。

アメリカで輸入禁止になったものが、ダンピングされる形で日本に持ち込まれ、捌かれたといわれる。割り引きが行われた可能性は否定できない。その分、病院の取り分としての薬価差益が生じる。

北村氏が語った。

「行政哲学の基本が、日本は責任回避にあります。アメリカの行政の基本は、危険要因があればまずそれを取り除くということです。取り除いて、それ以上の危険を摘み取ることです。ヤコブ病でいえば、症例が一例出てきたところで、考え得る原因、つまりB・ブラウン社の特定ロットの硬膜を取り除き、使用禁止にしてしまいました。ウイルスの特定とか病原菌の特定などは、その後でよいという考えなのです。企業の売り上げなんて、もっと後のことです。日本は対策を取らなかったことの言い訳ばかりです。理屈は幾らでもつけられます。表現は悪いですが、厚生省は馬鹿《ばか》でもわかる状況にならないと動かないのです」

北村氏は薬害エイズに関しても薬害ヤコブに関しても、CDCの出版物『MMWR』を約三か月遅れで定期的に日本語に訳し、季刊の『臨床とウイルス』に掲載し、厚生省をはじめ関係者にインプットしてきた。しかし、いずれのケースでもCDCから発信される重要情報を受けていながら、厚生省の反応は非常に遅かったという。

「まだ結論が出ていない問題で、健康への脅威が生じた時どう対応するかという仕組みがない。未知の病原体、或《ある》いは検査法が確立していない場合、それを放置しておいても責任は問われない仕組みになっている。責任者の責任を問うという思考が、厚生行政に、否《いな》、日本人の頭の中にないのです」

北村氏は厳しく指摘し、現状のままでは、薬害はこれからも起きつづけると述べた。

問題意識ゼロ、責任感ゼロの厚生官僚
北村氏の危惧《きぐ》を、行政当局の厚生省保健医療局の金谷課長補佐も口にした。だが論点は大きく異なっている。

「薬には副作用がつきものですから、薬害を完全になくすことは難しいのです。アメリカではFDAが積極的に対応していますが、あそこには職員が九千人以上います。それでも薬害報告は出ています」

厚生官僚の問題意識のほぼ完全なる欠落には驚かざるを得ない。まず薬の副作用と薬害は同じではない。薬害エイズも薬害ヤコブも、副作用などではない。それはまさにフランスの司法が担当者を「毒殺罪」で裁いたように、重大な人為的過失なのだ。薬が効き目をあらわす時に、他にも影響が出るという副作用と薬害は、較《くら》べることさえ無意味である。もし無知ゆえの釈明とすれば余りに暗愚、意図的な誤魔化しなら、犯罪そのものだ。

またFDAには職員が多く厚生省にはそれほどの人がいないことが、薬害が繰り返される原因だというのも、おかしい。すでに触れたように、厚生省が設置した研究班は、ヤコブ病が患者の組織への接触によって人から人へ移ることなどを研究し、「厳重注意」を呼びかけていた。北村氏も、定期的にCDCの情報を日本語に訳して厚生省に伝えてきた。八七年にCDCが『MMWR』で報告したヤコブ病の一症例のニュースは、北村氏によって同じく八七年十月号の『臨床とウイルス』に報告されている。

問題はどれだけ真剣な意識を持つかである。どれほど重大な情報を伝えても、問題意識の欠落している人々には重要さは伝わらない。馬を水場に連れて行くことはできても、水を飲ませるのは不可能だ。一連の薬害事件で明らかなのは、厚生省が全く重要情報を掬《すく》いあげてこなかったということなのである。

前田公栄さんが語った。

「直幸は、私と智恵子が美容院経営で忙しいのを知っていて、よく食事やお弁当を作ってくれる優しい子でした。病名も知らずに亡《な》くなったと思います。直幸は完全な薬害被害者なのに、ヤコブ病が理解されていないために、お酒を飲みすぎてこうなったなどと白い目で見られました。本当に可哀相《かわいそう》です。裁判の原告になった時は、お金目当てだと心ないことも言われました。けれど、そうではないのです。厚生省や企業の非を明らかにして、ヤコブ病の実態を知ってもらい、薬害の再発防止につなげてほしいのです」

遺族の哀切な願いとは裏腹に、日本はより多くの薬害被害を生み出しかねない方向に走りつつある。白井弁護士は語った。

「九九年春に、ヒト組織を商品化する企業が設立され、医薬品副作用被害救済機構が約十億円を融資しました。アメリカではすでに、人間部品産業とでもいえる産業が急成長しつつあります。死体から取り出した人体組織が広く商品として販売されています。心臓弁はひとつ八十三万円、アキレス腱《けん》はひとつ三十万円などと相場ができています。日本もその方向に行きつつあります。ヤコブ病に反省も示さない厚生省が、ヒト組織産業をきちんとコントロールできるとは思えません」

二、三年で担当が替わる官僚行政には一貫して責任を持つ人間がいない。彼らは個人で行政に対して責任をとるなど夢想だにしていない。そのような中で、臓器が商品化されていく時、日本が果てしなく、責任なき医療大国になる危険性は大きい。どんな対策をとり得るのか。

参考になるのが総合研究開発機構（ＮＩＲＡ）が約二年半の研究ののちに九九年六月に発表した報告書である。独立した専門家によって構成されるＮＩＲＡは、薬害エイズを契機として、サリドマイド、スモン、クロロキン、ソリブジン、ポリオワクチンのケースなどを通して薬害防止策の研究を開始、「薬害等再発防止システムに関する研究」と題された報告書をまとめた。同報告書の中で、薬害を繰り返さず患者中心の医療を確立するためになすべきことのひとつとして厚生省の役割を転換することをあげている。

厚生省は「民間でできるものは民間に委《ゆだ》ね」「行政の関与や裁量を不可欠で最小限に留め」「情報の公開を進め」よとの内容だ。さらに「厚生省は、医薬品の審査等の現業から撤退」せよとも提言している。

これは事実上、厚生省は要らないといっているに等しい。別の言葉でいえば、厚生省が今のままでいる限り、責任なき医療の現実はなくならず、薬害は繰り返し発生し続けるということだ。厚生省の解体と役割の縮小こそが薬害再発防止の一歩だということになる。

追記

二〇〇二年三月二十五日、国は薬害ヤコブ病訴訟で犠牲者とその家族に対し、裁判所の示した和解案を受け入れ「おわび」をした。スモン病や薬害エイズなど過去の薬害にも触れて薬害の再発防止に取り組むことを明記した。

しかし、この和解の文言は、その六年前に取り交わされた薬害エイズ訴訟の和解の文言と呆《あき》れるほどに同じである。薬害エイズから六年がすぎても何も変わっていないからこそ、謝罪と反省の同じ文言を繰り返さなければならないのだ。厚生労働省(旧・厚生省)は一九六二年にサリドマイド被害で国家賠償訴訟を提訴されて以来、今日まで実に三十九年間ずっと被告の座にすわり続けている。薬害ひきおこしの体質を変えるためにも、厚労省と農水省が共同で食品安全局を設けることが検討され始めたが、この新局を単なる〃アリバイ〃とするような手軽な措置にしてはならない。NIRA報告も指摘したように第三者の独立した専門家集団を軸に厳しい監視機能をもたせるべきだ。そのための予算を現在の厚労省や農水省予算を削減してでも、十分に確保すべきである。

第19章
労働組合に覇気なし理想なし

二〇〇〇年二月にアメリカの労働省は、失業率が一九七〇年一月以来三十年ぶりの低水準であると発表した。二〇〇〇年一月が四・〇％であり、前月九九年十二月の四・一％をさらに下まわったのだ。

片や日本の失業率は九九年平均で四・七％、年間失業率ではじめてアメリカの四・二％を上回った。日米の格差はこれからも広がりそうである。

日本では、九八年は男性自殺者が急増し、二万二千三百三十八人にのぼった。リストラによる失業、或《ある》いは経営の行き詰まりによる自殺が多く、彼らの死は男性の平均寿命を〇・〇三歳引き下げる程壮絶かつ哀切だった。九九年、その数が減る傾向はない。

己れの人生を自死で締めくくるほどの苦境を、私たちはどう乗り越えていくのか。経済の回復のみならず、どのような価値観を身につけていけばよいのか。今、働くこと、生きていくことについての叡知《えいち》が求められている。その叡知はこの社会にあるのだろうか。

働く者の利益を代表するはずの労働組合はどうか。彼らは、働く人間の利益を真に代弁し、変わりゆく状況に対応しているか。

九九年九月八日、十七万人の組合員を持つ鉄鋼労連が、「来年の春闘のボーナス闘争では、統一要求額を決めず各加盟組合ごとに業績に応じて決定する」と発表した。

同じ日、連合の笹森清事務局長は、長野市で開かれた自動車総連定期大会で挨拶《あいさつ》し、「労組のナショナルセンターが賃上げの統一要求基準を示す時代は終った。要求基準の一本化はできなくなった」と述べた。笹森氏を招いた七十七万会員の自動車総連の草野忠義会長は「春闘改革は十年来の課題。早急な改革が必要だ」と述べた。

二十一万人余の組合員を誇るNTT労組の津田淳二郎委員長は、九九年七月二十八日、「連合は要求指針やスケジュール闘争の策定をやめ、春闘は産業別労組の主体性に任せるべき」と述べた。また電機連合も鉄鋼労連も春闘は毎年でなく、隔年ごとに闘うとの決定を下した。

一九五五年に生まれた春闘方式の労働運動が今、大きく揺らいでいる。戦後労働運動の太い柱であった春闘は、九九年、長引く不況の中で惨敗《ざんぱい》を喫した。賃上げ率が史上最低にとどまる一方、月毎《ごと》の失業率では史上最悪の四・九%にまで上昇した。根幹から問われているのは、春闘の闘い方のみならず、労働組合そのものの存在意義である。

今、経済の諸原則はグローバライゼーションという言葉に象徴される市場の合理性へと収斂《しゅうれん》されつつある。市場の合理性は、戦後日本が抱えてきた平等主義や年功序列制度、或いは終身雇用制度を正面から否定しつつある。その中で冒頭の多くの哀切なる死が発生した。

企業ごとの業績がその企業の生き残りを左右し、社員一人一人の能力が問われる時代になりつつある。価値観が大きく変わりつつある今、世界的にみて、労組の組織率は確実に低下しているのだ。左翼の社民党政権が誕生したドイツでも三八%、これまた労働党政権のイギリスでも三六%、アメリカはわずか一〇%である。日本は欧米間の中間値で二二%であるが、過去五年間、平均で年率〇・五%ずつ減少し続け、下げ止まっていない。

組合員離れの進む労組に未来はあるのか。賃金上昇も失業者防止もなし得ていない労組の存在意義はあるのか。

連合会長の鷲尾《わしお》悦也氏は、市場原理主義の「はびこっている」今こそ、労組の存在意義はあると言う。

「我々は市場経済は選択しているけれど、市場社会を選択しているのではないのです。グローバル化では市場原理主義が唯一《ゆいいつ》の価値観のように言われ、優勝劣敗の原則は止《や》むなしとされ、落ちこぼれたら救済すればよいと政府は言います。私たちの掲げる国際労働運動の原則は、落ちこぼれを救うのでなく、誰でも参加できる状況をつくること、或《あ》る種の結果平等を配慮することです」

そのためには、日本の圧倒的多数を占める企業内組合の範疇《はんちゅう》にとどまらず、広い意味の社会的再配分にかかわっていかなければならないというのが鷲尾会長の立場だ。

「非常に悩ましいのは、大きな政府と小さな政府の議論があるように、労働組合にも大きな労組と小さな労組の議論があることです。古典的なユニオニズムは、労組は社会的案件に関与すべきでないとして小さな労組主義です。しかし、国民の大部分が雇用労働者です。社会的再配分に関心を持つ必要がある。私は労組は大きな労働組合であるべきだと考えます」

労組と政府のアナロジーは興味深い。小渕政権の一連の政策は、明確に大きな政府路線である。金融機関に対する緊急避難措置としての公的金融支援、中小企業を対象とした貸し渋り対策用資金、消化しきれない程の公的資金など、財政赤字によって捻出《ねんしゅつ》した資金を惜し気もなく注《つ》ぎ込むことによって、当面、日本経済に対する前向きの評価が浮上している。金融機関を守るために六十兆円を日本政府が準備したことは、最終的な責任を日本政府が引き受けると言明したに等しく、このことは日本全体が事実上、巨大な国営金融機関となったことを意味する。だが、この状況から、日本経済が真に立ち直り、国際競争力を身につけていく可能性は小さい。大きな政府は解決策でも救済策でもあり得ない。労組もまた然《しか》りではないか。

経営者に激励される労働組合

労組問題について企業側はどのように見ているのか。経営不振を打開するために仏ルノーと提携した日産は、かつて深刻な労組問題を抱えていた。日産ＯＢが語る。

「五三年、日産の組合は共産主義勢力に乗っとられ、会社は存亡の危機に直面しました。社は第二組合をつくらせ、内部からの切り崩しを図り成功、以降、第二組合と手を結びました。あの時代、どこの企業でも同じような問題を抱えていましたが、日産の経営陣は誠に愚かだった。後に社長になる川又克二《かつじ》氏は第二組合委員長の塩路一郎氏に、経営案件に至るまでおよそ全《すべ》てを相談、塩路氏は空前絶後の権勢で〝天皇〟とまで呼ばれるようになりました。塩路氏は自家用ヨットで遊ぶなど完全な労働貴族で、そのくせ会社の方針には一々、反対しました。英国進出が遅れたのも、経営手腕もなく、経営失敗の責任も負わなくてもよい組合委員長らの反対が原因です。現在の日産の凋落《ちょうらく》は、川又・塩路体制が原因だと私は考えています」

ＯＢ氏は、いかにも残念だというふうに語り、当時は日産とトヨタの株価はほぼ同水準だったのが、今や日産はトヨタの十分の一の株価であると嘆いた。二〇〇〇年二月二十一日の株式はトヨタが四千五百七十円、日産が四百十九円で、十分の一よりもさらに下がっている。

このような時代を経てきた日産だが、塙《はなわ》義一現社長は一般論だと断って、意外にも組合に対して前向きに語った。

「経済が右肩上がりの時代、労使問題は殆《ほと》んどなかったのです。賃金も上がり、会社は組合の要求を呑《の》んでも利益を計上できましたから。しかし今、経済は厳しく、従来の終身雇用、年功序列は困難になりつつあります。かといって、実績主義に移るには評価の基準も確立されていない。そういう意味では、むしろ、これまで以上に組合の存在が必要とされてきます」

日産はユニオンショップ制をとっているため、社員全員が自動的に組合員になる。希望する社員だけが組合員になるクローズドショップ制と異なり、ユニオンショップは全社員＝組合員ゆえに、力は強い。委員長は人事にも口出ししがちである。

塙社長は「日産の人材は労働組合にいます」「昔から日産では労働組合は人選が上手だった」と述べて労組に〝配慮〟した。組合に手を焼き、その存在に悩まされた歴史をもつ企業の長は、あくまでも組合に関しては慎重な姿勢を崩さない。だが、否応《いやおう》のない合理化策なしには、日産の立ち直りは難しいと言われる今、塙氏はこうも語った。

「労組も変わらなければならない。会社も組合も今がターニングポイントです。グローバルな競争をするには、実績主義に徹しなければならない。若い世代ほど、年功序列より実績主義です。その変化に組合の幹部が追いついていないと思います」

森山寛副社長は率直だ。

「正直に言うとユニオンの役割は今後、なかなか難しいと思います。日産労組が二十一世紀にどんな存在意義を新たにつくれるか分かりませんが、組合の最大の大義は団結と平等にあります。平等の旗の下で、組合の賃金体系は常に年功序列、三十五歳で十七年勤続の人の標準賃金は幾らという要求しか出てきません。彼らが新しい要求を見いだしているかといえば、その息吹《いぶ》きはまだ感じとることができません」

だが、森山副社長も、労組の存在意義を完全に否定したわけではない。

「組合があるからといって余剰人員を抱えるわけにはいきませんが、ギリギリの決断を下す時、カウンターパートとしての組合は不要とは言えない。アメリカでは乱暴にレイオフすると言われますが、受け皿ははるかに向うの方が整っています。従って日本の労組はリストラが適正であるかをチェックしたり、オープンな労働市場を形成していくことが期待されていると思います」

JR東日本の松田昌士社長は、日本の労組は経営側と運命共同体だと指摘し、その中での組合の意義を説いた。

「使用者と労働組合は、同じテーブルにつきながらも、同じ側に坐《すわ》ってはいけないのです。立場が違うのですから相対する側に坐り、チェック機能を働かせるのです。銀行をはじめ多くの企業の経営がおかしくなったのは、経営者が組合はうるさいといって懐柔し、チェック機能が働かなくなったからでしょう」

組織の自浄機能を維持するためにも、健全な組合はもっと存在感を持った方がよいという松田社長は、むしろ組合を奨励しているようだ。しかし「健全な」という言葉から、国鉄労組にまつわる複雑な事情が浮かんでくる。松田社長が語った。

「昔、黒表紙と言いましたが、職場を麻痺《まひ》させて社会主義革命の導火線にしようとの内容が国労の文書に書かれているんです」

日本共産党が山村工作隊に周知させた言葉に、レーニンの「祖国への絶望が革命への早道だ」というのがあるが、似たようなイデオロギーが国労にもあったと松田社長は指摘し、次のようにも述べた。

「でも今は全く変わりました。うちの主力組合、JR東労組と我々経営陣は、経営協議会で双方の主張を聞き、互いに議論しています」

松田社長は経営協議会では会社の基本的な経営問題についても労働組合と話し合うと述べた。

「労組が二十一世紀に生き残るには建設的に経営をチェックしなければなりませんが、一般論として今の労組にはその能力はないでしょう。うちの主力組合、七五%を占める

JR東労組はそれを持っています。旧国鉄がJRになって東労組が発足した時に、経営側と互角に議論する以上、バランスシートがわからなければできませんから、バランスシートの読み方から、みな教えたのです」

松田社長はこう述べたが、或るJRの関係者はこのような姿勢には疑問があるという。

「労働組合の委員長であれなんであれ、彼らは経営が失敗した場合、責任を取る立場にいません。責任をとらない人間の意見を、基本的な経営方針に関しても反映させるというのは、日産の川又・塩路問題の二の舞になると思います」

また、松田社長は組合は変わったと言うが、JR東日本の労働組合がかつてのイデオロギー闘争に明け暮れた時代の組合から本当に変身をとげたのかについて、軽々には判断できない事情もある。

九九年一月、公安調査庁は「内外情勢の回顧と展望」の中で革マル派のJR東労組への「浸透」について警告を発している。「労働運動の分野では、最大の牙城《がじょう》といわれるJR東労組において」「革マル派系労働者多数が組合執行部役員に就任」、秀《すぐ》れた経営実績のJR東日本の労組として豊富な資金力も有している旨《むね》指摘している。

この点について松田社長は「組合員が心の中にどんなイデオロギーを抱いているかよりも、彼らがどう行動するかが重要」だと強調する。組合側が経営側とどのように協調するかこそが問われるべきだというのである。革マル派がJR東労組に「浸透」しつつあるとして、JR東日本との協調路線はどこに向かおうとしているのか、JR東日本の労組問題は労組問題一般論として論ずることは難しく、その行方については予断を許さないといえる。

労働組合でなく政治集団

三名の経営者は各々の思惑の中で各々の期待を労組に寄せた。中には明らかに、組合は与《くみ》し易《やす》しと見ている経営者もいる。鷲尾氏はどう答えるか。氏は現在、国の内外で労組が「市場原理横行」に対抗できていないことを認めた。

「特に今、日本の特徴である企業内労組が障害となっています。物取り主義できたために市場原理自体が良いと思いがちで、それが抵抗力が弱まっている原因のひとつです」

組合は「大きな組合」であるべきとしながらも、現実には、労組不要論の前で連合が組合員をふやす目処《めど》はついていない。ナショナルセンターとしての連合が、企業内組合を超える価値観を打ち出し得ていないのである。

では、連合の取り組みとは何か。鷲尾氏は多くを語ったが、具体例は以下のようなものだった。

リストラ一一〇番の電話相談を実施し、ひどい人員整理に対処し、未組織の企業に組合を作っていく。解雇された人材の再就職を連合傘下《さんか》の企業に依頼する。倒産などの窮地に陥った企業の製品を優先して買い、支援する。或《ある》いはミニマム賃金を設定する。どれも一種の駆け込み寺のような役割だが、組合のある企業では、確かに理不尽なクビ切りは少ないのだという。

また弱者を救うセイフティネットを社会全体に広げていくことが、連合の大きな課題だというが、そのためには、政党支援に力を入れざるを得ないと鷲尾氏は強調した。

「社会保障や税制を通じて社会的配分を図るとすれば、政治への関与が必要です。組合の政策や制度の要求は、野党を応援して立法化してもらうやり方です」

この日も鷲尾氏はこちらの取材のあと、民主党代表選挙に関する〝ごたごた〟の処理に力を貸すために出かけた。

「我々の基本は民主党を機軸に応援し、民主党を経由して政策の実現を図ることです。民主党がサラリーマン、労働者、弱者、ハンディを持つ人々の立場を代表すると思うからです」

政治評論家の屋山太郎氏は連合は勘違いをしていると指摘する。民主党への連合のコミットが、民主党の力を殺《そ》いでいるというのだ。

「今、連合の体質は、当局頼みの体質も旧官公労の体質も渾然《こんぜん》一体となったものです。英国労働党は十八年間も野党にとどまりましたが、それは国民が組合内の左右の論争に飽き飽きして、組合を信頼しなかったからです。ところがブレアは組合を切り捨てました。だからこそ新しい革新としてサッチャリズムのあとに政権をとれた。鳩山《はとやま》新代表にはブレア的な発想があり、鳩山氏によって民主党は生まれ変わると考えられます。組合の意向を反映しているのは横路《よこみち》孝弘氏で、だから彼は未《いま》だに官公労のようなことを言っているのです」

鷲尾氏が反論した。

「ブレアをはじめ欧州社会民主主義グループは、たしかに共産主義や古典的な社会主義を捨て、中道に手をのばしました。しかし、機軸は保守ではない、階級意識が明確で労組や社会的弱者の側に立っていることは間違いないのです」

ヨーロッパでは社会的弱者という言葉は、しかし、力を失いつつある。〝弱者〟を助けるボランティアという言葉さえも勢いを失いつつある。それは必ずしも〝弱者〟のよって立つ基盤が弱体化しているのではなく、むしろ強化されつつあるからである。

どんな人でも社会参加する〝権利〟があり、それを可能にするための税制や制度を要求する権利がある。同時に、弱者だからといって権利のみ与えて貰《もら》って保護されるのではなく、義務も責任も果たさなければならないという考え方だ。

同時に、社会民主主義的な政権の下でハンディを負っている人々に手厚い福祉が与えられると同時に、彼らもまた、高い税負担に応じているのがそのひとつの例だ。つまり、連合に欠けているのが、この個の自立と自己責任の概念なのだ。

　オリックスの宮内義彦社長は、労働者の代表が組合であり、連合であるとの図式自体が時代遅れだと手厳しい。

「連合の中で自治労が非常に大きな力を占めるなど、連合は労働者のごく一部の既得権益を持った人たちの代表と思われても仕方ない面がある。例えば、規制緩和で労働法規の問題になると、派遣労働には反対で、彼らは一年以上の派遣を認めません。若い世代の派遣労働で勤めたいという要望は否定されるわけです。ヘッドハンティングにも反対です。ヘッドハンティングは〝女衒《ぜげん》の世界である〟と言われて私は本当に驚きました。この点については彼らは十七業種に限って認めましたが、ひとつの企業に組織労働者として長く勤め、それを守るのが組合の務めであるという考え方そのものが既得権益になっているのです」

このままでは生き残れない

　連合が、そして労組が闘える場所はどこにあるのか。

　中部大学大学院の飯田経夫《つねお》教授は、労組の存在意義は、景気のよかった総評・同盟の時代からなかったのだという。

「景気のよい時には賃金も順調に上がっていきましたから、組合がとりたてて担《にな》う役割などなかったのです。今、景気が悪化している中で何もできずにいる連合が必要ないという以前に、総評の頃から存在意義はなかったのです」

但《ただ》し、と飯田教授は言う。

「企業内で問題が発生した時に異議申し立てをする場として労組の意味はあります」

オリックスの宮内社長も労組の未来については厳しい。

「二十一世紀の労働事情を考える時、私の考えるのはマネジメントとマネジメントされる人というだけで、労使という考えは全くありません。マネジメントは職能で、もう一方は知識労働者です。マネージャーが偉くて部下の知識労働者が下であることは全くないわけで、双方共に別々の職能を果たしている。企業はこの二者によって機能します。そこでは組合は不要です」

鷲尾氏が烈《はげ》しく反論した。

「そのような市場原理主義は幻想です。全員が高い能力をもち個人契約できるわけではない。多様化や差別化に耐えられるのはごく一部です。残りの人々にはやはり平等が必要で、連合はそれを担保しようとしているのです」

「市場原理の横行に対処しきれていない」と述べた氏は、「市場原理は幻想」だともいう。その中で現実には連合の具体的取り組みは余りにもささやかである。宮内氏が更に述べた。

「銀行経営がおかしくなったのは、組合によるチェック機能が働かなかったというより、企業自身の経営能力と意識の問題です。彼らは利害関係者全《すべ》てによかれという経営でした。最たる利害関係者は従業員だから従業員至上主義になり、日本は世界市場で収益低下によって敗者になった。これを株主のための株主資本主義にする必要がある。長期的に株主に報いるには、コアの従業員を大切にしなくては絶対に会社は伸びない。結果として終身雇用に近い状態も生まれてきます」

従来の終身雇用と宮内氏のいう終身雇用は、結果は同じでもプロセスは全く異なる。厳しい競争の原理と自己責任の有無が両者の違いだ。

松下電器産業はユニオンショップ制の下でも退職金の前払いなどユニークかつ大胆な取り組みで知られる。同社の二十九歳の社員も、組合の存在について疑問を抱く。

「毎月六千円が組合費として天引きされ、それでベア百円を争ってもらっても採算が合いません。若い世代は福利厚生施設も要らず、その分現金でほしいと言います。終身雇用も必ずしも欲していません。幹部の交際費にしても内容は明らかにはされません。どこか特権的な意識をもっていると思われても仕方ありません。今のような形なら組合の価値はなく、むしろ経営者が社員を取りまとめるのに便利な存在ではないでしょうか。例えば経営改革として大規模な組織の改編をするとします。その場合、経営側が一番先に話をもっていくのは組合です。組合は末端の組合員にまで話をしますので、組合が了承すれば末端の組合員までが了承したことになります。経営陣にとっては手間が省けます し、組合員としても組合がYESと言っているなら、妙に納得するものなのです。そこを経営側はうまく利用していると思います」

日本の労働組合費は世界一高い。にもかかわらず組合は組合員の求めに応《こた》えていないのだ。おまけに組合員よりも会社にとって都合のよい存在とさえみられている節がある。

さて、日産にはルノー本社から四十五歳の若きゴーン氏が副社長として送り込まれた。彼は能力とやる気のある人が活躍できる組織にし、人事制度も変えたいと既に発言した。森山副社長は、ゴーン氏がどんな決断をするにしても、組合に生きる道があるなら、アメリカに較《くら》べて立場の弱い日本の従業員を守りうるような労働市場を築いていくことだと述べた。

アメリカでは解雇された人物に再就職の斡旋《あっせん》をはじめ、心理的なケアも、新しい技術習得の手助けも行う。そこには多くのNPOの関わりもあるが、優勝劣敗に徹して人情の薄いことと紙の如《ごと》くに思われているアメリカの方が実は、日本よりもはるかに、人間を大切にする。

革命をおこす勢いで人間を大切にする。労組の生きる道があるとすれば、まさにここであろう。

二十年前、国労の富塚三夫《みつお》書記長は生産性向上と合理化の理由を次のように述べた。富塚氏は国労の書記長からのちに総評事務局長を経て衆議院議員となった人物だ。

「合理化は本質的に人べらし、労働強化につながる。日本の場合、生産性向上は資本家側の立場を有利にするので基本的に反対する」

鷲尾氏は語る。

「全くの時代遅れです。連合は企業の成長を支え、認めます。配分については対立しますが、収益を上げる点については一致します。結果平等を主張しはしますが、決してそれだけではないのです」

だが、前述の組合員は、連合の活動は経営者のためかとさえ問うた。連合が課題に取り組み得ていないのはたしかだ。競争の原理にも徹底できず、かといって〝弱者救済〟の枠組みづくりにも遅れた組合は、今こそ大変身しなければ未来はない。

追記

九九年十月、日産のカルロス・ゴーン・COO（最高責任者）は『日産リバイバルプラン』を発表、新商品の開発に重点をおき、収益力向上を宣言した。そのために車輌組み立ての三つの工場、パワートレイン工場二つを閉鎖するなどの合理化案を実行、二万一千人の人員カットも決定した。

二年後の二〇〇一年十月、ゴーン氏は、「二年前は頻死の状態だった日産は蘇った」と語り、二〇〇一年九月の中間決算で、営業利益は前年同期比三九%増、過去最高の千八百七十億円の達成を発表した。二〇〇二年の春闘では日産は賃上げ要求に七千円の満額回答を出し、ベアゼロとした業界の雄、トヨタとの対照を際立《きわだ》たせた。日産の労組の前向きの変貌《へんぼう》を示す現象である。

一方、日本の労働組合を引っ張ってきた自治労が長年、組合費を裏金としてプールし、流用していた不祥事も発覚、歴代の委員長がこの裏金づくりに関わっていた。組合は存在意義と信頼を急速に、さらに、失っている。

第20章　金融危機は終っていない

国際競争力を失った日本の銀行の生き残りの道は、グループ化による再編であるといわれてきた。

一九九九年八月、興銀、第一勧銀、富士銀のグループが誕生した時、市場は敏感に反応した。三行の株式に買いが殺到し、株価はストップ高に駆けのぼった。新聞各紙は「大統合」「世界最大金融グループ」「メガバンク」などの表現で一面トップで大きく扱った。

どれも期待値の大きさを反映したものだ。方向としては正解の三行統合は、しかし、余りにも大きな課題に直面している。三行が、如何《いか》に切羽詰まった形で統合したか。それを見れば、メガバンク誕生といって喜んでばかりもいられない。

九九年三月、東京三菱銀行を除く大手銀行十五行は、軒並み、資本増強を行った。注入された計七兆四千六百億円の巨額の資金は政府の保証によって民間及び日銀から調達した金である。最終的には国民負担ともなり得る〃公的資金〃だ。今回統合した富士銀行には最高額の一兆円が、第一勧銀には二番目に多い九千億円が資本注入された。にもかかわらず両行の、そして、十五行全《すべ》ての経営実態は、安定とは程遠かった。

ベテランの金融ジャーナリストが語った。

「資本増強に際して各行は経営健全化計画を金融再生委員会に提出し、委員会が了承し、資本注入を許したことになっています。が、事実は全く異なるのです。再生委員会は各銀行の計画をみて愕然《がくぜん》としたといいます。行員や店舗のリストラ計画も、収益の見通しも、絵に描いた餅《もち》でした。しかし、金融不安を懸念《けねん》していた再生委員会は、それを了承せざるを得なかったのです。再生委員会の森昭治事務局長は〃本来ならば受け容《い》れ難いケースだが、金融システムを守るために目をつぶる。だが、単独ではもはや生き残れないから、すぐに合併せよ〃と言い渡したと言われています」

興銀側が反論した。

「本行の経営健全化計画では、事業金融の担《にな》い手として、コマーシャルバンキング（普通銀行）業務とインベストメントバンキング（投資銀行）業務を両輪とした経営方針を金融再生委員会に説明し、問題なく受け容れられています。それが〃受け容れ難い〃ものであったから、統合を促されたということはありません」

両者の主張は食い違う。しかし三行が単独行として国際競争に勝ち残り、生きのびるのが難しいのは事実である。また大手銀行が軒並みここまで追い込まれたのは、各銀行のこれまでの経営も日本政府の金融政策も失敗だったことを示している。

政府保証で資金調達したり、日銀が銀行向けとはいえ民間企業に資金を貸すことは、日本の金融界の社会主義体質を示している。先のジャーナリストが語る。

「三行協議が始まったのは五月の連休明けです。それ以前に興銀が一勧に働きかけ、渋る一勧を森事務局長が強く説得する場面もありました。三行は当初は合併を前提に協議しましたが足並みが揃《そろ》わず潰《つぶ》れかけた。一勧がまたもや嫌だといい、興銀はこの期《ご》に及んでさくら銀行や大和銀行に働きかけた。そこに金融監督庁と再生委員会から駄目押しが入り、七月になって今回の持ち株会社方式の案が出されてきたのです」

この指摘に対し、興銀側はこれまた事実無根であると反論した。

「九九年五月五日に当行の西村（正雄・頭取）がかねてより相談相手の仲だった富士銀行の山本恵朗《よしろう》頭取と都内ホテルでお会いして、この統合の話が出て参りました。早速、翌六日に一勧の杉田力之《かつゆき》頭取に話をもちかけ三名でお会いしました。

ここで話は決まったわけですが、それ以前にご当局の大蔵省（現・財務省）や金融監督庁などにお話し申し上げたことはありません。当然ご当局から特段の示唆《しさ》を頂いたこともありません。ご当局への報告は、『日経』が八月十九日夕刊でスクープした直前、十九日の午前中のことです。柳沢金融再生委員長に電話で報告させて頂きました。昔とはちがって、統合や合併についてご当局にお伺いをたてることは余りなくなっているのではないでしょうか。また、今回の統合は、駄目だといわれることはないと私どもの側に確信があったとも言えます」

その一方で、いろいろな銀行に「意見を聞いたのは確か」であるとも、興銀側は述べた。「意見をお聞きした銀行の中に、さくら銀行さん、三和銀行さん、東海・あさひ銀行さんなどがおられたのは確かです」と述べる。

こうして三行統合は実現した。総資産百四十一兆円の〃世界一〃の巨大金融グループ（みずほフィナンシャル・グループ）である。だがこのメガバンクは統合お披露目の会見の席で、自らの体質のおかしさをみせてしまった。

横浜商科大学教授で『金融再編』（文春新書）の著者、加野忠氏が指摘した。

「会見した頭取三氏が口々に〃国益のため〃と言っていましたが、大蔵省の護送船団行政の下で手厚く保護され、国民にツケを回してきたことを認識すれば、そんなことを言える立場ではありません。また、あらゆる経営判断は国益のためではなく市場に受け容れられるか否《いな》かという基準で考えるべきものです」

〃金融社会主義〃にどっぷりとつかってきたからこそ、資本主義の最重要ファクターの市場を二の次にして国益というのだという指摘である。

三行は資産も世界一だが、三万五千人の行員数は抱えすぎであり、五兆円以上の不良債権は世界一だ。

従って注目点は、三行がいかに大胆かつ迅速にリストラを進め経営の効率化をはかるかである。この点で三行の計画は、当初から期待外れだと金融専門誌の記者が語った。

「三行は六千人と百五十店舗の削減を打ち出しましたが、これは三月に再生委員会に提出した各々《おのおの》の健全化計画の数字を足しただけのもの。本気でやる気がないのです。しかも三年かけて実施するという。欧米の巨大合併では、発表して即合併、すぐにリストラに入り、半年くらいで完了です。スピードが違います」

興銀側の主張はこの点についても異なる。

「特に削減店舗は、金融再生委員会に提出したものの合計はマイナス六十九店舗です。三行統合でそれが百五十にふえています。

不良債権は、三行分を足し上げれば、確かに五兆五千億円になりますが、内、二兆七千億円には担保と保証があり、二兆三千億円は引当金で処理されています。つまり九割はすでに処理が済んでおりまして残りは一割です。その一割も回収は要注意ながら、計画どおりに経済が回転すれば回収できるという第二分類ですから、このまま経済が立直っていけば大丈夫なものなのです」

興銀の主張は主張としても、不良債権問題で銀行側の言い分をそのまま信用することはもはや難しい。それ程、不良債権について銀行の信用度は失われたということだ。

不良債権の処理の遅さ、全体的な反応の鈍さと効率の低さは三行が掲げた利益率にも反映されている。総資産百四十一兆円の巨大銀行は、目指すべき業務純益を一兆円と発表した。運用利回りは一％未満、しかもその一兆円さえ達成は危い。海外の銀行やメディアの視線の冷たさには十分な理由があるのだ。

ふえ続ける不良債権の実態隠し

堺屋《さかいや》太一経済企画庁長官がいかに明るい展望を語ろうとも、日本経済の実態はおかしい。金融が再生しつつあるかといえば、むしろ、危機は深まっている。最大の問題、不良債権がふえ続けているのだ。

九九年七月十九日発表の帝国データバンクの百三十八行の実態調査によると、九八年度の不良債権（リスク管理債権）は全体で二十八兆六千三百億円で、前年比で三兆三千二百億円の増加となった。

都銀、信託など大手十七行をみると、不良債権は十九兆二千八百億円で前年比一兆三千八百億円の増加、百三十八行の不良債権総額の六七％を占めている。

帝国データバンク情報部長の熊谷《くまがい》勝行氏が解説した。

「銀行が幾度不良債権を処理しても、その都度、不良債権がふえています。地価が下落し続けているからです。担保の土地の評価額が下落する分、不良債権がふえ、処理を終えたはずの債権に新たに不良部分ができるのです」

経済評論家の松本明男氏はこれを〝賽《さい》の河原の石積み〟と語った。

「銀行業界は九九年三月の決算時に十三兆円ほどの不良債権を処理しました。それ以前の四年間では五十兆円以上を処理してきました。にもかかわらず、今だに大手行だけで八十兆円余り、銀行全体では百兆円を超える不良債権があると言われています」

不良債権をふやし続けているのは地価の下落だけではない。立教大学教授の斎藤精一郎氏が語った。

「あれだけ危ないと言われながら、ゼネコンの倒産は三社のみ。それ以外が倒れないのは、金融機関が債権放棄で支えているからです。その分を不良債権に加えているか、分からない部分もあり、膨大な不良債権がそのまま残っている可能性は大きいのです」

当然あるはずの不良債権を勘定に入れていないということだ。実態の悪さを覆《おお》うメカニズムに関連して、九九年八月十日の『毎日新聞』に日本公認会計士協会の中地宏会長が興味深いことを書いている。日本はかつて〝日本株式会社〟だった。経営責任は行政府にあり、弱い会社は行政に甘え、行政は公認会計士の監査を制限し続けてきたというのだ。会計士ははじめから見るべき箇所を除外され、「そこは役所が見ているから」とか「日本発の世界恐慌《きょうこう》になる」とかの理由で政府側が会計監査に手心を加えてきたというのだ。

さらに九九年度の決算から導入された「税効果会計」制度も実態隠しの役割を果たしている。大手シンクタンクの主任研究員が呆《あき》れ顔で説明した。

「税効果会計というのは〝こうなるはず〟という超楽観的な見通しに立ってはじき出す金額です。たとえば五年先にはこれだけの収益があがるはずだから、それに見合った不良債権の償却がこれだけできるはずで、とりあえず今の税法上は有税償却するが、将来的に無税になった場合に先払いした税金がこれだけ戻ってくるはずだから、それを今、自己資本に組み入れておくという制度です」

この制度は元々は二〇〇〇年三月から導入予定だったのが、まさに不良債権処理を進めるために一年前倒しで導入されたという。この方法では、全て予定通りにいけばよいが、そうではない時には償却したはずの不良債権は処理できず、自己資本金もその分減っていく。

税効果会計は欧米でも実施されているグローバルな制度である。この制度がきちんと機能するか否かは、不良債権を含めた経営実態をどれだけ正確に計算し予測するかによる。日本では、公認会計士による監査でさえも正確には行われてこなかった。厳しい監査やチェック機能を欠いた現状では、税効果会計が事実上、不良債権の実態隠しと、問題の先送りにつながるのだ。

小渕政権の下で金融制度安定化のために六十兆円を用意し、金融監督庁で監査し、駄目なゼネコンにも駄目な自動車メーカーにも開発銀行から融資し、中小企業にも二十兆円の特別融資を準備した。手厚いセイフティネットを築き、ツケは将来に回した。ネットを張っている間に金融を安定させ、景気回復を図るというものだ。斎藤教授はこれを「国家総動員金融」と呼んだ。

かつて、国家総動員体制で人材も資金も資源も、全て最優先で戦争遂行のために割り振っていったように、今の日本は金融システム立て直しのために同じような体制に陥っているのだ。

ペイオフは断固実施すべきだ

このような日本について、FRB（連邦準備制度理事会）のグリーンスパン議長が九九年五月にシカゴで言及している。

「中国を除く東アジア諸国全体の合計よりも大規模な経済を有する日本は、多少の進展をみせているとはいえ揺らぐ金融システムの立て直しが出来ずに混乱を続けている」

紳士的な発言で知られる同議長が特定国を名指しで批判するのは珍しい。同議長はその後も日本向けとしか思えない発言を重ねた。

六月二日にはボストンで競争の原理が確立されていないケースについては独禁法、ダンピング禁止法などが適用されて然《しか》るべきだと語り、六月十日にはハーバード大学でシュンペーター教授の言葉を引用して「創造的破壊」の重要性を説いた。

「一連の発言は日本へのメッセージです。市場原理を曲げ続ける日本に強い不満を抱いていると理解すべきです」

こう述べるのは外資系シンクタンクの主任研究員、外山重人氏（仮名）である。日本的な金融政策は新しい活力を生み出す力とはなり得ず、国際社会にとってもマイナス要因だというメッセージであろう。対して小渕政権は矛盾を包含したまま突き進む。

斎藤教授が語った。

「小渕政権の恐ろしさは何でも取り込んでしまうことです。矛盾したまま飲み込んで、その結果、一応の危機は去っても、また危機がやってくる。ペイオフが一例です」

二〇〇一年四月から実施予定だったペイオフでは預金者の預金は一千万円までは保護される。それを超える分は資産の回収率に応じた配当が支払われる。国や預金保険機構が全額負担するのでなく預金者や一般債権者も応分の負担をすることでモラルハザードを避け、日本に決定的に欠けている自己責任を確立するきっかけになると期待されていた。

ところがこの、ペイオフが延期されてしまったのだ。九九年後半から、反対論が目立ち始めた。実施するにしても大企業や自治体の預金は対象から外し全額保護すべしとの論議などが大蔵省金融審議会でとび出し始めたのだ。

「企業決済は百パーセント保護しないと、連鎖反応で倒産につながっていく。だから百パーセントの保護が必要だ。地方自治体の預金も同様だ、となったのです」

心ある大手銀行の幹部が危機感を語った。企業や自治体のお金を国が全額保護する方向に日本は行きつつある。それは最終的には国民負担だ。他方で個人の預金はペイオフの対象となる。国民からみれば詐欺《さぎ》である。

「金融業界を再編し、ドラスティックなリストラを進めるためにはペイオフの完全実施が不可欠です。六十兆円の金融システム安定化のための資金も、ペイオフの凍結期間に限っての時限立法で、二〇〇一年を超えたら、それによっては銀行は守れません。これがなくなると駄目な銀行は直ちに危機に陥る。だから三行はその前に統合するのです。真の改革はペイオフの断固たる実施なしには、できません」

と、外山氏が語った。

にもかかわらず、政府は九九年末、突然、内外に公約していた二〇〇一年四月からのペイオフ実施を一年間延長した。理由は中小金融機関にその準備ができていないという点だ。越智《おち》通雄《みちお》金融再生委員長は、とりわけ信用組合に問題が多く、全国三百の信組中三分の一がペイオフ解禁に耐えられないからだと述べた。またしても問題は先送りされたにすぎない。日本の金融行政と金融システムへの国際社会の信用はさらに低められてしまったのだ。

金融政策と連動した日本の為替政策も、グローバルスタンダードの見地から批判されている。株価の回復や若干の景気回復への期待から、九九年春以降、為替は急激な円高に振れた。それを阻止するために、政府は大規模なドル買いユーロ買い介入を断行し円安基調に戻そうとした。その額はわかっているだけでも六月に一ドル百二十円で二百二十億ドルの巨額にのぼる。さらに七月に百三十億ドル、計四兆二千億円程を投入して巨額の外貨準備を増やした。

この大規模な円売りドル・ユーロ買いを米財務省サマーズ長官は強く批判し、「重要なのは通貨を介入で操作することではなく、内需主導の成長でファンダメンタルズを強化することだ」「通貨操作は経済の長期的繁栄にはつながらない」などと述べた。

ルービン前財務長官も、

「介入は一時的措置で、日本経済の実態の好転なしには長期的な問題解決につながらない」

と批判した。

それより前の四月末、グリーンスパンFRB議長は、為替市場に介入して効果をあげるためには金融政策が伴わなければ難しいと語り、九八年四月に日本が行った二百億ドルの円買いドル売り介入を「殆《ほと》んど相場を動かすことはできなかった」と、介入の失敗例として紹介したのだ。

時に、余りにも強引な日本の為替介入は自己中心的と見られている。特に東南アジアでは、九五年後半からの円相場の下落がアジア通貨危機の要因と指摘する声も多い。

「日本経済全体や金融システムをどうするのかという明解な軸がないまま、小手先で、円が高いと輸出の力が殺《そ》がれて景気が下がるという一時的な景気対策だけで為替政策を進めているのです」

斎藤教授は日本側の場当たり政策を批判した。

円高阻止介入のもうひとつの狙《ねら》いは、約百兆円といわれる生命保険業界の外貨建投資の目減りを防ぐためという見方が強い。

大幅介入によって特定の生保や銀行の外貨建投資の目減りを一時的に防いだとしても、そこにはなにも本質的な解決はない。例えば九九年六、七月に日本政府は為替相場に大幅介入した。それによって二か月間に百二十円で三百五十億ドル余りを買った。四兆二千億円である。その後、為替レートは百十円台になった。円にして三兆八千五百億円に目減りしたわけだ。日本国民の財産が、たった二か月間で、三千五百億円失われたことになる。

日本政府は市場が円安に振れれば円高に導こうとし、円高に振れれば円安に導こうとする。その場その場で対症療法の為替政策をとりがちだ。国際社会が認めない日本政府の為替政策によって特定の企業や銀行は息をつけたかもしれない。しかし、その裏で膨大な国民の税が浪費されている。しかも介入は常に秘密裡《ひみつり》に行われる。外国で比較的きちんと介入の目的と経緯が説明されるのとは対照的だ。

なぜ国民に見えないところで、巨額の国民の資産が動くのか。斎藤教授の説明だ。

「為替政策は外為会計で財務官が一人で仕切ります。財務官制度では、決定がその時に就任している個人の恣意《しい》性にかなり依存しているので、非常に危険です。為替政策と他の経済、景気政策の整合性は全く取れていません。日銀が金融政策全体に一貫して責任を持たなくてはならないのですが、財務官制度の欠陥が邪魔しているのです」

このような欠陥制度は迅速に改めた方がよい。或《あるい》は、徹底的な情報開示が必要だ。諸外国からさまざまに指摘された為替介入の多くは、榊原英資《さかきばらえいすけ》前財務官が手がけたものだ。その榊原氏は退任後、種々のマスコミで体験記を発表している。ポジションを離れるとほぼ同時に語ることが出来るのなら、財務官在任当時に徹底して情報公開することも可能なはずだ。

日本のみ、きわめて恣意的な大幅介入を行って国民のお金を浪費することは許されない。ましてや為替操作は実質的問題解決にほとんど寄与しないのだ。

大胆で迅速な改革を

日本の採るべき道について大きな示唆《しさ》を与えてくれるのが韓国のケースである。

韓国の経済情報新聞『東洋経済日報』編集長の金時文《キムシムン》氏が現状を語った。

「九八年は韓国の銀行全体で一兆四千億円の赤字だったのが、九九年は全《すべ》ての銀行が黒字に転じています。上場企業も同様で九八年は殆んどが赤字だったのが、九九年は全て黒字です。金融改革で最も重要なのはスピードです。韓国は九八年に改革を始め、一年弱でもう結果を出しています」

ほとほと嫌気のさしてしまう不良債権処理を、〝賽の河原の石積み〟のように続けている日本から見れば大きな驚きである。一年弱で結果を出した韓国の改革とはどんな改革か。

深刻な危機に見舞われた韓国はＩＭＦに支援を仰ぎ、ＩＭＦの下で非常に厳しい立て直し策が進められた。まず金融改革だ。

都市銀行、地方銀行二十五行とノンバンク三十社、その他の信用金庫や保険会社など多くの金融機関が徹底して数を減らされた。再編である。

法整備も含めて処理の方法は日本と似ている。約八兆円の公的資金を投入し不良債権を一挙に処理させ、処理できない金融機関は業務停止、破綻《はたん》、或いは健全銀行に引きとらせる、或いは合併させる、或いは外資に売り払うという方法で減らした。その結果、銀行の三分の一以上が整理され、その数は二十五行から十七行に減った。三十以上あったその他の金融会社は半分に減った。

旧経営者は強制的に退陣させたり場合によっては刑事責任も問うた。銀行全体で三割の職員を首切りの憂目《うきめ》にあわせ、内六千人には退職金も支払われなかった。過酷苛烈《かれつ》な首切りで大混乱は生じたが、わずか一年足らずで、株価は早くも史上最高値の水準に戻り、経済成長率は年初の見込みを大幅に上方修正した。

「それでも韓国はまだ、目指す三大改革のうちの金融改革しかやっていません。これから財閥改革、労働改革です」

金氏は語る。

IMF主導の改革への批判が強いのもたしかである。緊縮財政と金利をあげて金融を引き締め、性急に金融機関を改革する方法は、各々《おのおの》の国の文化や伝統や価値観を無視するものだという意見である。全てがIMF方式で機能するとは限らないという意見でもある。典型例がマレーシアのマハティール首相だ。日本の榊原前財務官も同じ考えだ。

だが、韓国の改革は多くのメッセージを伝えている。

八兆円の公的資金、きわめて迅速な改革の実行、徹底した原因の追及と責任の糾明を行って一年弱で立ち直った韓国、片や六十兆円も準備し、長い時間をかけ、誰も責任をとらない仕組みの改革の日本。日本の金融界が、今だに生き残れるか否《いな》か不明の混沌《こんとん》の中にいればこそ、一時的な混乱を恐れずに大改革への道を踏み出す意味を痛感する。それは即ち、何でも飲み込む小渕政権の政策を厳しく取捨選択することから始まる。

或いは疲弊した金融界立て直しのためには、全く新しいアプローチが必要なのかもしれない。この点で〝純粋銀行論〟を説くのは加野教授である。

「これは一九三三年にルーズベルト大統領にアメリカの学者たちが提言した考えです。銀行を決済機能だけの銀行と、それ以外の業務を行う銀行の二形態に分ける。前者は決済用の預金だけを受け入れ、それを安全な国債などで運用する。それ以外は一切やらない。つまりリスクを全く負わなくてよい銀行です。後者はリスクが高くてもリターンの高さで競うのです」

国は前者のみを公的資金で保護するが後者は保護しない。つまり国は決済システム保護のためだけにリスクを負うが、決済業務そのものにはリスクは存在しないであろうため、結果的にはリスクは少なくてすむというものだ。

どれ程処理しても現在も金融機関の不良債権はふえ続けている。日本の金融危機は決して終ってはいない。それだけに現在の銀行形態に頼らないお金の流れをつくる純粋銀行論も含めて、大胆な改革が必要である。そして何よりも迅速な改革を行うことだ。それのみが真の意味での日本の生き残りを可能にする道である。

追記

銀行業界再編の動きは目まぐるしく進んでいる。二〇〇二年四月までに四大メガバンクが出揃《でそろ》った。東京三菱と三菱信託のつくる三菱東京フィナンシャル・グループ、住友・さくらの三井住友銀行、旧三和、旧東海、旧東洋信託のUFJホールディングス、第一勧銀、日本興業、富士、安田信託のみずほフィナンシャル・グループである。

激しい再編成を経てメガバンクを誕生させても銀行の危機が去ったわけではない。二〇〇一年七月末で全国の銀行の資本総計は三十四兆円、この中には九八年以来注入されてきた公的資金が七・五兆円、本章でも触れた税効果会計による税の前倒し繰り入れ金が五・二兆円分もある。銀行の資本は真水部分が二十兆円強でしかない。一方で銀行は四十一兆円分の株式と六十五・七兆円分の不良債権を保有する。株式が一〇〜二〇%下がれば資本の半分がなくなり、不良債権がさらに資本を圧迫する。こうした資本と経営内容の脆弱《ぜいじゃく》さから、一時的に国有化しなければ再生は期待し得ないと分析されるほど、銀行の危機は絶体絶命、確実に深まっている。

第21章 日本を狙《ねら》い撃ちするヘッジファンド

ヘッジファンドの次なるターゲットは日本である。

一九九九年三月にはアメリカの大手ヘッジファンド首脳らが、総勢二十人で来日、政府、日銀関係者などと精力的に会合を重ねた。以来、関係者の来日が続いている。

大蔵省出身で小渕首相のブレーンでもある大原一三衆議院議員が述べる。

「五月にはタイガーファンドの主宰者、ジュリアン・ロバートソンが訪ねてきました。ロバートソンのファンドの顧問を務めているサッチャー元英国首相や、米国元大統領候補の共和党のボブ・ドール、その他多くのヘッジファンド関係者の訪問が九九年春以降急増しています。彼らの知りたがるのは、ここ一～二年の日本経済、補正予算、ゼロ金利、為替の見通しなどです」

彼らは明らかに日本に焦点を合わせており、複数のヘッジファンドが相次いで東京事務所を開設した。

二〇〇〇年二月までの間日本の株価は、九八年秋の一万二千八百七十九円の最安値から七千円近く、五〇％強も上昇した。大蔵省が発表した対内対外証券投資の統計によると、株高傾向は外国資本による日本株買いによってもたらされたことがわかる。外資の内、少くとも三分の一乃至《ないし》二分の一がヘッジファンドだとみられている。

それにしてもその全体像は摑《つか》みにくい。ヘッジファンドという資金そのものも分かりにくい。ヘッジ（リスクの回避）という言葉にとらわれず、ファンド、一種の私的投資信託ととらえれば分かり易《やす》いだろう。

いま世界でヘッジファンドは、三千五百社から五千社あると言われている。私募のファンドであるためにアメリカのケースでいえば投資会社法の適用外となり、投資家保護のための情報公開の義務もなく、規制も受けない。ディスクローズの必要はないかわり、結果は厳しく問われる。登記上の本拠地はケイマン諸島やバミューダなどのタックスヘイブン（租税回避地）にあり、活動の本拠地は米国が圧倒的に多い。

通常百人以内の投資家から資金を募るが、殆《ほと》んどの場合顧客の投資額は百万ドル（約一億一千万円）以上、大手の場合五百万ドル以上に限定されており、投資資金は資産運用全体の一〇〜二五％以下であることが求められている。余裕をもって資産運用ができる人々のハイリスク・ハイリターンを前提とした完全な自己責任に基づく投資である。

ヘッジファンド数千社の資本金をＩＭＦは九七年度で千百十五億ドル（約十二兆円）

と発表した。が、これは過小評価で実際には三千億ドル（約三十三兆円）を超えると推測されている。

これだけの資金がヘッジファンド特有の運用法によって、さらに巨額の、時には天文学的な額へと膨らんでいく。その運用法はレバレッジとデリバティブと呼ばれているものだ。

『ヘッジファンド　世紀末の妖怪《ようかい》』（文春新書）の著者、浜田和幸氏がレバレッジを説明した。

「ヘッジファンドが妖怪といって恐れられるのは、投資資金が梃子《てこ》の原理でどんどん巨大になっていくからです。集めた資金を担保にして別の金融機関から借りる。さらにそれを担保にしてまた別の金融機関から借りる。この繰り返しで資金は急速に膨れあがっていきます」

住友銀行キャピタルマーケット企画部長代理の川端信之氏も解説した。

「ジョージ・ソロスやロバートソンなど大手は別にして大半のヘッジファンドはたかだか数億ドルから数十億ドルの規模です。基本的なパターンは、最初に集めた資金で比較的安全で担保価値の高い国債などを購入し、それを担保にして銀行などから融資を受ける。それでまた国債を買ってさらに融資を受ける方法です」

こうして元本の何十倍もの資金を調達していく。

破綻《はたん》したアメリカの大手ヘッジファンド、ＬＴＣＭ（ロングターム・キャピタル・マネジメント）は二十二億ドルの自己資本をレバレッジで千二百五十億ドルにふやして運用していた。実に手持ち資金の五十七倍である。

梃子の原理を用いれば兆単位の資金を手にすることも容易なのだ。ヘッジファンドの凄《すさま》じい力は、資金のふやし方だけにあるのではない。「三十五歳以上には理解不可能」といわれるリスクの高いデリバティブと呼ばれる運用の仕方にもある。

浜田氏の説明だ。

「デリバティブとは、先物取引、オプション、スワップなど、通貨、株式、金利の売買、交換方法を複雑に組み合わせた新金融商品の総称です。高度の確率で相場を予測するための高等数学とコンピューターなしには成立し得ないマネーゲームで、元本の何十倍もの規模の取引ができます」

現在、世界のデリバティブ市場は百五十兆ドル規模に膨張しているといわれる。これは全世界のＧＤＰの約五倍という巨額である。

猛威ふるう巨大マネー

では実際にヘッジファンドはどのように動くのか。余りにも有名になったケースがソロス氏の「クォンタムファンド」によるポンド売りである。

九二年当時、ヨーロッパ諸国は統一通貨となるユーロ導入の準備を進めていた。ドイツ・マルクに主要国の通貨を連動させるERM（欧州為替相場メカニズム）はユーロ導入の柱である。

当時不況にあえいでいたイギリスはポンドが弱体化しているにもかかわらず自国の通貨価値を維持しようと無理を重ねていた。為替相場とイギリス経済のファンダメンタルズの大きな開きに注目したのがソロス氏だった。

ソロス氏は実力以上に高くなっているポンドに売りを浴びせ、イギリス政府とイングランド銀行は必死にこれを買い支えた。ソロス氏の準備した資金は四十億ドルと言われているが、彼はこれをレバレッジで膨らませて投入した。他のヘッジファンドや金融機関が追随し、ポンド売りが雪崩《なだれ》を打ち、イングランド銀行の総力をあげての買い支えも続かなかったのだ。ひと月の間にポンドは約四割も下落し、イングランド銀行がクォンタムファンドをはじめとするヘッジファンドに屈した形でこの戦いは終わった。

この件はソロス氏を「ヘッジファンドの帝王」として世界に認知させると同時に、ヘッジファンドの脅威をも知らしめた。イングランド銀行を相手にした戦いで十億ドルとも十五億ドルともいわれる巨額の利益を手にしたソロス氏だが、ロシアでは二十億ドルを失ったと伝えられた。

浜田氏がロシアの例を説明した。

「まわりまわって、なんです。ヘッジファンドは、超低金利の日本で資金を調達し、ドルに換えてロシアに投資してきました。その一方で経済危機に陥った韓国が海外資産の売却に走り、その中に大量のロシア政府発行の債券も含まれていた。これがルーブルの売りにつながりました。ロシア中央銀行はルーブルを買い支えましたが、外貨はすぐに底をつき、IMFの融資も効果を発揮しませんでした。これで九八年八月のロシア金融危機が発生したのです。ロシア政府は短期国債の償還を一時延期し事実上のデフォルトに陥りました。ロシアの短期国債は、中には五〇％もの高利回りのものがあり、これに投資していたヘッジファンドは軒並み大損したのです」

損失を出したヘッジファンドは、円資金返済のため今度はドルを売って円に換えた。これが円相場を短期間に大きく押し上げた。九八年八月には百五十円近くまでさがっていた円が、同年十月、一気に百十円台に急騰《きゅうとう》したのだ。

勿論《もちろん》、為替水準が全《すべ》てヘッジファンドで決められるのではない。しかし、それが大きなきっかけをつくるのだ。

高騰した円相場は日本の輸出産業に大打撃を与える。元気のよい輸出産業が為替レートで足を引っ張られ、日本経済全体にマイナス効果を及ぼしてしまう。ヘッジファンドが実体経済をも左右する恐ろしさを見せつけたのが、ロシア金融危機だった。

このロシア危機をきっかけにした株式や債券市場の乱高下の中で破綻したのがLTCMだった。二名のノーベル経済学賞受賞者を抱えるLTCMはその創立者で「ウォール街最強のトレーダー」といわれたジョン・メリーウェザー氏と彼らのコンビから「ドリームチーム」と呼ばれていた。まさに世界最強のチームだったはずだ。完璧《かんぺき》と思える理論を構築し、彼らが手持ち資金の五十七倍もの取引をしていたことはすでに述べた。約四十億ドル（当時のレートで五千四百億円）の損失を出したLTCMの破産を防ぐために、ニューヨーク連邦準備銀行は直ちに、主要銀行や証券会社十四社を説得して三十六億ドルを拠出させた。

通常のルールを無視してドラスティックな救済を行ったのは、ヘッジファンドが実体経済の中にすでに組みこまれており、その破綻が金融システム全体の破綻につながっていくと理解していたからだ。

LTCMの周りには、コピーファンドと呼ばれる資金が存在する。これはヘッジファンドの運用先を儲《もう》かりそうだと見て、他の金融機関がヘッジファンドを真似《まね》て同じ運用をすることである。

金融機関がヘッジファンドにどれだけ投資しているかは定かではないが、ファンドの資金増幅の手法、レバレッジのプロセスで巨額の資金が金融機関から出ていること、さらにはデリバティブ市場が今や百五十億ドルにまで膨張していることからみて、金融機関が深くコミットしていることはみてとれる。日本の都市銀行や生命保険会社も巨額の資金をヘッジファンドに運用させている。ヘッジファンドはそこだけ突出した特異な世界ではなく、金融システムの一部となっているのだ。

だからこそアメリカは、従来の、潰《つぶ》れるべき組織はたとえ金融機関であっても潰れるべきだという政策から大きく踏み出してLTCMを救済した。加えて、九八年は九、十、十一月と続いて三度、計〇・七五%の利下げも行った。これらは緊急避難のための応急処置だった。

規制は不可能

その結果、なにがおきたか。アメリカの株式は七千数百ドルのレベルから一万一千ドル台にまで上がり、つられる形で主要国の株も四割から五割の大幅上昇をみせた。

株価の上昇はアメリカ国民の消費意欲を促し、九八年十月にはアメリカの家計貯蓄率ははじめてマイナスとなり、今や、マイナス一・四%にまで借金体質が強まっている。

アメリカ政府は、いま、明白にこのバブル体質から抜け出そうとしており、その決意がすでに実施された九九年六月三十日、八月二十四日、十一月十六日の三度の利上げにつながった。二〇〇〇年二月二日にはさらにもう一度〇・二五%の利上げを行い、続いて更なる利上げが予想されている。

このような背景の中でドルと円の行方を考え、ヘッジファンドの存在を改めて考えてみる必要がある。

ドルとアメリカ経済の行方について九九年八月二十七日にグリーンスパンFRB議長は、ドキッとするようなことを述べた。

「通常投資家は長期トレンドでの均衡維持をベースとした投資戦略を受け入れているが、時として突然情勢を理解することが不能となり、将来に対する自信は崩れパニックに陥る。それはまるで水圧に耐えているダムのように、決壊するまでは自信は揺らいでいないように見えるものである」

アメリカの株式は市場金利と較《くら》べてすでに著しく割高である。三十年物の国債利回りとSP五百社の配当利回りの比較でみても、あのブラックマンデーの時よりも割高となっており、「ダムの決壊」の瞬間の近いことが予想されるのだ。

この発言の背景には、アメリカに流入し続ける外資によって株価が押し上げられ、その結果国民の資産が膨らみ、国民が消費過剰となって遂には家計貯蓄率がはじめてマイナスになるという先述の借金体質がある。

アメリカにとってバブルを崩壊させ、ダムの決壊に踏み切るのは、この赤字体質から脱却することだ。

では、世界の黒字を一人占めしたかのような日本はどうか。

大原一三議員が語った。

「円の行き場がなくなっていきつつあるのです。日本の金融資産は千二百兆円余りですが、半分は、郵便貯金や簡易保険の形で、国が管理しています。これが二〇〇一年から民間に出てきます。六百兆円が国の管理からはなれてマーケットに出る。ところが日本の金融界は、銀行も証券会社もボロボロで、この資金を引き受けられない状況です」

ベテランの金融ジャーナリストが語った。

「いま円は、預金通貨として積み上がっているだけの単なる待機資金です。金融緩和をしてもどこにも行けず置かれているだけ。資本の性格をもたない死に金です」

ただ、死に金と言われても、膨大な資金が日本市場にはある。それを念頭に戦略を練っているのがヘッジファンドである。日本の銀行経営者らとは較べものにならない程、彼らは状況の変化に敏感に対応しようとしているのだ。

日米双方共に、金融、経済は危い所に来ていると考えざるを得ない。とりわけ日本は、国民が巨額の資産を抱えながら不安のただ中にある。この資金をヘッジファンドに狙《ねら》われたくないとの思惑からいま、ヘッジファンドに対する規制が提案されている。

東大大学院の神田秀樹教授は大蔵省（現・財務省）のヘッジファンドに関する規制についての研究会のメンバーである。

「ヘッジファンドは国際的に二つの方向で議論されています。第一は通貨の攻撃を受けた国は自分の国を守る権利があり、狙い撃ちをいかに防御するかという点です。第二はヘッジファンドが国際金融秩序を乱す元になるという点。銀行や証券会社とは異なり規制を受けていないにもかかわらず、金融市場のみならず一国の経済にまで大きな力を及ぼすのはおかしいという議論です。第一点は今の所、被害にあった国が感情論をぶつけている段階で、第二点の議論しか進んでいません」

規制をかけるといっても全くの私募資金に直接的な規制をかけるのは難しい。そこでヘッジファンドに融資あるいは投資している金融機関に情報開示の義務を課すなどの可能性が考えられてはいる。

「だからといって金の流れまで止めることは、やはり、出来ません」

神田教授は自身の考えとしては規制は好ましくないが、議論は規制を設ける方向に進んでいると説明した。

浜田氏は九八年後半の急激な円高にヘッジファンドが加担していたと指摘したうえで、ヘッジファンドによる投機の影響と同じくらいに警戒すべきは、そこに投融資している金融機関への影響だと述べた。

だがよく考えてみると、浜田氏の指摘するような状況が存在することは、ヘッジファンド的な手法が、いまや限られた専門家のものではないということだ。膨大なコピーファンドの存在も、ヘッジファンド的な手法が徐々に一般化しつつあることを示している。

大原議員は、ヘッジファンドの規制はアメリカ政府がその気にならなければ出来ないと述べたが、慶応大学講師の今井澂《きよし》氏は、アメリカ政府にはそのつもりは全くないのだと強調した。

「LTCM破綻の時には、あっという間に救済を決めて三十六億ドルをつぎこみ、そのうえ九九年は三回も短期金利を下げました。規制するつもりならあの時にやっていたでしょう。日本は大蔵省が研究会をつくって規制の方向で進んでいますが、その一方で榊原氏の後任の黒田東彦《はるひこ》財務官は日本もヘッジファンドをどんどんやるべきだと言っています」

今井氏はヘッジファンドに情報公開を求めるというのも古い話だとさえいう。

「殆《ほと》んどのヘッジファンドはインターネットでホームページを開設しています。いまアメリカがやっていることは、ヘッジファンドに融資するときは担保を取れというごく普通の通達です。その程度でよいと考えているのです」

住友銀行の川端氏が語った。

「アメリカの銀行も、九八年には少し控えていた出資や融資を、九九年はまた復活させました。ヘッジファンドにも資金を入れて回していかなければというような流れです」

日本市場は大混乱必至

とはいっても、この先、ヘッジファンドが日本の景気回復は怪しいと判断して高値の時に一斉に売りに転じたら市場は大混乱する。

国際エコノミストの水野隆徳氏もその点を懸《け》念《ねん》して語った。

「ヘッジファンドは日本株のパフォーマンスを考えて長期で運用するなどとは考えていません。徹底的な先物買い攻勢で株を上昇させ、さらに株高になったところで売りに出る狙いです。日本の景気回復の観測も出始めていますから、今の流れでいけば最高のパフォーマンスが期待できる。その時には大きな被害が出るはずです」

ベア・スターンズ証券の千場良幸氏が反論した。

「ヘッジファンドは最初からリスクをとりつつやっているのです。信用リスクとマーケットリスク。前者は破綻《はたん》するかもしれないリスク、後者は金利などのリスクです。これはヘッジファンドに投資している投資家も同様です。要は、いかに自己責任の原則を貫けるかを議論すべきであって、大儲《おおもう》けしているから規制するというのはおかしい。LTCMが五十七倍のレバレッジを用いていたと言われますが、大半のヘッジファンドはせいぜい三倍か四倍くらいです。LTCMばかりを取りあげてそれが全体像だと考えるのは間違いです」

資本市場の原理としてヘッジファンドが用いたデリバティブのような最新の手法をとり入れた運用先に資金が流れていくのは、極く自然なことだと千場氏は強調した。

国際通貨研究所理事長の行天豊雄《ぎょうてんとよお》氏が興味深いことを『フォーブス』誌で語っている。高収益をあげているヘッジファンドをなぜ、アメリカに独占させておくのか、国際的な金融自由化の流れは止めようがないにもかかわらず、日本のみが金融後進国にとどまっているというのだ。

ヘッジファンドを妖怪《ようかい》のように怖《おそ》れ排除するより、避けては通れない国際金融ビジネスの技法をマスターせよということだ。

ヘッジファンドは例えてみればベニスの商人のようなものではないだろうか。市場が分断されているのを活用してアジアの遠隔地から二束三文で仕入れてきたものを法外な値段で売る手法である。遠隔地をつなぐことによって特権的なポジションを手に入れて大儲けする方法だ。

現在にそれをあてはめてみると、市場の非合理性や価格のミスマッチを裁定できる主体が国内にない時、そのミスマッチを見つけ、非合理に狙いを定めて市場を動かしたのがヘッジファンドではないか。

そしてそれは、つい暫《しばら》く前まで、ジョージ・ソロスやジュリアン・ロバートソンやジヨン・メリーウェザーの専権事項だった。だが、もはや、事態は変化しているのだ。多くの金融機関と投資家が参入し、その手法も明らかになった。自己責任を軸に多くの投資家と金融機関とが関わるようになった今、ヘッジファンドを敵視することは国際的資本市場を敵視することになるだろう。

同時に、ヘッジファンドの中には利益率数百%という信じ難いハイリターンを生み出し、暴力的に市場を荒らして去っていくものもある。ひとつの社会の崩壊に繋《つな》がりかねない無慈悲、非倫理のファンドの運用には許し難いものがある。

しかしそこに規制をかけることが事実上困難である以上、日本が行うべきは、相手につけ込まれないだけの合理的な経営と、国際金融市場の戦いに勝ち残る力を備えた金融ビジネスのプロを育てることだ。

現在の日本には欠けているこの二つの要素を、いかに迅速に強力に確立していけるか、官も民も厳しい自己責任の覚悟が必要だ。

第22章 国籍の意味を忘れた日本

もしこんな法案が成立すれば、何でも呑《の》み込んでしまう小渕政権は、日本国の将来まで呑み下し、亡国の政府になってしまうだろう。

こんな法案とは、一九九九年十月五日に成立した自自公連立政権が、政策合意書の中に盛り込んだ「永住外国人に対する地方選挙権付与」の法案である。

同法案の趣旨には自民党の一部を除いて全党が基本的に賛成である。国籍とか国家の重要さを政治家たちはどれだけ意識しているのか。日本国の将来に、どれだけの責任を持とうとしているのか。

いわゆる永住外国人と呼ばれる人の内、九割余りが韓国、朝鮮籍の人々だ。参政権問題は、即、在日韓国、朝鮮人問題である。参政権付与に賛成の政治家たちは、彼らの日本での状況をどれだけ認識しているのか。彼らの立場を在日韓国人三世の作家、李青若《りせいじゃく》さんは著書『在日韓国人三世の胸のうち』（草思社）で「日本人ならば本来できないことが、在日には許されている」と表現した。後に詳述するが、日本人が知らない〝特権〟状況を在日の人々は享受《きょうじゅ》していると彼女は言うのだ。

勿論《もちろん》、三世の李さんがこう書いたからといって、全《すべ》てが在日に有利だとは言えないが、少くともそれは在日の人々自身が自らの立場に関して有利だと感じていることを示してはいる。日本人にも本国の韓国人にもなく、在日韓国人だからこその特権があるとの実態を、では、どこまで認識して政治家は参政権問題を論じているだろうか。

同問題は、九五年二月二十八日の最高裁判決がきっかけで注目され始めた。在日韓国人九人の「定住外国人に地方選挙の選挙権が認められていないのは憲法違反」との訴えを、最高裁は棄却した。だが判決理由の中で、地方自治体の選挙に関して選挙権を付与することは「憲法上禁止されているものではない」と述べ、しかし付与するか否《いな》かは「国の立法政策に関わる事柄であって、このような措置を講じないからといって違憲の問題を生ずるものではない」と述べた。

参政権付与問題は、判決理由の前半部分を強調することで弾みをつけ、全政党が賛成するところまで力を得た。

また彼らは憲法九三条二項に、地方自治レベルの選挙は「その地方公共団体の住民」が行うと書かれていることを参政権付与推進の根拠にしてもいる。

この点について慶応大学法学部の小林節教授が語った。

「憲法一五条では選挙権は国民固有の権利とされています。九三条の『住民』は、あくまでも国民の前提に立って他の地方自治体の住民と区別することを規定したものです。例えば神奈川県民が東京都の選挙に参加出来ないことを決めたものです」

先の最高裁判決も「住民とは地方公共団体の区域内に居住する日本国民」と規定している。「住民」という言葉ひとつを抜き出して、住民である外国人に参政権を与えようというのは、憲法の意図する「住民」の本質から外れたものだ。

一方、参政権を与えられる側は二分されている。熱心に同問題に取り組んできたのは韓国系の民団（在日本大韓民国民団）のみである。北朝鮮系の朝鮮総聯《そうれん》（在日本朝鮮人総聯合会）側は一貫して強く反対してきた。

朝鮮総聯国際局の担当者が語った。

「反対理由は第一に、参政権の前に日本政府は過去の歴史の清算をすべきだからです。第二に、参政権は日本への同化を促すもので、我々は同化するつもりはないからです。第三に、選挙権を持つことは政治に干渉することで、我々の原則に反するから。第四に、韓国および民団側は参政権を勝ち取ることで総聯と本国をも吸収併合する狙《ねら》いだからです。とにかく我々は反対です。全国都道府県にも各政党にも我々は参政権など欲しくないと直接陳情しています」

第一の主張は国交正常化の交渉で論ずべき点だ。第二の主張は彼らの自由選択である。

第三はまさに正論である。選挙権を持つことはその国の政治に干渉することであり、政治を左右することとなのだ。

そして第四の主張も含めて、参政権問題についての在日の韓国人、朝鮮人の意見の対立は深く厳しい。にもかかわらず参政権付与に、日本側、とりわけ公明党が熱心なのだ。

公明党に具体策と展望を尋ねると、自自公三党の合意だとの前提を強調するが、自由党は公明党と同一歩調だと言い、自民党はまだ党内意見の調整はついていないと言う。民主党は、相手国との相互主義に基づくと主張し、共産党は投票権に限らず被選挙権も与えるべきだと主張する。

野党はともかく、与党は、どうみても公明党の主張に引っ張られている形である。

参政権は「国民の権利」

それにしても、全政党がなぜこんな意見になるのか。

「完全に国籍ボケ、国家ボケ現象です。国籍や国家は、日本の歴史と伝統を担《にな》い、それを将来に伝えていく責務、いったん危機に直面すれば自らの命を懸けて国を守る気概を要求する価値観です。ところが外国籍の人が単に日本に住んでいて日本人同様に生活しているから参政権を、という時の『日本人』の意味の中には、右のような国籍や国家の意味が欠落しているのです」

高崎経済大学助教授の八木秀次《ひでつぐ》氏はこう述べる。

明星大学日本文化学部教授の小堀桂一郎《けいいちろう》氏も語った。

「参政権とは国民の権利です。国民とは国籍を持っている人間のことです。国籍を持つということは、最終的に自国の運命に責任を持つということです。韓国籍で日本の参政権を得ようという人たちは、万が一、日韓両国に外交的摩擦が生じた場合、最終的にどちらの国家に忠誠を尽くすのでしょうか」

両氏の指摘する国家、国籍の重要性を念頭において、先の在日韓国人九人の訴えを上告理由書から見てみよう。

まず、生活実態について九人は次のように訴えている。

〈いずれも日本で生まれ、日本人と共に教育を受けた。殆《ほとん》ど韓国を訪れることもなく、生活の本拠は日本で納税の義務も果たしてきた。祖父たちが韓国を離れて多年月が過ぎ、もはや韓国には親族も友人もいない。今後も日本に居住し、日本で職を求め、子弟も日本で教育を受けさせる〉

こう述べた上で上告人らは次の点を強調する。

〈要するに、上告人等は韓国籍保持者という一点を除けば、顔形はもとより、その生活様式、教育課程、社会生活等において日本国籍保持者と区別できる点は何もない〉

だから、参政権を与えよとの結論になるのだが、このような主張の展開は、むしろ逆の結論、つまり、ではなぜ、日本国籍を取らないのかという疑問に辿《たど》りつく方が自然ではないか。上告理由書を読む限りでは、彼らが要求すべきは日本国籍だと思えてならない。参政権はその結果、当然彼らに与えられるものだ。

彼らの主張の根拠は納税の義務を果たしているということだ。しかし、納税の義務は世界中で収入のある人には課せられている。収入はあるが外国人だから税を免除するという国が、どこにあろうか。

開かれた国のアメリカでさえ、納税では参政権は得られない。グリーンカードと呼ばれる永住権を与えられた人々でさえ、納税の義務はあっても選挙権はない。永住権は単にそこに住む権利であり、アメリカ人であると認めたものではないからだ。アメリカ人として政治に参加するには、国籍の取得が必要だ。

納税は道路や水道や教育や治安等の行政サービスの対価である。納税が選挙権に結びつくことはない。

その他の国では地方参政権を与えているとの主張もある。例えばイギリスは、旧宗主国としてかつての被支配国及びアイルランド国民に地方レベルでの参政権を許しているが、日本の参政権問題に同種の要素を持ち込もうとすること自体、朝鮮半島の人々が烈《はげ》しく反発するだろう。

日本で度々引用される例が、北欧三国、とりわけスウェーデンである。スウェーデンは総人口八百九十万人。かつて経済が不振で海外への出稼ぎが増えて人口が急減した時、国内の労働力不足を補うために積極的に移民を受け入れた。一定条件を満たした人々への参政権付与は、移民の流入及び定着を奨励する目的もあった。このような北欧諸国の事例と現在の日本の事例は明らかに異なる。一律に論じることは無理である。

在日韓国人の訴えのもうひとつの軸は、次の点だ。再び上告理由書を引用する。

〈上告人等又はその祖父母たちは、かつて日本国籍保持者であった。そして第二次大戦後、個人の選択によることなく、法的手続きも不明確なまま、日本国籍を喪失して韓国籍取得という経過となった〉

かつて日本国籍を与えられていたのに、一方的に剝奪《はくだつ》されたとの主張だ。

『現代コリア研究所』の荒木和博氏が反論した。

「敗戦で占領下に置かれた日本がサンフランシスコ講和条約で独立を回復したのは五二年です。同条約では、日本が朝鮮を手放したのは五二年ということになりますが、それ以前の四八年、朝鮮半島では大韓民国と朝鮮民主主義人民共和国が樹立されました。これを受けて四九年、駐日大韓民国代表部大使がマッカーサー連合国最高司令官に韓国国民の日本国籍は四五年の解放と共に完全に消滅したと通知しています。つまり、彼らの日本国籍は、日本が独立国として五二年に〝一方的に剝奪した〟というより、彼らの方が捨て去ったのです」

一九四九年十月七日付の駐日大韓民国代表部大使によるマッカーサー司令官宛《あ》ての「在日韓国人法的地位に関する見解」には、〈大韓民国が対日講和条約締結以前に多数の国家の承認により誕生〉〈それ故《ゆえ》に講和条約が成立するまでは在日大韓（民国）国民が日本国籍を所有するなどとは不当千万〉と書かれ、〈一九四八年大韓民国政府の樹立と同時に当然のことながら在日大韓（民国）国民は母国の国籍を創設的ではなく宣言的に回復し〉、〈日本国籍は（四五年の）解放と同時に完全に離脱されたのである〉と明らかに高揚した調子で宣言している。

荒木氏が続けた。

「五〇年には朝鮮戦争が始まり、在日韓国、朝鮮人社会では、国籍は韓国か北朝鮮かで熾烈《しれつ》な戦いを展開していたのであり、彼らのいずれの側も、日本の国籍取得など主張した事実はありません。そんな状況下で、しかも占領されていて主権も回復していない日本国政府が、彼らに一方的に国籍の選択を迫り、国籍を取り上げたというのはあり得ないことです。

また五二年に日本がアメリカによる占領を解かれ独立を回復した時に、日本政府は彼らの国籍離脱の手続きをとりました。このときの日本政府の手続きをさして、日本側が国籍の選択を許さなかったという批判がありますが、これも事実をみれば正反対です。韓国系、北朝鮮系を含めて、国籍を選択する、つまり日本国籍を選ぶということが植民地的支配を続けることだと言って、彼らの方が強く反発したのです」

先に引用した四九年十月七日の駐日大韓民国代表部大使のマッカーサー司令官に宛てた「見解」の中では、韓国系、北朝鮮系の人々に日本国籍の選択を可能にするという国籍選択権の問題については、〈大韓民国を故意に謀略する日本人学者らの悪毒な詭弁《きべん》に過ぎない〉という激しい調子の批判論が展開されている。〈国籍選択権云々《うんぬん》はやはり絶対に不当な見解であると論断せざるを得ない〉とまで書いて、マッカーサーに提出しているのだ。つまり、国籍の選択を許さなかった、日本国籍の取得を許さなかった、のは日本政府ではないのだ。韓国、北朝鮮側のほうが日本国籍の取得は断じて許さないと宣言していたのだ。そして各々《おのおの》の政府の決定どおり、日本にいた朝鮮半島の人々は、各々の信ずるところに従って韓国籍を選択、或《ある》いはそのままにして結果として朝鮮籍となった。それは日本政府の関与できることではなかったはずだ。

このような事情故に最高裁に提出した上告理由書に認《したた》められた理由は、いずれも的外れか、事実に相違するということだ。

国籍の意味を知れ

にもかかわらず各政党は外国籍のまま彼らに参政権を与えるという。最も熱心な公明党政治改革本部副本部長の遠藤和良議員が説明した。

「私どもは、永住外国人が税金も払い、日本語しか話せない人もいるにもかかわらず、選挙権を与えられていないのはおかしいということで、かれこれ十年以上前から参政権付与の主張をしてきました」

納税を理由とした主張が的外れであることはすでに述べた。また日本語しか話せないことが参政権取得の資格につながるなどとは論外である。

遠藤議員が説明した公明党の主張の第二は次の点だ。

「我々が求めるのは、地方の参政権、しかも選挙権だけです。反対意見には、地方に限定といっても国と地方は分離されておらず、外国人を国政に関わらせることになる、日本と国籍保持者の国との間で利害関係が発生した時に不都合だという主張があります。この点は、選ぶ権利だけで選ばれる権利は与えないのですから、問題はないのです」

完全な論理の破綻《はたん》である。地方政治は国政と密接につながっている。しかも、基地問題にみられるように、しばしば国政レベルの力学をも圧倒する。その地方政治を動かすのは、選ぶ人々である。〃選ばれる権利は与えない〃から国政に関わらせないというのは、認識の誤りであり、有権者への侮蔑《ぶべつ》である。

公明党は被選挙権を与えるつもりはないため問題はないと強調したが、果たしてそんな甘い認識が通ると思うのであろうか。

参政権要求運動の先頭に立つ民団の辛容祥《シンヨンサン》団長は九五年九月一日付の『統一日報』で次のように語っている。

「いま、被選挙権までは無理という意見があるが、被選挙権まで含めてこそ、制度上の差別が撤廃されることになる。地方参政権で運動しているが、選挙権、被選挙権を区別する意志はない」

民団側の要求は明らかに選挙権と被選挙権の両方なのである。だが、遠藤議員はあくまでも述べる。

「被選挙権まで与えてしまうと、国政に関わる事案に政治家として直接携わることにもなりかねないから選ぶ権利だけと限定しているのです」

同議員はさらに踏み込んで、公明党の立場は、

「将来、国政の選挙権も与えていいと考えています」

と述べた。

公明党は創価学会の影響もあり、国籍をこえて宗教的な愛や友情を大切にする気持ち

が働くのであろうが、政治を軽々にその種のセンチメントに絡《から》めてはならない。政党として、外国籍の住民に参政権を与えることの重大性をもっときちんと認識せよ。公明党は自自公で提出する法案では、参政権付与の対象者を「日本と国交があり、日本が国家として認める国の国籍保持者」と限定した。参政権に強硬に反対する朝鮮総聯系住民を巧妙に回避する道を考えたのだ。

なぜここまで無理をして参政権を在日韓国人に与えようとするのか。大いに疑問だが、その前に、私がさらに驚いているのは、極めて不自然な公明党の政策に、自由党も同調している点だ。保守政党としての自由党の立場はどこにいったのか。自由党もまた、国籍ボケ、国家ボケに陥っているのか。

野党も同様である。

民主党の主張に相互主義がある。韓国定住の日本人に選挙権を与えるのとひきかえに日本定住の韓国人にも選挙権を与えるというものだ。一見、よい考えに思える。しかし、事実をきちんと見れば、これも額面通りにはいかない。

自民党の島村宜伸《よしのぶ》氏が語る。

「韓国政府はいま、この相互主義を盾にとっています。しかし、双方の定住者数には開きがあります。ちょっとやそっとの違いではありません」

九八年度の統計だが、在日の人々は約六十四万人、その内、選挙権年齢の二十歳以上は五十九万九千人である。内、韓国系の人が全体の約七割として、約四十一万九千人である。一方、韓国に定住している日本人で同資格の人は約三百人しかいない。これでは相互主義にはならないのである。

歴史問題も参政権付与の理由にされがちである。在日の人々は日本に強制連行されてきたのであるから、日本は彼らに参政権を与えるべき義務と責任があるというものだ。だがこの事は在日の人々自身が否定する。強制連行で無理に来させられた人々は、その殆どが日本の敗戦以降、帰国しているからである。現在の日本定住者の祖父母たちは、圧倒的に自分の意志で渡日した人々である。

荒木氏が説明した。

「在日韓国青年会が八二年から八三年にかけて千百余名の在日韓国人一世への調査を実施しました。渡日の理由は『経済的理由』が最も多く三九・六%、次が『結婚、親族との同居』で一七・三%、『徴兵、徴用』が一三・三%、『留学』が九・五%、『その他』が二〇・二%でした。これは日韓併合のあった一九一〇年から四五年までの数字ですが、日本の敗戦後に渡日した人、または帰国した人を入れれば、強制的な渡日の比率はさらに下がります」

日本による強制連行を強調して参政権を与えようというロジックも歴史事実を検証すれば通用しないのだ。

公明党の狙《ねら》いとその党利党略

在日外国人に被選挙権を与えよとの共産党の主張は論外として、政党という政党、多くの政治家がなぜ、外国籍の定住者に参政権を与えよと主張するのか。少なくとも二つの理由が考えられる。

ひとつは日本側の理由である。各政党、なかんずく公明党の党利党略である。

自民党は参政権付与問題について党としての意見がまとまっていないため党の公式見解はない。つい先日まで同問題を担当していた選挙制度調査会の中山正暉《まさあき》前会長が取材に応じた。

「公明さんが最も熱心です。三党協議の際も公明さんは積極的でした。ただ、強引に参政権を与えるというより、自主申告制を考えているようです。あれほど熱心なのは、党員や創価学会員の中にかなり在日の人がいるからでしょう」

同氏はその数も説明した。

「現在、日本には南北合わせて六十四万人の朝鮮半島出身者がいます。内、三分の一近い十九万八千人が大阪府在住、内十二万人が大阪市在住です。大阪市長選の勝敗など簡単に左右できます。それだけの数の怖さを彼らは持っている。公明党は選挙は大阪とか強いですから。そういう関係もあって熱心なのでしょう」

　創価学会を長年取材してきたジャーナリストの乙骨《おつこつ》正生氏も、公明党が熱心なのは、選挙での票を睨《にら》んでのことではないかと、次のように語った。

「幹部クラスはともかく、学会の一般会員に在日の人はかなりいます。また大石寺と宗門戦争して分裂した現在も、韓国にはSGI（創価学会インタナショナル）の会員は四十万人いると言われています。韓国でもそれだけの規模、日本でも多数の在日会員を抱えていることが、公明がこの問題に執心する最大の理由だと思います」

　公明党の遠藤議員が反論した。

「党員や創価学会員に在日の人が多いという指摘ですが、別に関係ありません。確かに党員の中には在日の方もいるかと思いますが、入党に際して国籍は限定していないので、在日の人がどれだけいるかは特に把握していません」

　公明党側は否定する。にもかかわらず党利党略の疑惑を抱かれる程、同党の参政権付与問題に関するスタンスは際立《きわだ》っているということだ。

　もうひとつの理由は、在日の人々が享受《きようじゆ》している特別永住権の仕組みである。先述の李青若さんが著述している。

〈在日は、日本でも韓国でも不法就労にならない。こういう立場を活用している在日もいる。本国で国会議員をしているケース。生活の拠点を韓国に移しながらも、親が息子

を徴兵に取られないように在日在留資格を維持し続けるケース……〉

彼女の指摘のように生活の本拠地が韓国であっても、在日在留資格がある限り、彼らは韓国の兵役の義務を免除される。両方の国でビザなしで仕事も生活もできる。すでに触れたように李青若さんは「日本人ならば本来できないことが、在日には許されている」と書いたが、日本人にも韓国人にもできないことの両方ができるのが在日だ。いわば彼らは特権の持ち主ということだ。

この特権的立場を許容しているのが「特別永住者制度」である。

特別永住者は今や五十二万八千人にのぼる。彼らは自らに与えられた特権故に日韓両国の狭間《はざま》で揺れている。特権があるからこそ、本国の人間なら本来果たすべき兵役などの義務を負うこともなく、かといって三世、四世になってもまだ、日本国籍取得の決意が固まらないのではないか。こうして彼ら自身無国籍人間になっていく。日本にも韓国にも真剣にコミットすることの出来ない存在であり続ける。その意味ではこの特別永住者制度は廃止することを考えるべきだ。

荒木氏が語る。

「帰化したくても差別があって帰化出来ない時代はすぎて、今は、帰化しなくても不都合がないため帰化しない状況ではないでしょうか」

在日韓国青年会の調査では日本で差別を受けたことがあるかとの問いに「殆《ほとん》どない」

「非常に感ずる」「全くない」が五八・五％、また日本に愛着を感ずるかという問いに「非常に感ずる」「どちらかといえば感ずる」が七三・二％にのぼっている。このことを逆の面から見れば四一・五％の人々が差別をされたことがあることを示し、また二六・八％の人々が日本に愛着を感じないということでもあろう。日本人としてこうした数字のもつ重さを心に刻みこまなければならないのは当然である。

一度しかない一生を、彼らが日本ですごしていることの意味を読みとり、心して差別や偏見をなくしていく努力を私たちはするべきだ。

なぜなら、大半の在日の人々にとってはとどのつまり、永住の地は日本であり朝鮮半島ではないのだ。彼らの本国では在日の人々はすでに韓国人や朝鮮人であるよりは日本人だと見做《みな》されている現実があるからだ。九九年十一月八日、韓国の洪淳瑛《ホンスニヨン》外交通商相はソウルを訪れた日本人記者団に対し、在日外国人の地方参政権問題について次のように述べている。

「在日韓国人は生活の根拠を日本に持ち、大半は韓国語が使えず、帰化はしていなくても日本人だ」

また、祖国のためと言って北朝鮮に戻っていった多くの在日朝鮮人が、北の祖国で帰胞《キポ》とよばれて冷たく扱われているのを、私たちは知っているはずだ。

だからこそ、日本人や日本から差別されていると感じている在日の人々の心を思い、差別をなくしていく努力をする必要がある。彼らに現実を見つめてもらい、国や国籍について考えてもらうことだ。その一方で、七割を超える多くの在日の人々が日本に愛着を感じているという事実を、もっと大切に受けとめることだ。彼らを日本国民として迎え入れる日本側の努力が必要だ。

　最低限のチェックをしたあとは国籍を与え、同時に、特別永住者制度を廃止する。同制度を抱えたままで、国や国籍を軽んじて、外国籍定住者に参政権を与えることは、真の意味でどこの国にも属さない浮き草のような民、国なき民を多くつくり出すことになる。それはまたこの国の崩壊を招くことを私たち日本人こそが自覚すべきだ。そのような滅びの道に、もし党利党略故に日本を誘い込むとしたら、公明党は亡国の党である。それを是とする自自公小渕政権は亡国の政権である。

追記

　九九年十一月二十六日付の『東洋経済日報』紙上で、九州産業大学助教授の近藤敦氏及び在日本大韓民国民団国際局長の徐《ソ》元喆《ウォンチョル》氏より、反論を頂いた。

「定住外国人に参政権付与した欧州で亡国の事実ない」「専門家や在日社会で強い批判」との見出しをつけた六段組の大きな記事である。

　近藤氏の論点は大きく分けて二つの点に集約されるだろう。第一は、定住外国人に参政権を付与するのは欧州諸国の一般的傾向であること、第二点は「政治に参加するには国籍の取得が必要だ」と主張するなら、アメリカが二重国籍に寛容であり、二世は出生と共に国籍を取得している事実を紹介する必要があるというものだ。

まず第一の点について、欧州と日本及び韓国、北朝鮮は、残念ながら同一水準で語ることはできない。近藤氏の指摘には教えられる要素もあり、それらは謙虚に受けとめたいが、同時に、EUが発足し、通貨も共通にしようというところまで辿《たど》り着いたのが欧州である。このヨーロッパ共同体発足までには、非常に長い時間がかかっている。ハプスブルク家が支配したヨーロッパで十九世紀の頃にはヨーロッパ共同体の思想が生まれている。その後、欧州諸国は互いの王家の婚姻や一般市民の就業や婚姻をも含めた幅広い交流を通して、日本や朝鮮半島の人々の体験とは較《くら》べものにならない深い交わりを体験してきた。

そのような長く幅広い交流の中から生まれてきたのがヨーロッパ共同体であり、同じ土壌から生まれてきたのがヨーロッパなりの参政権付与のケースである。

現在、ヨーロッパ共同体ではさまざまな融合が進みつつある。日本と朝鮮半島もいずれの日か、同じような融合状態に進むことが出来ればそれはすばらしいことだ。だが現実はそれとは程遠い。私が指摘したのは、日本と欧州とは状況が余りにも異なる。異なるために一律に論ずることは出来ないということである。

近藤氏の批判の第二点は、私たちが論じているケースにあてはめると、矛盾する。氏の指摘するようにアメリカは二重国籍に寛容である。アメリカで生まれた人にはアメリカの国籍が与えられる。しかし、在日韓国、朝鮮の人々は、日本の国籍はいらないと言っているのであり、全く論点が異る。

次に徐元喆氏の反論である。徐氏の反論の第一点は、最高裁の判断は「永住外国人の地方自治体レベルの選挙権は違憲でないとしている」との点だ。

最高裁の判決のどこにもそのようなことは書かれていない。本文をよく読んで頂ければ明白だが、最高裁は「定住外国人に地方選挙の選挙権が認められていないのは憲法違反である」との訴えを棄却しているのだ。つまり憲法違反ではありませんとの結論を出しているのだ。詳しくは本文三五五頁《ページ》を読んで頂きたい。

第二点として「排除よりも歓迎する姿勢がほしい」と訴えている。この点は言うまでもないことだ。私自身、日本人として、日本国内にある韓国系北朝鮮系をとわず朝鮮の方々への偏見や差別を恥ずかしく思うものだ。ただ参政権問題についての私の論は決して、差別の論であるとは考えていない。なぜなら、日本国籍の取得をより容易にすることによって、排除するのでなく、迎え入れたいと考えているからだ。また日本国籍を取得しないからといって、その人々への差別や偏見は断じて許し難いとも考えている。

第三点として徐氏は「在日が日本にも韓国にもない特権を享受しているというのは事

実誤認もはなはだしい」と書いている。だが徐氏自身、「そのような者は全体の一％にも満たない」とも書く。

つまり、特権を受けられる仕組みがあるということを、徐氏自身が認めているのである。現実は、仕組みがあってそれを活用している人と、していない人がいるということである。私が問題にしているのは、まさにこの仕組みのことである。

徐氏はまた、日本の地方自治体の多くが、定住外国人に地方参政権を付与するのに賛成していることから、人口比でいえばそれは日本国民の七三％にあたる、この点について私が触れていないのは「一方的で悪意があるとしか考えられない」との批判を展開している。

私は、本文で「自民党の一部を除いて全党が基本的に賛成である」と書いた。全《すべ》ての政党が基本的に賛成であると書いたことで、日本全体のこの法案に対する賛成の流れは十分に表現されているのではないだろうか。徐氏の言う「悪意」など、毛頭ないことを述べさせて頂きたい。

むしろ私が訊《き》きたいのは、民団の人々は、朝鮮総聯の反対をどのようにとらえているのかという点である。同じ民族のもう一方の人たちは、非常に強い調子で同問題への反対論を展開している。現に二〇〇〇年二月二日付で朝鮮総聯中央常任委員会の南昇祐《ナムスンウ》副議長が記者会見を行い、地方参政権法案の「即時撤回」を要求した。朝鮮総聯側は、同法案が北朝鮮、つまり、朝鮮国籍の人々を対象外とするものであることから、「朝鮮籍、韓国籍の所有者を政治的に選別するばかりか、同胞社会ひいては家族の中でさえ分裂と対立を生じさせるものである」と、厳しく批判している。

これまでに述べた参政権付与に反対する理由に加えて、それ以前の問題として、私は、在日の人々の間での意見がこのように激しく対立している時、日本側が軽々に結論を出してよいものかと思う。

これからも同問題についての、ご批判もご意見も心して受けとめ、さらに論を深め、理解を深めていきたいと思う次第である。

再追記

小渕政権の下での永住外国人に対する地方選挙権付与法案はひとまず見送られた。だが、二〇〇二年四月現在、まだ廃案になったわけではない。きちんと廃案にして本章で論じたような問題が生じないように、国家としてのスタンスを明確にすることが重要だ。

第23章　北朝鮮闇《やみ》送金ルート脅威の実態

小渕政権は金融制度の安定化を目指して総額六十兆円の支援策を打ち出したが、今その裏で、奇妙な事実が進行中だ。潰《つぶ》れてもおかしくない北朝鮮系の朝銀信用組合が形を変えて存続し、そこに預金保険機構から、将来の国民負担、事実上の税金が投入されようとしているのだ。

現在、全国三十三の朝銀信用組合のうち多くが経営破綻《はたん》しており、五つに統廃合することによって再建する案が具体化されつつある。その過程で、一兆円が預金保険機構から支払われる予定だというのだ。

一九九七年に破綻した朝銀大阪信組の場合、京都、奈良、和歌山、滋賀、兵庫の朝銀が合併して朝銀近畿信組が発足し、同朝銀に、朝銀大阪が全《すべ》ての事業を譲渡した。そのプロセスで、預金保険機構から三千百億円が支払われた。

現在進行中の全国的な規模での三十三にのぼる朝銀再編成は、この朝銀大阪の立て直しをモデルにしている。

だが問題は、朝銀信用組合の実態が極めて分かりにくいことだ。敢《あ》えていえば朝銀信用組合は、不法な手段で資金を集め、北朝鮮に送金している疑いが濃いのである。経過を辿《たど》れば、北朝鮮への不正送金が原因となって経営破綻した可能性は否定できない。となれば、預金保険機構から朝銀信用組合に資金を出すことは、北朝鮮への送金を日本国民の事実上の税金で支えることになる。

理不尽な資金の流れの具体例を見てみよう。

朴日好《パクイルホ》氏は国籍を朝鮮（北朝鮮）とする日本生れの在日朝鮮人である。現在五十六歳、東京・小平市の朝鮮大学校八期生で、在日のエリートだ。四十歳まで、朝鮮総聯《そうれん》組織部で専従職員として働いた。八三年に朝鮮総聯の専従を〝円満退社〟し、叔父さんの会社、東明商事株式会社の経営を引き継いだ。現在その社長を務める一方、専従ではなくなったが、朝鮮総聯との関係は続いており、いわば現役幹部だ。また東明商事は、日本と北朝鮮との貿易を主な業務とする。

その朴氏が九八年十一月、十七億五千万円の預金を朝銀愛知に横領されたとして、名古屋地裁に訴えた。

朝銀愛知は身内の朝鮮総聯の現役幹部に訴えられたわけだ。朴氏の訴えは常識も法律も超えた驚くばかりの内容だ。訴状、陳述書及び取材でのコメントから纏《まと》めるとざっと次のようになる。

八九年四月十九日、朴氏は、朝鮮総聯傘下《さんか》の金融機関である朝銀愛知に朝銀愛知副理事長の崔宗哲《チェジョンチョル》氏の要請によって口座を開設した。

四月二十日、東明商事所有の土地売却代金等でその残高は五億六千四百五十九万一千円となった。

ところが、それからわずか四日の間に、この全額が引き出されたのだ。通帳も印鑑も、崔副理事長に預けていたため、朴氏は横領の事実を八九年末まで知らずにすごした。

一方、朴氏は以前から同じく崔副理事長の依頼に応じて「愛国事業」遂行のために朝銀愛知本店営業部の「尹志彦《ユンジオン》」名義の預金口座に、二十回にわたり計七十億円を入金していた。

「愛国事業は、例えばバブルの時に、大きな金額を動かして大きく儲《もう》けて、利益を北朝鮮に送ったり、朝鮮総聯の事業経費に使い、元本は本人に返すというものです。祖国を熱烈に想《おも》っている在日たちが投資資金を提供したのです」

朴氏はこう述べて、都合七十億円の入金のうち、十一億八千五百四十万九千円が返されておらず、先の預金と合わせて十七億五千万円が横領されたと説明した。

十七億五千万円はどこに消えたのか。訴状には、横領した崔宗哲氏本人の独白として次のように記載されている。

「横領した金十七億五千万円のうち、金五億円は朝銀愛知の上部団体である朝鮮総聯中央本部に上納し、その余の金員は朝鮮民主主義人民共和国に送金しました」

供述のうち、朝鮮総聯本部への上納は、振り込みの記録によって確認されている。朴氏が全体の構図を説明した。

「朝鮮総聯と朝銀が一体になって不法に資金を集め、北朝鮮に送っているのです。金融機関が、預金者に無断で預金を着服し北朝鮮に送るなどあり得ないと考えるのは、朝銀の実態を知らないからです」

朴氏は朝銀、朝鮮総聯、北朝鮮本国はブラックボックスの中で一体化しているという。その内容は以下の通りだ。

まず、朝銀は人事を通して朝鮮総聯の完全な支配下にある。各地の朝銀の理事長、副理事長及び役員人事は、百パーセント朝鮮総聯の決定による。それ以下の人事も、理事長と朝鮮総聯の県本部の執行部が決定する。この縦の関係の中では、朝銀役員は、朝鮮総聯の指示に従わざるを得ない。

「八〇年代以前は、北朝鮮への送金は、我々側からの発意で行われてきました。八〇年代以降は、半ば以上強制になりました。朝鮮総聯幹部は、本国の意向に沿わなければなりません。本国から幾ら送金せよと言われると必死にノルマを果たそうとします。そのノルマは、朝銀に押しつけられるのです」

元朝鮮総聯幹部で朝銀の役員を経験したことのある人物は、身の危険があるために絶対匿名《とくめい》の条件で語ってくれた。

「私がある県の朝銀の理事だった時は、在日朝鮮人に必要以上に貸しつけて、その二割から三割を献金させて本国に送っていました。ただ、こういうことは朝銀の職員全員が組織的にやるというより、朝鮮総聯の意向を受けた理事長か、理事長の意向を受けた現場の人間がやるのです」

この元幹部氏は、各朝銀の理事長はじめ役員は単に朝鮮総聯の手足にすぎないという。手足はよく動けば、つまり本国の気に入るように資金を沢山集めれば評価されるが、そうでない場合は切り捨てられるという。

「大阪朝銀の例からも明らかです。合併した旧信組の中で最も成績のよかった兵庫朝銀の理事長が新朝銀の理事長になるべきでしたが、京都の理事長が就任しました。再編直前に彼が三億円を総聯中央に献金したからです。ところが半年後に彼はクビになりました。表向きは病気という理由ですが、本人は実はとても元気です。新理事長になったもののの献金が続かなかったのです」

朴氏が語る。

「在日朝鮮人の事業は、韓国系の在日の事業に較《くら》べて大きくならないのです。理由は利益が少しでもあればどんどん持って行かれるからです。祖国への愛国心からそうした自己犠牲に耐えてきましたが、今のやり方は尋常ではありません。日本の皆さんは知らないでしょうが、こういうやり方は『学習組《ハクスプチヨ》』という組織がやらせているのです」

秘密組織「学習組《ハクスプチヨ》」の役割

「学習組」とは聞きなれない組織だ。これまで決して語られることのなかった非公然組織である。朴氏の裁判の中ではじめて公然と語られることになったのだ。朴氏が語った。

「金父子に絶対の忠誠を誓い、故金日成《キムイルソン》主席の主体《チユチエ》思想を指導指針とする細胞組織です。総聯、朝鮮学校をはじめ全国に約千の学習組があります。組員つまり細胞は、本国から送られてくる人ではなく、在日朝鮮人です。当面の目的は、韓国を北の主導で呑《の》み込んで統一すること、そのために貢献すること。究極の目標は朝鮮総聯を金日成主義化し、日本で主体革命の偉業を遂行することです」

なんと彼らの最終目標は日本の北朝鮮化だというのだ。

学習組は原則として組員（細胞）が三名以上存在する各地各種の組織に存在する。彼らは学習組指導委員会の指導下に、また学習組指導委員会は本国の朝鮮労働党の総聯中央組織局の指導下にある。

学習組は縦の系列で本国の朝鮮労働党につながっているわけだ。学習組、及びその組員を縦糸として、朝鮮総聯が北本国の事実上の出先機関となっているのだ。

「八九年三月一日付で、金正日《キムジョンイル》書記から学習組に関して特別の指導がありました。万一、学習組の存在が公《おおやけ》になれば、〈日本反動〉に朝鮮総聯弾圧の口実を与えることになる。従って組員はあくまでも朝鮮総聯活動家として行動しなければならないとの通達です。以来、総聯はそれまでより以上に学習組の存在を、自らの組織内部にさえ知られないように厳重に秘匿し始めました。また、総聯学習組事業改善強化の方針も出され、総聯の前衛組織、党の目的を実現するための政治的参謀部という位置づけを強めました」

朴氏の説明は、朝鮮総聯の裏の顔を抉《えぐ》り出していく。朴氏の代理人をつとめる大橋秀雄弁護士は、学習組による裏資金工作の実態を明らかにするためにも、朝鮮総聯の許《ホ》宗萬《ジョンマン》副議長及び康永官《カンヨンガン》財務局長の証人申請を行った。両氏の証人尋問が行われれば、学習組の実態がはじめて法廷で究明されることになる。

本国の北朝鮮にとって、最も切実な問題は、資金不足である。そこで前述のように各地の朝銀に対して献金のノルマを課していく。

先述の元朝鮮総聯幹部氏が語った。

「実感としては、本国の政治が朝鮮総聯に強く関与し始めたのは、八〇年代に入ってからだと思います。人事も金集めもそう。事ある毎《ごと》に送金の要求が出てきました。そして我々が一本釣りと呼ぶ現象がおきるようになった」

「一本釣り」というのは、財力のある在日朝鮮人が個別に資金を「むしり取られる」ことだそうだ。もし、家族が北に帰国していれば、その家族を理由に献金を迫る。

「帰国家族が逮捕されるケースがふえているのです。容疑はなんでもよいのです。逮捕しておいて日本の身内に対して釈放条件として金を要求する。このやり方で一千万円とられた友人が一人、もう一人は五千万円払って、再び二億円要求された人がいます」

このような窮地に陥った人にも、朝銀は資金を融資していくのだという。いかなる形にせよ、本国に流れる資金ならば貸し出すということだ。

朝鮮総聯と相対する立場の韓国民団幹部が語った。

「無茶苦茶な融資が多いのです。返済不能と知りながら融資する。献金させるためだけの融資なのです。各地の朝銀の破綻は、日本の景気悪化もありますが、まさに北朝鮮への闇《やみ》献金が理由だと思います。その穴埋めを日本の預金保険機構がやろうとしているのですよ」

こうして集められた資金は一体これまでにどの位の額に達したのか。

民団幹部は「九〇年代初頭は、毎年五百億円以上が送金されていた。総額で一兆円は下らない」と述べ、朴氏は「一兆円には届かないが、それに近い千億円単位の額」と推測する。

いずれにしても莫大《ばくだい》な金額だ。では、このような資金は、一体どのようにして、北朝鮮に送金されたのか。

漁船はフリーパス、日本政府も見て見ぬふり

テポドンに日本製の部品が使用されているという報告があるが、その部品がどういうルートで北朝鮮に渡ったのか。現状で全く抜け穴になっているのが、漁船である。船員手帳はビザやパスポートと同じ効力を持つため、手帳さえあれば、自由に往来できる。通常の輸出手続きとは異なり、事実上、ノーチェックである。

日本海側有数の漁港を抱える鳥取県境港《さかいみなと》市は、九二年に北朝鮮の元山《ウォンサン》市と姉妹都市関係を結んだ。北朝鮮との関係は、日本近海で行っていたベニズワイガニ（松葉ガニ）漁が、次第により大きな蟹《かに》を求めて沖合いに出、さらに北朝鮮の領海にも入るようになり、民間ベースで自然発生的に築かれてきた。

港には定期的に北朝鮮の運搬船が出入りし、日本からは三社が北朝鮮の領海に船を出し、漁をしている。

九二年に水産庁の指導が入り、九五年には日本の漁船に北朝鮮の人間を乗せてはならないとの規則ができたが、それ以前は、境港と北朝鮮を結ぶ海のルートは、いわば自由な開放されたルートだった。

境港の漁協関係者が語る。

「危険は伴いましたが、全く自由に仕事ができました。私は十数年前に、朝鮮総聯の幹部からの働きかけで北朝鮮との直接取り引きを始めました。その人物は今でも幹部で、本国では金正日の側近とつながっています。契約は、我々が北朝鮮の領海で操業する代わりに彼らに漁の指導をするというものでした。向うに三か月程滞在し、器機の操作、衛星を使ったナビゲーションシステムなどを教えました。双方の港でのチェックは無きに等しいですから、人、物、現金、なんでも運べました。非合法の機械類もパナマ向けとかで許可をとって、実際には北朝鮮に持っていく船もありました。私の船ではないけれど、総聯の人間を乗せていった他の船を知っています」

つまり密輸出、密出国、全《すべ》て可能だというのだ。現在は日本船には北朝鮮の人間を乗せてはならないとされているが、それは建前であり、現実には乗せようと思えば十分に可能だという。

「海上保安庁が北へ往来する船の中を調べるわけではありませんから。工作員が潜んでいても見つかりません」

別の漁協関係者が体験を語った。

「半年契約で漁の指導に行きました。しかし二か月もすると、帰れと言われ船も取り上げられたのです。みると船名も朝鮮語に書きかえられて、我々はひと月近い軟禁のうえ、北朝鮮の船で十二月末に戻されました。着いたのは品川、ほうほうの体でした。北の人間を乗せていったこともあります。人間と物の行き来はその他の船でも目撃していますが、カネを運んだことはないです」

朴氏が笑いながら言った。

「そんな所で実際の現金輸送が見えるはずがないのです。現金は一億二億とまとめると見つかり易《やす》くなりますが、五千万円単位でくくってビニールで包めば、野菜や衣類の段ボール箱にスッと入ります。新潟港の万景峰号《マンギョンボン》には、多くの段ボールが積まれます。いともた易いことです。万景峰でなくても、不正送金の手段は多々あります」

要は、日本側のチェック体制が全く出来ていないというのである。むしろ不正送金を見て見ぬ振りをする政策ではないのかということだ。朝銀信組の場合、朴氏が監督官庁に被害届を出しても、受理するだけで一向に調べない。その一方で各信組の決算書には承認印を押すだけだと朴氏は強調した。監督官庁、つまり各都道府県が朝銀を事実上、野放しにしている理由は、地方自治体を超えたもっと大きな枠組みの中にある。

大蔵省（現・財務省）詰めの大手新聞の記者が語った。

「九七年五月十四日に朝銀信組の破綻《はたん》が発表された時、自民党外交調査会のアジア太平洋小委員会で政治問題化しました。韓国、北朝鮮系の金融機関は単に国内問題ではない、絶対に破綻させてはならないというものでした。外交問題なので、国内のその他の金融問題とは切り離して政治問題として扱うべきだという議論でした」

この取材では、「外交的配慮」「政治的配慮」という言葉を、多くの人々が口にした。単なる金融機関の破綻ととらえては、問題の本質は決して見えてこないことを示している。

現実に「外交的、政治的配慮」が払われたと言われる朝銀大阪の処理策をみてみよう。まず、朝銀大阪に三千百五十九億円の資金を与えた預金保険機構預金保険部の話である。

「その経緯は、預金保険法に基づいて、事業譲渡する朝銀大阪と受け皿である朝銀近畿から連名で大蔵省に資金援助を受けるための適格性の認定の申請があり、大蔵省からその申請がこちらに送られてきました。我々は運営委員会を開いて決定したまでです。決められた手続きに沿って粛々と進めたということです」

では朝銀大阪の監督官庁だった大阪府はどうか。商工部金融課信用組合室が答えた。

「大阪府は一切、関わっていません。計画は全国の朝銀信組の元締めである朝銀信組協会がつくり、それを大蔵省が認可したのです。九七年五月、朝銀大阪が突然、新しく合併する朝銀近畿に事業譲渡すると発表しただけです。広域合併ですからその時点で大阪府の管轄《かんかつ》から完全に離れるのです。その後の処理は大蔵省が管轄して決定したことです」

では、大蔵省はなんと答えるか。大蔵省大臣官房文書課報道係は次のように述べた。

「二年前のことですし、その後、金融監督庁ができました。資料も担当者も全て、現在は金融監督庁に移っており、こちらでは何も分かりません」

では金融監督庁はどうか。監督部監督総括課信用組合係に聞いた。

「何分にも旧《ふる》い話です。資料を探し出すのに時間がかかります。いつ探し出せるか分かりません」

野中官房長官の「約束」

なんと無責任な、そして、なんと疑惑の残る答えであろうか。三千億円を超えるお金が動くのにどのような正当な理由があったのか。朝銀大阪の預金者の預金は保護されて然《しか》るべきだとはいえ、なぜ、破綻した朝銀大阪は潰《つぶ》されなかったのか。日本の金融機関の破綻では逮捕者が出ているにもかかわらず、なぜ、朝銀大阪の責任者はなんの取り調べも受けていないのか。監査は誰がどこまで公平に行ったのか。その情報が全くないのはなぜか。

外交的、政治的配慮というなら、その配慮の根拠を政府はきちんと説明すべきである。それもせず、今、再び、もっと大がかりな、全国規模の朝銀再編が行われようとしており、今度は一兆円にものぼる資金投入が取り沙汰《ざた》されている。

このような流れをつくったのは誰か。取材では、政治家の関与があったと複数の人が述べた。自民党外交調査会の議論を思い出せば、それも可能性として十分に考えられる。

朝鮮総聯の中枢《ちゅうすう》に極めて近い人物が語った。

「現在朝鮮総聯の実質的なナンバーワンは許宗萬中央委員会責任副議長です。許氏と極めて近しいのが、官房長官の野中広務氏です。二人の交流は金丸氏の訪朝以来のことで、九九年七月はじめにも、自民党のもう一人の大物政治家を交えて会合しています。野中さんが影響力を発揮したというのが、私の推測です」

許氏を大橋弁護士が証人申請したことはすでに述べた。

先述の民団幹部が語った。

「預金保険機構の金で賄《まかな》わせるという構図の後押しをしたのは、野中さんだと言われています。総聯内部で言われているくらいですから、信憑性《しんぴょうせい》は高いのではないですか」

野中官房長官はどう答えるか。氏は真っ向から全面否定した。多忙な日程から十五分の時間を割いて答えた野中氏は、朝銀大阪の「三千億円の話」は、ごく最近まで知らなかったと述べた。全国の朝銀の再編問題については「つい先日、金融監督庁から聞いた」とも述べた。

全く何も知らない官房長官の名が、なぜそこで囁《ささや》かれると思うかと問うと、「九〇年に金丸、田辺訪朝団に加わり、誰もが嫌がった一番難しい核査察の問題を交渉しました。その時相手側と激しい議論になり、逆に友好関係が出来た。そういう事もあって、利権がどうとか、私の名前を出す人がいるのでしょう」と答えた。

先の朝鮮総聯中枢に近い人物に再び尋ねると、

「野中先生が朝銀問題をつい先頃まで知らなかった、朝銀大阪に三千億円出たのも知らなかったというのは信じ難いですね」

との回答だ。

野中氏は「朝銀問題に関しては、私は一切関係ありません」と重ねて強調し、次のようにも述べた。

「公的資金を入れるなら、当然、経営者の責任が問われ、背任行為があれば刑事責任をきちんと告発していくことは、別に朝銀に限らずなされるべきです。厳正な監査も必要です。監査結果はきちんと情報公開すべきです。私は関係機関にそう言うつもりです」

官房長官としてのこの言葉を私は、心から歓迎するものだ。本来ならばやっていて当然のことを、これまでやってこなかった。その異常を正常に引き戻す約束を、野中氏はしたことになる。私としては、国民のお金を正当な理由なく使わせないためにも、また心ならずも金正日政権への肩入れをしないためにも、野中氏の言葉に希望をつなぐつもりである。

追　記

東名商事の朴日好氏が朝銀愛知を訴えている裁判で、裁判長は朝鮮総聯の事実上のトップ、許宗萬中央委員会責任副議長を証人として認め、許氏は二〇〇〇年一月三十一日に名古屋地裁に出廷するように求められた。しかし、出廷予定日直前になって出廷せずとのしらせがあり、結局、不審な資金の流れを知っているはずの人物の証人尋問は行われなかった。北朝鮮に流れる不正資金問題の闇《やみ》の部分がさらに黒く深くなったと言えるだろう。このような状態である今、一兆円にものぼるといわれる朝銀支援のお金を預金保険機構から出してはならない。最終的には国民負担にもなり得るお金を、余りにも深い疑惑に包まれた朝銀向けに出すことは、国民への背信である。それは政府のすることとして許されることではない。

再追記

二〇〇一年十一月八日、朝銀東京信用組合の幹部五名が警視庁に逮捕され、十一月二十八日には朝鮮総聯中央本部の康永官《カンヨンガン》元財政局長が逮捕された。彼らの容疑は業務上横領である。翌二十九日にははじめて朝総聯本部に警視庁の強制捜査の手が入った。

史上はじめて朝総聯に日本国の官憲が踏み入ったことはたしかだが、押収された書類はわずか、段ボールに二箱である。野村沙知代氏の脱税に関して数十箱の書類などが押収されたがどちらがより悪質で根の深い問題かを考えれば、政府の姿勢には唖然《あぜん》とする。日本国政府は朝総聯や朝銀を舞台とするさまざまな事件と疑惑を本当に解明する気があるのか。形だけ整えて捜査したという〝アリバイ〟づくりをしたのではないか。なぜなら強制捜査に連動するかのように二〇〇一年十一月二十六日、柳澤伯夫金融担当相は、朝銀に対して新たな公的資金二千八百九十八億円の投入を決めたからだ。朝銀に対する公的資金投入はさらに続き、二〇〇二年三月には、五千億円をこえる私たちの税金の投入が決定された。柳澤氏の決定が報じられたまさにその日、八尾恵氏が自分がよど号犯人グループ及び北朝鮮の外交官とはかってヨーロッパから有本恵子さんを拉致《らち》したと法廷で証言した。

日本国民拉致に北朝鮮政府が深く関わっていることを証言したものだが、実質的にその国の直接の支配下にある朝銀に国民の税を計一兆一千億円も与える日本は一体なんなのか。これでも国家か。国民を蔑《ないがし》ろにするにも程がある。どう考えても憤《いきどお》りを禁じ得ないのだ。

第24章
拉致《らち》問題を棚上げした日朝国交正常化交渉の裏切り

「不本意です。がっかりしました。人道問題として赤十字にまかせるということでは、結局、前回と同じ結果になるのではないでしょうか」

二十三年前に北朝鮮に一人娘のめぐみさんを拉致された横田滋さんは、一九九九年十二月の村山訪朝団の成果をこう評した。

村山富市元首相を団長とする超党派議員団の北朝鮮訪問は、日本側にとっての最大の懸案事項である日本人拉致問題が解決に向かう可能性を生み出すことなく終わった。

拉致問題の解決は容易ではなく、日本側には決定的な切り札がない。そこで〝入り口論〟や〝出口論〟が議論される。言うまでもなく、前者は拉致問題解決を前提とする国交正常化や食糧援助の話し合いであり、後者は国交正常化や食糧援助の結果、拉致問題の解決をはかるとするものだ。

村山訪朝団は出口論に立つ。だが、出口論に立つにしても拉致された日本人が解放されることのないまま、国交を樹立することなど本末転倒である。国家の第一義の責任は国民の生命と安全を守ることだ。拉致問題対処の方法論について世論が分かれる中、出口論に立つ決意をしたからには、出口論による成果を期待できるだけの手を打っていなければならないはずだ。

が、共同発表やその後の北朝鮮側の発表を仔細《しさい》にみると、村山氏らが期待する出口論の成果の実現には、殆《ほとん》ど何の保証もないことが見えてくる。

「村山さんは、拉致問題は必ず取り上げますが、それですぐに話が進むわけではない。そのことは分かってくださいと言われました。今回の訪朝はまさにその通りになりました。拉致問題も話としては取り上げてくれましたが、それだけのことだったようです」

横田氏は嘆いた。北朝鮮側の配慮や善意に、何の保証もなく大きく依存するような今回の訪朝団は、徹頭徹尾、野中広務氏が仕切ったものだ。では今回の話し合い再開はどのようにして実現されたか。

野中氏とは別に、当然だが外務省も交渉再開の糸口を探っていた。新しい動きが出たのが九九年八月だ。関係者が語った。

「九九年八月十日に北朝鮮側は、日本が善隣友好関係の樹立を望むなら応ずるが、冒険的な挑発を行うなら無慈悲な報復をするという政府声明を発表しました。外務省は、北朝鮮の真意が後半部分ではなく前半部分にあるなら交渉再開の可能性はあると判断、情報収集に入りました。それが形になったのが十月十八日からシンガポールで行われた日朝課長クラスの話し合いです。日本側は梅本和義北東アジア課長が北朝鮮側と接触。その際に北朝鮮側が食糧援助の話を持ち出したのです。外務省はこれを交渉再開を求めるサインと受けとめ、その話が即座に野中氏に伝わったのです」

別の関係者も語った。

「野中氏の秘書の山田広郷氏が、確認できただけでも十月二十五、六日、十一月五、六日の二回、北京で北朝鮮側の人物と会っています。野中氏自身も、朝鮮総聯《そうれん》の許《ホ》宗萬《ジョンマン》責任副議長と会っています」

山田氏は現在、他の国会議員の秘書であり、正確には野中氏の元秘書である。だが今回の訪朝では、野中氏の秘書の肩書きを刷り込んだ名刺を使用しており、野中氏が訪朝の度に同行させている人物だ。一方、野中氏は北朝鮮側の交渉の窓口として統一戦線部の金容淳《キムヨンスン》部長（朝鮮労働党書記）に接触、両者間で訪朝の条件を詰めていったとみられる。

ある公安関係者が語った。

「金容淳書記は九八年四月頃から急速に力を失っていました。九八年十一月には、事実上、統一戦線部長の任務を解かれたと言われていました。しかし野中氏は、北朝鮮側の主な人脈としては金容淳氏しか持っていないために、金氏にアプローチしたと思えます。一方、金氏にとっては野中氏からの接触は起死回生のチャンスです。百万トンの食糧援助を得れば、もう一度認められるのですから」

北朝鮮問題の専門家も金容淳書記について語った。

「金容淳の役割は統一戦線部です。韓国の内部攪乱《かくらん》やその他の工作を担当する機関のトップです。工作の中には、今日本側が問題にしている拉致工作も入るわけです。従って拉致問題を解決しようと考えれば、金容淳の担当する部の犯罪を追及することにもなる。金容淳が直接関与していなくても、部長としての責任はある。野中氏の交渉相手の選択は、他に人脈がないのかもしれませんが、極めて奇妙です」

このような状況の中で村山訪朝団は北朝鮮を訪問した。〝元首相〟として〝それなりの重み〟を意識しつつ訪れた村山氏に対し、空港に出迎えたのは国際部長の金養健《キムヤンゴン》氏らであった。国際問題担当の中央委員会書記は衝撃的な亡命を果たしたあの黄長燁《ファンジャンヨプ》氏である。金養健部長は本来なら黄書記の下にいる人物だ。

同行記者のひとりは、村山訪朝団が到着した十二月一日の歓迎宴の様子をこう語った。

「会場には円卓が五、六席ほどあり、質素というか形容し難い雰囲気でした」

前出の専門家が語った。

「いくら北朝鮮でも通常は多くの皿がテーブルに並ぶのですが、村山訪朝団に対してはかつてない程に貧弱なメニューでした。そして金容淳氏が一人で喋《しゃべ》り続けたと言える程、彼の発言が多かった。自分の運命がかかっていますから彼も必死だったと思います」

金容淳書記がどれだけ神経をとがらせていたかを示すことのひとつに、マスコミ報道へのチェックがある。

十二月二日の全体会議の冒頭、日本側同行記者の一人を名指し「朝日関係を望まないのか。正確な報道をしてほしい」と注文をつけたことが報道された。この記者は前日の歓迎宴での金書記の発言を「(北朝鮮側は)日朝関係改善に期待表明」と報じていた。同書記はまた「どのマスコミが〝拉致〟という表現を使っているか、一字一句調べたい」と語ったとも報じられた。

金書記が強調しようとしたのは、この訪朝団は北朝鮮側のみが求めたものではないこと、北朝鮮側は断固として拉致など認めないということだ。北朝鮮側は日本のペースで交渉に応じるつもりはないと誇示したのだ。

自画自賛の村山訪朝団

自分自身の力の回復を賭《か》けた必死の金容淳書記らと村山、野中氏らはどのように話し合いをしたのか。同行記者の一人が語った。

「平壌《ピョンヤン》入りした野中氏の動きにはよく分からない部分があります。宿泊していた高麗ホテルでは、まず最上階の全フロアが北朝鮮用でした。そこに金容淳氏らが陣取り、その下の階に村山、野中、事務局長の園田博之三氏の部屋があり、他の訪朝団メンバーや報道陣はさらにその下の階でした。我々は野中氏らのフロア以上は立ち入り禁止でした。恐らく野中氏は他の訪朝団員とは別行動で、殆ど姿を見せませんでした。恐らく自分の部屋と最上階を行き来して会談していたのではないでしょうか」

訪朝団は訪朝二日目を全体会議に費やし、三日目に共同発表を行った。ポイントは周知のように二点である。「今まで進めてきた政党及び政府間の対話及び交流を踏まえ」国交正常化交渉を進める、「両国が関心を持っている人道問題解決の重要性」を認識し、「政府の協力の下で赤十字」が取り組むというものだ。

この結果について超党派代表団として行った議員はどう評価しているのだろうか。

「今回の訪朝の意義は前提条件を置かずに相手国との国交正常化交渉のテーブルにつくことが出来たことです」

と述べるのは、自民党の原田義昭代議士だ。同議員は、

「金丸訪朝団の時と同じ時代に戻ることが出来た。これからは茨《いばら》の道だが、不用意に話題を振ることなく進めていく必要がある。〝行方不明者〟としたことを責める向きもあるが、交渉には緩急織り交ぜたボールが必要です」

とも語った。

公明党の久保哲司代議士は次のように語った。

「日本人の北朝鮮に対する意識は一定の色眼鏡をかけて見たものだ。互いの立場を理解するには国交回復が必要で、赤十字に拉致問題を担《にな》わせるのは特別におかしなことではありません」

民主党の大畠《おおはた》章宏代議士は、まず話し合うことから全《すべ》てが始まると次のように述べた。

「窓口を開きパイプをつくりながら、拉致問題と国交回復を同時進行で進めればよい」

自由党の青木宏之代議士は、

「とにかく国交正常化に向けた扉を開けなくてはならないということで訪朝になった。今後の対北朝鮮政策として、連絡窓口を平壌に設置することが必要だ」

と述べた。同議員はまた、テレビ番組に出演して「政治と人道問題を絡《から》めてはならない。人道問題はあくまで人道問題で、政治は関与しない」とも述べている。

中には改革クラブの小沢辰男《たつお》代議士のように、

「国交回復には本来なら前提条件として拉致問題を置くべきだった」「この問題の解決はやはり政府間交渉をおいて他に手段はない」

と述べる団員もいたが、村山、野中両氏はじめ超党派議員団の多くは、今回の訪朝結果を前向きに評価する。

だが本当に「前提条件なし」の訪朝だったのか。赤十字社が拉致問題を担うのは「特別におかしなことではない」のか。国交回復と拉致問題解決は「同時進行」で進むのか。

はたまた、拉致問題ははたして、「人道問題」なのか、そして政治は人道問題に「関与すべきではない」のか。

朝鮮問題の専門家が語った。

「主導権はみな北朝鮮にとられた内容です。拉致問題は外務省による本交渉では話し合われず、赤十字が話し合うことになりました。極めて巧妙です。本交渉は戦争の賠償を話し合う二国間交渉になりますが、赤十字会談を止められた時に本交渉を中断できるでしょうか。初めの二、三回は本交渉と赤十字会談を並行して行っても、その後赤十字会談が中断される危険性は、九二年の李恩恵《イウンヘ》問題の時のように、大いにあります」

赤十字による調査が継続される保証がないのは確かである。仮に継続の保証があったとしても、小沢辰男氏の指摘するように、本来拉致問題は政府が担当すべき問題である。第十八富士山丸の紅粉《べにと》勇船長と栗浦好雄機関長が無実の罪で七年間抑留されたケースと一律に論ずることは出来ないが、あの時も、長年赤十字が中心になって活動していた。だが、赤十字会談は問題解決についてはなんら実質的な力はもたず、最終的な解決のためには、政治の関与を待たなければならなかった。

つまり、赤十字に預けるのは、その間、問題の現状維持を図るという意味でしかない。また人道問題として赤十字に預けるとしても、自由党の青木代議士などは「政治と人道問題を絡めてはならない」と断言している。これで問題解決の展望が拓《ひら》けるはずがない。

金正日の極秘指令

村山、野中両氏が幾度も強調し、他の同行議員も強調した「前提条件なし」という条件は、実は全く守られてはいない。何よりの証左が、村山元首相が金永南《キムヨンナム》最高人民会議常任委員長を表敬訪問した時の会話である。北朝鮮ナンバーツーの立場にある金永南常任委員長は、村山氏に対して、

「本交渉の前に食糧支援を頂けるのは間違いないですね」

と念を押したというのだ。

専門家が語った。

「村山氏はその意味を理解できずに黙っていると、金氏は時計をみて〝では〟と言って引きあげてしまった。表敬訪問の時間はわずか十分程で、こんなことは前代未聞です」

金永南常任委員長が念を押したこと自体、国交正常化交渉再開の〝前提条件〟があったということだ。野中氏は帰国直後の記者会見では、前提条件なしで交渉を再開すると述べたが、その後間もなく、コメ支援はすみやかに行うべきだと発表内容を変えている。

再び専門家が語った。

「金容淳という工作機関の責任者と交渉したのですから拉致《らち》問題についてこそ食い下が

ってよいのに、それをしなかった。食糧支援も北朝鮮側は当然、近々貰《もら》えるものと考えています。拉致問題も日本の国益もこの訪朝団は忘れているのです。高村外相の時は原則論を貫きました。しかし今は日本国としての原則論は後退し、政治家たちの個人個人の思惑や利益が優先されているとしか思えません」

このような交渉の在り方を北朝鮮側の心理をよく知る人々はどう見ているだろうか。

大阪在住で元朝鮮総聯幹部の企業オーナーが語った。

「今回の訪朝団もそうですが、日本側は北朝鮮に利用されるだけだと思います。現政権についている人々は、日本人とは約束の概念が違うのです。つい最近も、韓国に交流の一環としてサーカスを派遣する約束をしておきながら直前に反古《ほご》にしました。そんな約束はした覚えはないというのです。例えば労働党幹部が約束していても、アジア平和委員会では約束していないとか、反古にする理由はどのようにもつきます」

この元朝鮮総聯幹部は、北朝鮮が日本から必要なもの、食糧支援と一兆円と流布《るふ》される賠償金を引き出したら〝行方不明者〟の調査が実行される保証はないと断言する。

朝鮮総聯の幹部で、現在、朝銀愛知信用組合を訴えている東明商事社長の朴日好《パクイルホ》氏も同調した。

「私も、訪朝団は利用されるだけではないかと考えます」

長年朝鮮半島問題を研究してきた『現代コリア研究所』の佐藤勝巳《かつみ》所長が説明した。

「政府は拉致疑惑を行方不明者と言い換え、今度の共同発表では単なる人道問題になり、拉致も行方不明者という言葉も消えました。書かれたのは『両国が関心を持っている人道問題』ということです。そして北朝鮮が関心を持っている人道問題とは食糧支援であって、拉致ではない。関心は国によって違います。拉致問題はここまで後退したのです」

大手新聞の朝鮮半島問題担当者も語った。

「村山訪朝団を北朝鮮が受け入れるというので、チャーター便運航停止と朝鮮半島エネルギー開発機構（ＫＥＤＯ）への資金拠出停止が解除されました。ミサイルを撃たれ、工作船が侵入して、それに対する確認や船と船員の引き渡しを求めても北朝鮮は一切応じない。にもかかわらず制裁解除です。日本外交の敗北です。野中氏は制裁を発表した時の官房長官、まさに当事者です。しかし、解除しないとコメも贈ることができない。力を失いつつある金容淳を助けることもできない。一方外務省も交渉を再開したい。こうして様々な思惑が入り混って制裁が解除されたのです。そして出かけた北朝鮮ですが、共同発表では拉致問題は事実上の棚上げ、ミサイルについては触れてもいません」

拉致問題について日朝両国間の溝は深い。村山訪朝団の帰国後、十二月五日付けの朝鮮労働党機関紙『労働新聞』は、拉致問題は「日本の不純勢力」が両国の「関係改善を目指す動きに水をさすものだ」と報じ、さらに七日には北朝鮮の中国大使・朱昌駿《チュチャンジュン》氏が「わが国に拉致された人は一人もいない」と語っている。

朴日好氏が警告した。

「拉致問題の対処に加えて、もうひとつ非常に注目すべきだと思うのは、十一月末に労働党幹部が、許宗萬氏を守るようにという金正日総書記の指令書を持って来日したことです」

朴氏の言う許宗萬氏は第二十三章でも触れたが朝鮮総聯の責任副議長で、実質的なナンバーワンである。朴氏は朝銀愛知に預金していた十七億五千万円を横領されたとして名古屋地裁に訴えを起こしており、朝銀と朝鮮総聯は一体であるとして、朝鮮総聯の事実上のトップである許宗萬氏を証人として名古屋地裁に申請したのだ。

朴氏代理人の大橋秀雄弁護士は、許宗萬氏の証人申請は認められたが、肝心の許氏が出廷するか否《いな》かは予断を許さないと語った。そして大橋弁護士の指摘どおり、許氏は法廷に姿を見せなかった。その許宗萬氏を守るべしとの指示が、北朝鮮本国から来ているというのだ。

許宗萬氏にまつわる情報は、実は村山訪朝団の周辺でも取り沙汰《ざた》されていた。

同行記者が語った。

「訪朝団のメンバーから聞いたことですが、野中氏と金容淳氏の二人の話し合いの中で、金氏が朝銀信組の救済に関連して許宗萬に累《るい》が及ばないようにしてほしいと野中氏に頼んだというのです」

全国三十三の朝銀信組の多くは事実上破綻《はたん》しており、これらを五つに統廃合する過程で一兆円もの公的資金が投入されるとみられている。本来なら再編過程で厳しい監査が行われなければならない。

「実はそうなった場合、許宗萬氏にも累が及ぶことになるから、それをやめてほしいという話だったというのです。真偽は確定できませんが、信憑性《しんぴょうせい》はかなりありそうです」

朝銀救済問題に関してかつて私は野中氏に取材をしたことがある。氏は「朝銀問題に関して私は一切関係ありません」と語ったが、「公的資金を入れるなら」「厳正な監査も必要」「結果はきちんと情報公開すべき」とも述べた。

今再び、野中氏に右のような依頼があったとの情報を確認するため、取材を申し込んだが、氏は何故《なぜ》か取材は受けられないという。

朝銀支援に血税一兆円の奇々怪々

大阪の元総聯幹部が語った。

「北朝鮮の民主化を願い、食物さえないという非人間的な生活から同胞が抜け出せる日が来るのを待っている我々にとって、野中氏のような政治家は要注意人物です。現政権のままだと食糧を含めた援助が行われても政府の幹部や軍部の手に入ってしまう。国民には殆《ほとん》どまわらない。許宗萬氏を守れとの指示が来たのも、許氏が野中氏を動かし、村山訪朝団実現に大きな役割を果たした功績を認められたからではないでしょうか」

佐藤勝巳氏も述べた。

「村山訪朝団と朝銀問題は水面下ではつながり、表裏一体としか思えません。日本の行政機関も政治家も、どうしてあれだけ朝銀の面倒を見るのか。預金だけ保護して潰《つぶ》せばよいのに、信組としては異例の他府県にまたがる業務を許して公的資金を投入するなど、大蔵省（現・財務省）単独では決して出来ないことがおきています。私は、共同発表で拉致に触れなかったことも、朝銀支援に一兆円もの公的資金が投入されようとしている問題もつながっていると考えています」

朝鮮半島問題専門家が語る。

「今回触れられなかったミサイル問題について野中氏や村山氏はどう考えているのでしょうか。米朝協議に任せているつもりでしょうが、アメリカが協議の対象にしているのは射程距離の長いテポドンです。射程千三百キロのノドン2号は、九九年三月には、中国国境に近い日本海側を中心に三十基が日本を向いて配備されました。これはアメリカには届かないため、米朝協議では触れられていません。村山訪朝団はわざわざ向こうに行きながらこのミサイルには触れず、それでいてガイドラインについては騒がれている。

日本は戦略と正確な認識をもってこの難しい外交交渉に取り組むべきです」

野中氏に対しては、なぜこのように強行するのかと問わざるを得ない。抑圧されてきた民族問題に氏が深い関心を抱いているからだとの説明もある。だがそれだけでは納得できない要素も見えてくる。氏はこの点を国民に説明する責任がある。

村山訪朝団に対する評価は非常に厳しい。北朝鮮という外交交渉の難しい国に対し、出口論で接するのは、必要なものだけ取られて日本側の要求は通らないままに終わる危険性が高い。外交は対話と抑止の組み合わせである。日本は常に前者に重点を置いてきた。が、難しい交渉相手であればこそ、国民の安全と国益の為《ため》に原則論に立脚すべきではないか。抑止にもっと重点を置くべきではないか。日本国民に対する敵対行為からは何も生まれないこと、日本はそのような行為を甘受しないことをこそ、相手方に、誤解のないように伝えるべきだ。そして何よりも、最優先課題を忘れてはならない。最優先課題とは囚《とら》われの日本人である。めぐみさんら二十三年間も囚われたままの人々を事実上の棚上げにしたままの現状では、食糧援助も理不尽な朝銀支援も厳に控えるべきだ。

追記

この章の記事について、九九年十二月十五日付で野中広務氏より内容証明郵便を受けとった。『週刊新潮』に掲載された同記事中、七十四行分の記述が「事実無根の中傷記事」であり、政治家である氏の名誉を傷つけたという内容だ。五日以内に「誠意あるご回答」が欲しいということだった。回答がなければ「法的手段に訴えざるを得ない」とも記されていた。

こちら側から十二月十九日付で、まず、具体的に何が事実無根なのかを示してほしいと依頼した。七十四行分の記述の中には、多くの事実や意見や分析や観察が含まれている。その全《すべ》てを事実無根という言い方は、論点がよくわからないからだ。次に、記事掲載にあたっては複数の関係者に取材した事を伝えた。また野中氏への取材も依頼したが、それを拒絶したのは野中氏側である点を、念のため申し添えた。氏側の拒絶の理由は「取材は受けないことにしている。理由は、受けないことにしているというのが理由だ」という納得し難いものであった。

以上の点などを書面にして野中氏側に回答したが、その後、氏からの連絡はない。このような事を付記しなければならないのは、私としても残念である。実力もあり、多くの案件を処理してきたベテランの政治家、野中氏は真に日本国民の為に行動する人物と思いたい。だからこそ、反論があればまず、取材を受けて答えてほしいと思うものである。

再追記

二〇〇一年一月、米国で共和党のブッシュ政権が誕生し、北朝鮮をとりまく国際環境は大きく変化した。前任者のクリントン大統領が対北宥和《ゆうわ》政策をとっていたのに対しブッシュ大統領は北朝鮮にまず、約束履行を求めた。北朝鮮が国際的な約束を守らない限り援助もしないという厳しい姿勢は、核査察の受け入れ、テロリストへの支援のとりやめなどと具体的要求につながっていった。

日本では二〇〇一年四月に小泉政権が誕生した。当初北朝鮮問題に関しては立場を明確にしていなかった同首相も二〇〇二年に入って、明確に、北朝鮮に厳しく注文をつける姿勢に転じた。二〇〇二年四月十一日現在、日本国政府の北朝鮮への対応は、ようやく国民を守る決意を示した主権国家らしい対応に近づいてきたと思う。それでもまだ、朝銀への公的資金投入など疑問に思うことは多いが前政権までの対応に較《くら》べれば改善されたといえる。

北朝鮮政策が大きく揺れた九五年以来の日朝間のやりとりをざっとふりかえってみると以下のようになる。

九五年、それまで北朝鮮が拒否していた日朝国交正常化のための話し合い、日朝交渉を再開させたいとして、日本側がコメ五十万トンを支援。

九六年、北朝鮮に渡った日本人妻たちの帰国を実現させるために六百万ドルを供与。

九七年、日本人妻が里帰りするとのことで七万トンのコメを供与。だが、日本人妻はわずか十数人が帰国したのみで、大多数の安否は今も不明だ。

この年、第二十三章で触れたように朝銀大阪が破綻。九八年、朝銀大阪の受け皿となった朝銀近畿に三千百億円余の公的資金を投入。二〇〇〇年三月、日朝交渉が開かれると同時に十万トンのコメを支援、さらに十月には北京で日朝交渉が開かれ、日本政府は十二月に五十万トンのコメを支援した。

この同じ月に、先に三千百億円余りを支援された朝銀近畿が、二次破綻した。二〇〇一年十一月、朝銀に二千八百九十八億円の公的資金を投入。同年十二月、北朝鮮は行方不明者の調査を中止すると通告してきた。拉致という言葉は北朝鮮に対しての侮辱であるとして行方不明者と言っていたが、その調査も打ち切るというわけだ。

この同じ月の二十二日、奄美大島沖で北朝鮮の工作船が海上保安庁の警備船に追われて沈んだ。

二〇〇二年三月、八尾恵氏が拉致は自分が手を貸した、よど号の犯人と北朝鮮の外交官と共に拉致を実行したと証言。同じ日に日本政府は朝銀に対する五千億円をこえる公的資金投入を決定。

こうして時系列でみる日本国の姿は悲しいほどに国家の体をなしていない。だが、その一方で、小泉首相は拉致問題の解決なくしてコメ支援の可能性はないとも述べた。四月十一日には国会で拉致問題の早期解決のための決議が行われた。この国が国民を守るために立ちあがることが出来るかどうか、ひとえに政治家たちのこれからの行動にかかっている。

あとがき

一九九九年後半に『週刊新潮』に連載した『続 日本の危機』が単行本にまとめられることになった。連載時にスペースの関係で書き込めなかったことや、記事の掲載後に新しく展開したことなどを加筆した。

私たちの社会の直面する問題はまだまだ多い。しかし考えてみるまでもなく、どんな社会にも問題は多いのだ。私たちが気にかけなければならないのは、社会を構成する国民が、問題があることに気付いているか、その問題を解決していこうと考えているか、その気持を実行に移しているかということである。

ここ数年の日本は、ドーンと谷底に沈んだまま、そこに停滞してしまいそうな問題に対する感覚の鈍さが目立ったと思う。しかし、今や幾つか、小さな波がたち始めている。

私たちは教育のおかしさに気付き、日本が環境汚染大国であることをすでに認識している。経済の低迷は、個人個人の努力や工夫を活《い》かすことの出来ない仕組みに大きな原因があることにも気付いている。年金制度が破綻《はたん》し、銀行業界が力を失っていきつつあるのも、これまた全体の仕組みを変えていかなければ解決できないということに気付いているはずだ。

問題の把握は出来ている。問題を解決していこうという気持もある。残りは、実行するか否《いな》かである。この部分で、周りを見渡すと、たしかに変化が生じている。まだ少数ではあるが、個人にも企業にも業界にも、〝元気のよい〟存在が見え始めていることに、変化が投影されている。

変化の〝形〟は、最初からパーフェクトでなくてもよいのだ。変化をおこし、変革を進めていくプロセスで、問題があれば修正していけばよい。問題山積の現状を変えたいと思うこと、自分自身も全体の仕組みの一部として、よりよい存在に変わっていきたいともがき、努力することで、次の段階に飛躍するエネルギーと勇気が生れ、かつ、増幅されていくのだ。

拙著に私は『解決への助走』という副題をつけた。それは、私たちの社会がもがきながら新しい段階に踏み出しつつあると実感するからだ。或《ある》いはそれは自発的な動きではないかもしれない。否応《いやおう》なく、外国から押し寄せてくる水圧のような力に促されてのことであるかもしれない。それでも外圧による動きは、長く時をおくことなく日本自らの意思による動きへと質的変化を遂げていくはずだ。

今、大切なことはさざ波のような一連の動きを、しっかりとした地殻変動に変えていくことだ。そのために、私たちはもっと見つめ、もっと考え、もっと論じていくことをしなければならない。逆の言い方をすれば、私たちが見つめ、考え、論ずることをしていけば、変化と改革への助走は必ず加速するということだ。日本の直面する問題に対し、私たちの未来を切り拓《ひら》く解決が、より早く、その姿を現わすということだ。
そんな実感を抱きながら、問題提起をさせて頂いた。読者の皆様方の考える素材のひとつとして受けとめて頂ければ、無上の喜びである。

尚《なお》、連載に当たっては『週刊新潮』の松田宏編集長、門脇護デスクはじめ鈴木雅哉氏、内木場重人氏、池葉英樹氏にお世話になった。単行本にするに当たって再び佐藤誠一郎氏にお世話をかけた。心からお礼申し上げる次第である。

最後に、本書の記事の執筆当時、多くの人々が教えて下さり、或いは取材に応じて下さった。おひとりおひとりの氏名は書けないが、賛否双方の意見を述べて下さった方々、取材に応じて下さった方々全員に、深く感謝するものである。

二〇〇〇年二月十八日　櫻井よしこ

文庫本によせて

『日本の危機2―解決への助走―』を単行本にしたのが二〇〇〇年の春だった。二年がすぎた今、私たちの国は問題解決にはまだ至っていないけれど、まちがいなく、変わり始めたと感じている。特に小泉政権誕生以来、多くの官僚によるスキャンダルと政治家のスキャンダルが明らかになった。混乱ばかりが記憶に残るような一年間ではあったが、特殊法人の見直しも始まった。北朝鮮への対応もわずかながら変わってきた。どれも十分とは決していえない。むしろ不十分である。しかし、小泉政権前に較《くら》べればそれでも一歩前進はある。

この混乱を無駄な混乱に終わらせず、混乱の中から変化の芽を出させ、それをしっかり定着させ、育てていくために、私たちはもっとしっかり物事を見つめたいものだ。目を大きく開いて見つめつづけてみると、この国の変化を妨げているのは、業界よりも、政治家よりも私たち国民よりも、官僚集団ではないかと思えてならない。巨大な組織と、これまでに蓄積された情報とノウハウと、多くの優秀な人材を擁する官僚集団こそが、日本の可能性の芽を摘みとっては潰《つぶ》し続けていると思えてならない。その意味で官僚集団の考え、行動を取材することに、私は以前よりもっと力を入れなければならないと感じている。

とはいっても、最も大切なことは、私たちひとりひとりが問題意識をもっと強く、もっと深く抱くことだ。そして必ず私たちの社会を、もっとすばらしいものに変身させていくとの思いを失わないことだ。
私はいつも自分に言いきかせている。人間は神によって夢を抱く能力を与えられた。また夢というものは、その夢を描いた人が夢に向かって努力を続けさえすれば、必ず叶《かな》うものだと。だから私は、この国をよい方向に変えていきたいとの夢を抱きつづけ、ジャーナリストとしての努力をつづけていくつもりである。

二〇〇二年四月二十四日　櫻井よしこ

本書は平成十二年三月新潮社より刊行された単行本に加筆したものです。

櫻井よしこ著

日本の危機

菊池寛賞受賞

税制の歪み、教育現場の荒廃、人権を弄ぶ人権派の大罪、メディアの無軌道……。櫻井よしこが日本社会の危機的状況を指弾する第一弾。

浅井信雄著

民族世界地図

中華ナショナリズム、パレスチナ問題、欧州の反ユダヤ主義、WASPなど、地図を駆使して、複雑な民族対立を読み解く必読の書。

浅井信雄著

アメリカ50州を読む地図

多種多様な姿を持つ米国各50州とワシントンDCの素顔を、地図とコラムで分かりやすく記述。「合衆国」解読に欠かせない一冊。

浅井信雄著

アジア情勢を読む地図

隣人たちの意外な素顔、その驚愕すべきエネルギー――。「IT戦争」「ハブ空港」「アフガン」等々、地図から見えてくる緊迫の現状。

石川純一著

宗教世界地図

イスラム原理主義の台頭、チェチェン介入、オウム真理教など、時代を宗教で読み解く。理解できなかった国際情勢の謎が一気に氷解！

小島直記著

出世を急がぬ男たち

焦らずに大事を成した男たち、出世を急いで失敗した男たち。様々な実例からビジネスマンが何を読み誰に学ぶべきかを語る。

日本経済新聞社編

いやでもわかる金融

「為替」のもともとの意味は？　金融自由化とは？　いまさら人には聞けない、そんな金融の諸問題をストーリー仕立てで平易に解説。

日本経済新聞社編

いやでもわかる経営

国際化、新製品開発、終身雇用、資金調達……。現代企業が避けて通れない重要テーマをドラマの形でやさしく解説。好評のシリーズ。

野口悠紀雄著

「超」整理日誌

野口教授の発想は、こんな日常から生まれてきた！　情報選別のノウハウ、万能スピーチ術など、現代を「超」整理するヒント満載の本。

野口悠紀雄著

「超」整理日誌
インターネットは「情報ユートピア」を作るか？

スケジュール管理のために開発したカレンダー、インターネット情報の賢い利用法などなど。野口教授の楽しいアイディアに満ちた本。

島　朗　著

純粋なるもの
―トップ棋士、その戦いと素顔―

森下卓、佐藤康光、森内俊之、羽生善治――将棋界を支える若者たちの強さの秘密、愛すべき人間像を、先輩棋士がここまで明かした！

毎日新聞科学部

大学病院ってなんだ

悪口を叩かれながらも、依然人気の高い大学病院。我々は大学病院に何を期待できるのか。その実像を科学部記者達が冷静に解析した。

産経新聞『じゅく～る』取材班

学校って、なんだろう

新指導要領の実施で新たに問われる学校の役割。生徒の悩み、親の不満、教師の苦労をぶつけ合い、本音と提言を満載した現場ルポ。

松井茂著

世界紛争地図

朝鮮半島の核疑惑・米中対立・イラク情勢など、世界中で燻り続ける地域紛争に注目し、その裏にひそむ各国の思惑を徹底分析。

松井茂著

世界軍事学講座

孫子の兵法から対テロ戦術まで、古今東西の軍事事例から学びとる「戦略」の数々。紛争地帯を渡り歩いた著者がつぶさに明かす。

幸田真音著

偽造証券

大量の有価証券と共に元エリート債券トレーダーが失踪した。大揺れのNY邦人金融界に飛びこんでしまった、駆出し作家の祥子……。

高杉良著

燃ゆるとき

六坪のバラックからスタートして、一部上場企業を育て上げた男の挑戦と栄光の軌跡。経営者の理想とロマンを描く実名経済小説。

高杉良著

いのちの風

大日生命社長、広岡俊は実子の厳太郎を取締役として入社させた。生保業界に新風を運んだ若き取締役の活躍を描く長編経済小説。

高杉良著

男の決断

―企業合併、社長追放……存亡を賭けた一瞬―

巨大銀行の誕生、興銀の巨額の融資疑惑、三菱油化の社長追放事件など社の存亡を救う決断の一瞬を描く経済小説&ドキュメント6編。

高杉良著

辞令

出世頭であった有能な男に突然下された左遷の辞令。自ら不可解な人事の解明に乗り出すのだが。大企業に巣くう闇を暴く傑作長編。

高杉良著

生命燃ゆ

世界初のコンピュータ完全制御の石油化学コンビナート建設に残り少ない命を費やした男の最後の完全燃焼を感動的に描く経済長編。

高杉良著

虚構の城

エリートの道が約束されたはずのエンジニアが一転、左遷され、陰湿な嫌がらせを受けることに……。高杉良の記念すべきデビュー作。

高杉良著

あざやかな退任

ワンマン社長が急死し、後継人事に社内外が揺れる。そこで副社長宮本がとった行動とは？ リーダーのあるべき姿を問う傑作長編。

高杉良著

祖国へ、熱き心を

―東京にオリンピックを呼んだ男―

この男がいなければ、戦後復興の象徴〝東京五輪〟はなかった――フレッド・和田勇の苛烈な生涯を描いたドキュメント・ノベル。

読売新聞社会部

会長はなぜ自殺したか
―金融腐敗＝呪縛の検証―

政界・官界を巻き込み、六名もの自殺者を出した銀行・証券スキャンダル。幅広い取材でその全貌を徹底的に暴いたルポルタージュ。

読売新聞社会部

会社がなぜ消滅したか
―山一証券役員たちの背信―

戦後最大の企業破綻事件を引き起こしたのは、凡庸な失敗の連鎖だった――。封印された文書から組織犯罪を暴く傑作ドキュメント。

宮城谷昌光著

晏子（一〜四）

大小多数の国が乱立した中国春秋期。卓越した智謀と比類なき徳望で斉の存亡の危機を救った晏子父子の波瀾の生涯を描く歴史雄編。

宮城谷昌光著

玉人

女あり、玉のごとし――運命的な出会いをした男と女の烈しい恋の喜びと別離の嘆きを幻想的に描く表題作など、中国古代恋物語六篇。

宮城谷昌光著

史記の風景

中国歴史小説屈指の名手が、『史記』に溢れる人間の英知を探り、高名な成句、熟語のルーツをたどりながら、斬新な解釈を提示する。

宮城谷昌光著

楽毅（一・二）

策謀渦巻く古代中国の戦国時代。名将・楽毅の生涯を通して「人がみごとに生きるとはどういうことか」を描いた傑作巨編！

藤沢周平著

用心棒日月抄

故あって人を斬り脱藩、刺客に追われながらの用心棒稼業。が、巷間を騒がす赤穂浪人の動きが又八郎の請負う仕事にも深い影を……。

藤沢周平著

竹光始末

糊口をしのぐために刀を売り、竹光を腰に仕官の条件である上意討へと向う豪気な男。表題作の他、武士の宿命を描いた傑作小説5編。

藤沢周平著

時雨のあと

兄の立ち直りを心の支えに苦界に身を沈める妹みゆき。表題作の他、江戸の市井に咲く小哀話を、繊麗に人情味豊かに描く傑作短編集。

藤沢周平著

冤（えんざい）罪

勘定方相良彦兵衛は、藩金横領の罪で詰め腹を切らされ、その日から娘の明乃も失踪した……。表題作はじめ、士道小説9編を収録。

藤沢周平著

橋ものがたり

様々な人間が日毎行き交う江戸の橋を舞台に演じられる、出会いと別れ。男女の喜怒哀楽の表情を瑞々しい筆致に描く傑作時代小説。

藤沢周平著

神隠し

失踪した内儀が、三日後不意に戻った、一層凄艶さを増して……。女の魔性を描いた表題作をはじめ江戸庶民の哀歓を映す珠玉短編集。

藤沢周平著
消えた女
—彫師伊之助捕物覚え—
親分の娘おようの行方をさぐる元岡っ引の前で次々と起る怪事件。その裏には材木商と役人の黒いつながりが……。シリーズ第一作。

藤沢周平著
春秋山伏記
羽黒山からやって来た若き山伏と村人とのユーモラスでエロティックな交流——荘内地方に伝わる風習を小説化した異色の時代長編。

藤沢周平著
時雨みち
捨てた女を妓楼に訪ねる男の肩に、時雨が降りかかる……。表題作ほか、人生のやるせなさを端正な文体で綴った傑作時代小説集。

藤沢周平著
孤剣
用心棒日月抄
お家の大事と密命を帯び、再び藩を出奔——用心棒稼業で身を養い、江戸の町を駆ける青江又八郎を次々襲う怪事件。シリーズ第二作。

藤沢周平著
驟《はし》り雨
激しい雨の中、八幡さまの軒下に潜む盗っ人の前で繰り広げられる人間模様——。表題作ほか、江戸に生きる人々の哀歓を描く短編集。

藤沢周平著
密謀
（上・下）
天下分け目の関ケ原決戦に、三成と密約がありながら上杉勢が参戦しなかったのはなぜか？　歴史の謎を解明する話題の戦国ドラマ。

藤沢周平著

漆黒の霧の中で

―彫師伊之助捕物覚え―

竪川に上った不審な水死体の素姓を洗う伊之助の前に立ちふさがる第二、第三の殺人……。絶妙の大江戸ハードボイルド第二作！

藤沢周平著

刺客

用心棒日月抄

藩士の非違をさぐる陰の組織を抹殺するために放たれた刺客たちと対決する好漢青江又八郎。著者の代表作《用心棒シリーズ》第三作。

藤沢周平著

ささやく河

―彫師伊之助捕物覚え―

島帰りの男が刺殺され、二十五年前の迷宮入り強盗事件を洗い直す伊之助。意外な犯人と哀切極まりないその動機――シリーズ第三作。

藤沢周平著

本所しぐれ町物語

川や掘割からふと水が匂う江戸庶民の町……。表通りの商人や裏通りの職人など市井の人々の微妙な心の揺れを味わい深く描く連作長編。

藤沢周平著

凶刃

用心棒日月抄

若かりし用心棒稼業の日々は今は遠い。青江又八郎の平穏な日常を破ったのは、密命を帯びての江戸出府下命だった。シリーズ第四作。

藤沢周平著

静かな木

ふむ、生きているかぎり、なかなかあの木のようには……。海坂藩を舞台に、人生の哀歓を練達の筆で捉えた三話。著者最晩年の境地。

新潮文庫最新刊

吉村　昭著
生麦事件（上・下）
薩摩の大名行列に乱入した英国人が斬殺された――攘夷の潮流を変えた生麦事件を軸に激動の五年を圧倒的なダイナミズムで活写する。

宮尾登美子著
クレオパトラ（上・下）
愛と政争に身を灼かれながら、運命を凛冽に生き抜いた一人の女。女流文学の最高峰が流麗な筆致で現代に蘇らせる絢爛たる歴史絵巻。

篠田節子著
家鳴り
ありふれた日常の裏側で増殖し、出口を求めて蠢く幻想の行き着く果ては……。暴走する情念が現実を突き崩す瞬間を描く戦慄の七篇。

阿部和重著
ABC戦争
plus 2 stories
通学列車に流血の予感。逃げ場なし。妄想と暴力の新世代ストーリーが疾走する。戦争ができない国の〈戦争〉を描く初期ベスト作品集。

鈴木清剛著
ロックンロールミシン
「なんで服なんか作ってんの」「決まってんじゃん、ファッションで世界征服するんだよ」ミシンのリズムで刻む8ビートの三島賞受賞作。

吉川　潮著
江戸っ子だってねえ
浪曲師廣澤虎造一代
「馬鹿は死ななきゃなおらない」など数多の名文句を生み、日本中がその名調子に聞き惚れた不世出の芸人。吉川節が冴えわたる逸品。

日本《にほん》の危機《きき》 2

—解決への助走—

新潮文庫　さ－41－2

平成十四年六月一日発行

著者　櫻《さくら》井《い》よしこ

発行者　佐藤隆信

発行所　株式会社新潮社

郵便番号　一六二―八七一一
東京都新宿区矢来町七一
電話　編集部(〇三)三二六六―五四四〇
　　　読者係(〇三)三二六六―五一一一

価格はカバーに表示してあります。

乱丁・落丁本は、ご面倒ですが小社読者係宛ご送付ください。送料小社負担にてお取替えいたします。

印刷・大日本印刷株式会社　製本・憲専堂製本株式会社

ISBN4-10-127222-0 C0130